Franz Blei, Gesammelte Werke

hrsg. von Rolf-Peter Baacke

Band 3

EVROPA

Franz Blei

Glanz und Elend berühmter Frauen

Herausgegeben und
mit einem Nachwort versehen
von Rolf-Peter Baacke

Europäische Verlagsanstalt

Für T. B.

Die Deutsche Bibliothek – CIP-Einheitsaufnahme

Blei, Franz:
Glanz und Elend berühmter Frauen / Franz Blei.
Hrsg. von Rolf-Peter Baacke. – Hamburg :
Europäische Verlagsanstalt, 1998
ISBN 3-434-50416-8

Umschlaggestaltung: Groothuis + Malsy, Bremen
Foto: © Ullstein Bilderdienst
Signet: Dorothee Wallner nach Caspar Neher »Europa« (1945)
Herstellung: Das Herstellungsbüro, Hamburg
Satz: Greiner & Reichel, Köln
Druck und Bindung: Clausen & Bosse, Leck
Printed in Germany

Inhalt

Messalina

Die Legende hat ihren Namen zum Symbol gemacht und ihr Wesen zu einer Monstrosität. Eine übermäßige Sinnlichkeit wird dem Manne gut, der Frau schlecht geschrieben, gilt dort als Vorzug, hier als Laster. Die antike Welt schätzte die Keuschheit, aber nicht weniger auch deren Gegenteil: sie gab beiden Lebensäußerungen kultische Formen.

Auch wenn man den Skandalschriftstellern und Pamphletisten Roms, die sich über die Kaiserin ausgelassen haben, nicht alles glauben will, bleibt genug. Sie hat Liebhaber vergiften lassen oder ihnen befohlen, sich die Adern zu öffnen. Aber äußerste Macht über Menschen hat zu allen Zeiten jene, die sie innehatten, trunken gemacht, und die Verlockung, sich von jenen zu befreien, die man liebte und nicht mehr liebt, ist groß. Besonders wenn sie lästig werden. Rom hat den Tiberius und den Caligula gehabt – nach ihnen mußte ihm die Herrschaft des Claudius und der Messalina fast als ein paradiesischer Zustand erscheinen.

Verschliffene Kameen geben ein undeutliches Bild dieser Frau und vor allem einen wichtigen Zug nicht: den Blick ihrer tiefgrünen Augen. Das Gesicht ist auffallend kindlich, von runder, klarer, weiblicher Form, aufgebaut auf einem soliden, festen, fast viereckigen Kiefer. Überreich quillt das Haar tief in die ganz kurze Stirn, ein Zeichen mächtigen fruchtbaren Blutes. Das Gliederwerk ihres Leibes war von höchster Zartheit. Fein und weiß die Haut bis auf eine kleine Stelle innen am rechten Oberschenkel, wo alle Salben der Welt ein behaartes Fleckchen nicht wegzubringen vermochten. Und Messalina verstand sich auf Salben und Parfüme, deren sie sel-

ber viele erfand, auf Bäder und auf Spiegel, von denen sie eine berühmte Sammlung besaß in jedem Material und in allen Formen.

Stand ihre Art unter dem nichts als animalischen Zeichen jenes Fleckchens am Oberschenkel? Suchte sie nichts als die sinnliche Lust des Augenblickes im ständigen Wechsel? Oder das fleischgewordene Abbild eines Mädchentraumes, der sie zum erstenmal besessen hatte ohne sie zu besitzen?

Ein alt-römischer Hochzeitsbrauch verlangte, daß die Braut vor der Eheschließung auf dem Hausaltar ihr Kinderspielzeug niederlegte: die Götter empfangen das bisnun Geliebte. Messalina opferte einen kleinen bronzenen Phallus.

Der alte Gartengott, aus Feigenholz und rot bemalt an seiner vorragenden Stelle, war in diesen kaiserlichen Tagen der Göttereinfuhr aus allen Zonen zu städtischen Ehren gekommen, wenn auch nur zu bescheidnen, denn sein Tempel stand in einem üblen Viertel jenseits des Tiber, im Quartier der Seiltänzer und Tierbändiger, vor der Porta Aurelia, wohin keine würdige Matrone den Fuß setzt. Außer sie ist voll Aberglauben an jede Gottheit, wie Lepida, der Messalina Mutter, von der die Sage will, daß sie Priesterin des Miphisileth war, wie nun Priapus zu heißen sich gefallen lassen mußte, nachdem er, nicht mehr bäurisch, Gott des Urbs geworden und wie es die neue Mode verlangte asiatisch aufgemacht von einem Religionsunternehmer aus Phönizien, der seine Römer kannte. Die Sage will weiter, daß Lepida ihre zwölfjährige Tochter eines Nachts in diesen Tempel brachte, sie dem Miphisileth zu weihen durch Darbringung ihrer Jungfräulichkeit. Möglich so, denn die vor zweihundert Jahren erlassenen Gesetze gegen die bacchanalischen Weihen waren längst vergessen und außer Brauch. Die Stadt und das Reich waren zu groß geworden für einen sittlichen Rigorismus der Lebensführung ihrer Bewohner. Dennoch versäumten es Mutter und Tochter nicht, als sie am Frühmorgen jener Weihenacht auf dem Heimwege am Tempel der patrizischen Pudicitia vorbeikamen, ihr Gesicht zu verhüllen und abzuwenden, wie auch drei Finger ihrer linken Hand zur Beschwörung gegen den Tempel hin zu strecken. Frau Lepida war außerordentlich religiös erzogen und um gleiche Erziehung bei ihrer kleinen Tochter bedacht. Unterstützt darin von ihrer alten thessalischen Amme Thyrphene, Meisterin in allen magischen Künsten, die Glück und vor allem Reichtum bringen sollten. Denn der Gatte Messala Barbatus war ziemlich ruiniert. Je geringer die Aussichten wurden, auf dem üblichen Weg der Geschäfte oder des Schuldenmachens diesen Ruin zu bessern, um so lebhafter wurde die Phantasie der Mutter. Hatte sie nicht trotz des dämmrigen Lichtes genau gesehen, wie im Tempel der Fortuna die Apollo-Statue ihr Knie vor ihr beugte, was doch Vorhersage großer Dinge bedeutet? Und flog nicht aus dem Spiegel, in dem sie sich besah, Blinkendes von Gold und Geschmeiden entgegen? Sie rief gleich nach der fünfzehnjährigen Messalina, daß sie auch das Wunder sehe, aber als das Mädchen in den Spiegel schaute, war dieser wie jeder Spiegel und zeigte nichts als die lachenden, blinkenden, lustgierigen Zähne des kleinen Mädchens.

War es doch ein Wunderspiegel? Sollte man Glück und Reichtum von der Tochter erwarten? Der stumpfsinnige und frühalte Messala Barbatus hatte ja auch die Erscheinung eines Familiengenius, der, wie er behauptete, dem Sokrates bis auf ein Barthaar glich. Aber er sah ihn nur, wenn er allein und betrunken war, und er trank viel, damit er ihn sah. Der Genius schützte ihn vor nichts als vor den Schlägen seiner Gattin, die müde es aufgegeben hatte, vom Gatten etwas zu erwarten. Also die Tochter? Messalina hatte keinerlei Visionen. Kein Gott beugte vor ihr das Knie. Keine übernatürliche Stimme sprach zu ihr, wenn sie sich in den ersten Fiebern ihres Verlangens auf dem Lager wälzte. Sie schlief ohne Träume. Sie beklagte den Mangel an Phantasie. Kaum vor der Venus Libitina, in deren Tempel an der Stadtmauer sie sich zuweilen begab, fiel ihr etwas ein, mehr als ein undeutliches Gebet. Manchmal dachte sie daran, Vestalin zu werden. Aber die Mutter erinnerte sie an die Strafe, welche jene trifft, welche die Priester über den Zustand ihrer Jungfräulichkeit täuscht, die Strafe, lebendig begraben zu werden. Ammenmärchen, dachte Messalina, die Siebenzehnjährige, dachte aber nicht weiter an Vesta.

Eine eben in Rom eingetroffene Berühmtheit wie Simon den Magier kennenzulernen, dazu hatte Lepida, in allen okkulten Zirkeln bekannt, ein gutes Recht. Woher er gekommen war, wußte man nicht genau. Man behauptete, aus Samaria. Aber er besaß unermeßliche Reichtümer und ein köstliches Haus an der Via Appia, nicht weit vom Grabe der Cecilia Metella, und, so sagte man, sei da von syrischen Sklaven bedient, die ihn wie einen Gott verehren. Sagte auch selber, daß er Gott sei und tat Wunder. Manche meinten, er sei nur einer der vielen Scharlatane, die jetzt Rom überschwemmten, um die Neugierde auszubeuten. Immerhin stand fest, daß er sich nur durch die Kraft seines Geistes vom Boden erheben und fliegen könne. Auch nahm er kein Geld für Heilungen, die er durch nichts als Auflegen seiner Hände erziele. Er hatte einer gewissen Calpurnia ihre Perlen weggenommen im Zusammenhang mit einer Zauberei und sie hatte Mühe, sie zurückzuerhalten, weil Simon erklärte, ein böser Dämon, den er zitiert, hätte sie ihm gestohlen. Jene Frau drohte mit der Justiz. Da gab ihr Simon noch weit kostbarere Perlen, weil, wie er sagte, der Dämon sich, als er sie zurückbrachte, geirrt habe, und bat Calpurnia, darüber zu schweigen. Etwas später stellten sich die Perlen als falsch heraus. Aber diese alternde Calpurnia hatte immer solche Geschichten und man schenkte ihr darum wenig Glauben. Die Villa, die Simon bewohnte, war Eigentum eines gewissen Cethegus gewesen, im Getreidehandel reich und über den Tod seiner Tochter etwas närrisch geworden. Er hatte den Simon aufgesucht, ob er nicht seine Tochter, die er ein Jahr zuvor verloren, vom Tode auferwecken könne. Das sei schon möglich, sagte Simon, aber nicht leicht. Er habe in seiner Jugend in Bethanien in Palästina dieses Wunder von einem jüdischen Propheten namens Jesus verrichten sehen. Aber jener Tote war ein Mann und erst seit vier Tagen tot. Bei einem Mädchen, das schon ein Jahr tot sei, wäre es schwieriger und brauche viel Zeit. Er müsse in dem Haus wohnen, das die Tote bewohnt habe. So zog er in jene Villa. Der alte Cethegus beschäftigte sich in der Erwartung des Wunders mit Gartenarbeit. Dabei fiel er von einem Baum und starb daran, nicht ohne zuvor ein Testament gemacht zu haben, in dem er seine ganze Habe dem Magier Simon vermachte. Der lebte zusammen mit einer gewissen Helena. Er leugnete nicht, sie in einem öffentlichen Hause zu Tyrus gefunden zu haben, wo sie ihr zweites Leben lebte. In ihrem ersten sei sie die trojanische Helena gewesen. Er schien sie sehr zu lieben. Aber der reiche Lucius Agrippa erzählte jedem, der es wissen wollte, daß er eine Nacht mit dieser Helena verbracht und dafür tausend Goldtalente bezahlt habe. Der hohe Preis und der bekannte Geiz des Agrippa machten die Geschichte unwahrscheinlich. Man erfand sie wohl aus einer Sonderbarkeit des Simon, der seine Gäste auf die Schönheiten der Helena damit aufmerksam machte, daß er Teile ihres Leibes entblößte und sie zu bewundern aufrief. Die Philosophen verglichen ihn dem Pythagoras und dem Platon. Die Schmarotzer dem Lucullus. Viele nannten ihn einen Schwindler. Aber er hatte großes Ansehn bei den Armen, die er heilte und deren Gesellschaft er den Reichen vorzog. Ein Eunuch beschwor, daß er ihm die Männlichkeit wieder verschafft habe. Er war eine Sensation Roms.

War es ein Zufall oder war es Zauberei des Simon, daß Messalina, als sie mit ihrer Mutter der Einladung des Magiers folgte, unter den Gästen die Männer traf, die in ihrem Leben eine Rolle spielen sollten? Als der Ostiarius die Türe aus Zedernholz hinter den eingetretenen Frauen hatte zufallen lassen, kam Lepida der rascher schreitenden Tochter nur langsam nach, so sehr war sie mit den Götter-Bildnissen aufgehalten, die im Prothyrum und Atrium aufgestellt waren, denn es gab für sie nie gesehene darunter, die sie erschauern machten. Da war ein Melkart mit verschlagnem Gesicht. Ein Set Typhon voll Blödheit des Ausdrucks. Dann die babylonische Trinität Anu, Sin und Bel. Der Sturmvogel Zu baumelte erzen an einem Strick. Und stehen blieb sie gar erstarrt vor Erlik-Khan, dem Mongolengotte, der in Haaren strotzte, die ihm aus allen Teilen des Kopfes wuchsen. Konische Steine, wie sie die Thraker anbeten, standen da, und Götter halb Fisch, halb Vogel, Götter, die nur aus einem Schnabel bestanden oder aus einem ungeheuren Zahn.

Als die beiden Frauen ins Triclinium traten, sprach Simon gerade. Unter seiner breiten und hohen Stirn verschwanden die kleinen Augen völlig. Neben ihm lag Helena, zierlich und träge. Aber Messalina bemerkte gleich zufrieden das Gewöhnliche derber Knöchel an ihr. Claudius wollte den Damen entgegengehn, war aber schon etwas angetrunken und gab es mitten im Versuch seiner unbeholfenen Beine auf. Er hatte den Gedanken gefaßt, Messalina zu heiraten und hatte schon mit seinem Cousin Barbatus darüber gesprochen. Mach das mit Lepida ab, sagte der Betrunkene. Lepida überlegte noch. Das einzige, was für Claudius, diesen alten, bücherversessenen, weinfrohen, weibergeilen und schuldenzerfressenen Claudius sprach, war seine Verwandtschaft mit Caligula, dem Kaiser, dessen Onkel er war. Er wußte selber, daß das nicht viel bedeutete, aber doch alles.

Also das ist der junge Mann, von dessen Schönheit ganz Rom spricht, dachte Messalina, als sie den kaum zwanzigjährigen Caius Silius erblickte, und die beiden sahen sich an mit kaltem Haß in den Augen und sollten sich lieben bis in den Tod.

Valerius Asiaticus sah fast an Messalina vorbei, als er sie begrüßte. Er war nach einem Leben voll Leidenschaften und Abenteuern ein Meditativer geworden, nun, wo er an die Vierzig ging. Mehrfach Konsul, hatte er die Macht gekannt. Siegreich mit seinen Legionen in Britannien und Persien war ihm der Ruhm nicht unbekannt. Sein Reichtum war ungeheuer. Villa und Gärten des Lucullus waren sein eigen geworden. Er suchte die Gerechtigkeit und um ihretwillen sollte er einer der Hauptanstifter an der Ermordung des Caligula werden, was ihn populär machte. Er trank nicht und lebte keusch. Eine Liebe zu Poppäa, der Frau des verehrungswürdigen Scipio, soll das zustande gebracht haben. Da waren noch andere. Der auf Simon eifersüchtige Schulphilosoph Thegonius. Die etwas fette wundersüchtige Amaryllis. Ein Prinz Arbaces, des armenischen Königs Mithridates Reisebegleiter, ganz weg von den Reizen der Helena.

Man sprach von den Vorteilen der Keuschheit und den Reizen ihres Gegenteils und wie beides an seinem Platze im Ablauf des Lebens das Rechte sei. Messalina verstand nicht alles, doch wählte sie mit dem Instinkt ihrer Sinne das, was ihr wohltat. Aber Lepida erwartete sich noch ein anderes von dieser Zusammenkunft bei dem Magier und hatte es ihn wissen lassen. Nun erhob er sich und winkte Mutter und Tochter, die ihm durch einen dunklen Gang in einen kleinen Raum folgten, in den von oben die Nacht der Sterne fiel. Er entzündete Kraut in einem Becken, goß Flüssiges darüber, daß ein scharfer Rauch entstand und begann in der Zukunft Messalinas zu lesen, auf den Boden hingehockt; und Schweiß lief ihm in Strömen übers Gesicht. Daß Claudius Kaiser werden würde, prophezeite er. Schon da er Konsul war, hätte sich ihm auf dem Forum ein Adler auf die linke Schulter gesetzt. Weniger deutlich sah er die Zukunft Messalinas. Er konnte nicht unterscheiden, ob, was sie einhülle, Blut oder Purpur sei. Vielleicht beides, sagte Simon. Und ein Schwert verdecke den Lotus, der über jedes Weibes Haupt schwebe.

Messalina war zwanzig, als sie Claudius heiratete, den immer schwitzenden Kahlkopf mit den lächerlich großen Füßen und dem stotternden Gang der schwachen Beine, die nur mühsam seinen fetten Leib trugen. An der kaiserlichen Tafel trieb man Späße mit ihm, der immer während des Essens einschlief. Und nur seine offenkundige Narrheit schützte ihn vor der Wut seines Neffen Caligula. Immer war er in Angst, ermordet zu werden und machte sich, dem zu entgehen, noch kindischer und dümmer als er war. Er befand sich an jenem neunten Tage vor den Kalenden des Februar im Gefolge des Kaisers, als dieser sich ins Theater begab. Und als Caligula unter dem Schwerthieb ins Genick stürzte, lief er davon, um sich zu verstecken. Aber das Boskett verdeckte nicht seine großen Füße, über die der Soldat Gratur stolperte, ein Mann aus der Verschwörung. Der hatte oft den Namen des Claudius als den des künftigen Cäsar gehört. Und als er nun den Versteckten an den Beinen hervorzog und als den Claudius erkannte, fiel er vor ihm auf die Knie.

Er war alt genug geworden und von andern Neigungen besessen; darum wurde ihm die Bescheidenheit leicht, die ihn populär machte. Er weigerte sich, den Titel Imperator zu tragen. Er entschied nichts, ohne den Senat zu fragen. Er benahm sich in der Öffentlichkeit immer wie ein braver Beamter, der dem Volke dient. Drängte sich nicht vor, um seine gar nicht repräsentative Figur wissend. Sehr gelehrt in allerlei antiquarischen Sachen und der Grammatik – er erfand drei neue Buchstaben des Alphabetes, die sich aber nicht durchsetzten – versuchte er sich in burschikosen Anreden Untergebener, wie das Professoren lieben. Bücherschmökern, gutes und reichliches Essen und Trinken und viele Weiber –, das waren seine Erholungen von der Regierungsarbeit. In den Geschäften suchte er sich mit Glück tüchtige Leute unter den Freigelassenen und Namenlosen aus; den verschuldeten Rittern und den Spekulanten mißtraute er, weil er sie kannte. Seine Frau ließ er treiben was sie wollte. Messalina nannte ihn einen alten Trottel. War er nicht in der Hochzeitsnacht nach einigen brutalen Griffen eingeschlafen? War er nicht schuld, daß sie sich bei Morgendämmern vom Lager erhob und in den Garten ging, wo ein junger Syrer wieder die Nachtigall nachahmte wie beim Hochzeitsschmaus?

Sie ertrug nur die plumpe Zärtlichkeit ihres Trottels und hatte zwei Kinder von ihm. Mit ihnen und ihren Künsten der Liebe, bei andern gelernt, hatte sie Macht über den Gatten. Da wurde er Imperator. Für die Kaiserin gab es keine Laune der Sinne mehr, die zu befriedigen sie sich versagen mußte. Fünfundzwanzig war sie und mit der zwiefachen Macht ausgestattet: der ihres Leibes und der ihres Titels. Sie zitterte vor dem plötzlichen heftigen Licht dieses Weges.

Frauen, welche wie Messalina ihr sinnliches Leben, ihre Liebe, nicht in den Dienst eines Ehrgeizes zu stellen brauchen und sie nicht zu einem Mittel entwerten müssen, was noch die letzte Straßendirne tut, die an das Geld denkt, mit dem sie sich dem bürgerlichen Dasein und Aussehn annähert, solche Frauen geben ihrem sinnlichen Leben die klassische Form. Sie stellen nicht die Liebe in den Dienst einer Macht, sondern jede Macht in den Dienst der Liebe, um derentwillen sie allein leben. Der fünfundzwanzigjährigen Kaiserin blieben jene Momente der Schwäche nicht erspart, wo sie weinend bedauerte, ihr Leben lang nicht einem einzigen Manne zu gehören. Aber sie schämte sich solcher Krisen des Gefühles und haßte jene, in deren Armen sie sie erlitten hatte. Denn größere Aufmerksamkeit gab sie der Schönheit ihres Leibes und dem Genusse daran als jenen Flüchtigkeiten einer weichlichen Bewegtheit. Hundert Eselinnen wurden gehalten, in deren Milch sie badete. Sie machte die griechische Mode nicht mit, sich die Haare des Leibes auszuzupfen. Nur die Haare unter den Achseln entfernte sie, seit ein Arzt ihr gesagt hatte, daß der Leib durch alles andre Körperhaar Kräfte des Lebens einatme. Sie liebte es, auf ihrer weißen Haut Spuren der Umarmungen zu sehen, aber nicht zu behalten. So schrieb sie Preise aus für ein Mittel, diese bläulichen Spuren und Äderungen zu entfernen. Sie liebte nur Männer. Sie tat so als ob sie Frauen liebte und ihre Vergnügungen teilte nur in Gegenwart des Gatten, um dessen Zärtlichkeiten zu entgehen. Sie liebte nur Männer. Und sagte, daß nichts die Mühe des Lebens lohnte als jener Augenblick, in dem die Männer in der höchsten Lust brüllen und aufstöhnen wie wilde Tiere.

Die Laune entschied, welchen Mann sie sich nahm, welchem sie sich hingab. Einem, weil er sie um einen Pantoffel bat, den er dann als Amulett um den Hals trug. Aber sie mußte gleich erfahren, daß dieser Lucius Vetellius, ehmaliger Statthalter in Syrien, nur ein Narr war, der zu dem Schuh betete. Sie gab sich einem Gladiatorenhändler, weil er stark war. Einem Neffen des Claudius, weil er schwächlich war. Dem Sabinus, weil er langes Haar trug und ihr Parfüm liebte. Dem, weil er glatten, dem weil er stark behaarten Leibes war. In Baiae einem Fischer, weil er gerade vorüberging. Einem der Hände wegen, einem andern um seines Blickes willen.

Aber sie nahm es dem Mnester, dem berühmtesten Komödianten und Springer Roms, den Caligula im Hippodrom vor allem Volke geküßt hatte, nicht übel, daß er ihr widerstand. Denn Mnester liebte nur Knaben, und sie hielt Freundschaft mit ihm und sie erzählten einander ihre Geschichten. Mnester war reich und verschwenderisch; viele Frauen hatten sich aus vergeblicher Liebe zu ihm das Leben genommen, obzwar er nicht hübsch war und mit dreißig Jahren Fett ansetzte. Messalina und Mnester dienten demselben Gotte, sie verstanden einander. Er brachte ihr seinen Giton, den fünfzehnjährigen Titus aus der guten Familie des Domitius. Er schenkte ihr den Knaben, an dem sie Gefallen fand für kurze Zeit. Der Kleine konnte aber nicht den Mund halten. Mnester warnte die Freundin. Die Mutter Lepida fürchtete, Claudius könne von der Sache erfahren. Titus mußte verschwinden. Er bekam in der letzten Nacht in einem Becher Gift zu trinken, das ihm die allzu geschwätzige Zunge aus dem Hals stülpte. Auch die alte Tryphenis ließ dabei ihr Leben. Als sie den sterbenden Titus beschimpfte, warf ihr Messalina eine goldne Amphore auf den Kopf und erdrosselte die nur an der Schulter Verwundete mit den Händen.

Einer, den sie begehrte, widerstand. Der Herr der Lucullischen Gärten, der Nachdenkliche, der seine Liebe nur mehr den Bäumen und Blumen seines Gartens schenkte, nur wenige Freunde um sich liebte, Ruhm und Frauen vergessen hatte, Valerius Asiaticus. Als Messalina nach Baiae kam, um ihn da zu treffen, verließ er sofort den Ort und ging nach Rom zurück. Man log ihr vor, er habe seine alte Liebe zu Poppäa, der schönen Frau eines alten Gatten, wieder erneuert. Messalina haßte diese Frau, diese allein in ganz Rom, weil man ihre Schönheit mit der ihren verglich. Sie suchte Valerius auf. Der Vorwand: im Auftrage des Claudius käme sie, ihn um die Gründe zu fragen, weshalb er sich weigere, sich zur Armee in Germanien zu begeben. Er sprach Philosophisches. War ganz fern allen diesen lauten Dingen der Welt. Auch fern den Frauen. Messalina ließ alle ihre heimlichen und starken Feuer los. Aber sie brannten nicht auf diesen Mann, der gleichgültig war wie ein Stein und über sie wegsah. Da gab ihr die Wut die gemeinsten Worte. Sie sprach von Poppäa, von der man ja wisse, daß sie sich den Gladiatoren prostituiere. Und man wisse auch, was ihn mit Poppäa verbinde, die Liebe zu jungen Burschen, die sich von Kupplern der Suburra erziehen ließen. Aber Valerius sagte kein Wort. Ein Sklave brachte auf einer silbernen Platte Brotkrümel. Er nahm davon und warf es den Tauben hin. Verzeiht, sagte er, es ist die Stunde der Tauben.

Bei dem alten Cornelius Scipio war nichts auszurichten. Er wußte, daß Poppäa die Geliebte des Valerius gewesen war. Und nicht mehr. Wußte auch, was Poppäa sonst tat. Aber er war weise und alt und hätte noch weit mehr ertragen, denn diese Frau war, wie immer auch, das Glück seines Alters. So mußte man sich, um

Valerius zu verderben, an Claudius halten. Der war ganz vergraben in seine karthagische Geschichte, die er diktierte. Aß nur mehr punische Küche, um die Seele Hanibals zu verstehen. Fürchtete nichts als Verschwörung gegen sein Leben. Suilius, stadtbekannt für jede falsche Zeugenschaft, wurde gekauft. Und der Mann mit dem Schuh Messalinas um den Hals tat was man von ihm wollte. Daß Valerius schon in Syrien gegen den Kaiser komplottierte, war sein wichtiges Zeugnis, denn Lucius war da hoher Beamter gewesen. Vor Claudius wurde der gefesselte Valerius gebracht. Als man ihm die Fessel löste und er die Anklage widerlegen sollte, machte er eine etwas heftige rednerische Bewegung mit der Hand. Claudius fuhr zurück. Er sah wohl gleich, daß in der Hand keine Waffe war. Aber er war nervös geworden. Und winkte das Urteil. Valerius vollzog es selber. Er ließ sich vor dem Scheiterhaufen, den ihm seine Leute in seinem Parke errichtet hatten, von einem Sklaven die Adern öffnen. Der Poppäa gab Messalina zu wissen, daß Claudius entschlossen sei, die alten Strafen gegen Ehebruch wieder einzuführen: die Ehebrecherin nackt auf Stroh in einem auf eine Gasse hin offnen Gefängnis und jedem gehörend, der sie wolle bis zum Einbruch der Nacht. Poppäa zog es vor, sich zu vergiften.

Es war ein Einfall des Mnester. Er erzählte von der Dirne Lysisca in einem Lupanar der Suburra am Mons Coelius nah beim großen Markt, die so sehr der Messalina gliche, daß man sie nur die Kaiserin nenne. Den Wirt Gnatänion kenne er seit langem, noch aus der Zeit, wo er das Haus als Bad betrieben hatte. Nach vorn sei es nun eine Kneipe. Nach hinten zu gab es ein Atrium mit dem Badebecken. Aber die ehemaligen Badezellen dienten nur mehr den Huren, die sich da prostituierten. Claudius war nicht in Rom. Man könnte diese Gelegenheit benützen. Es sei ein guter Spaß, in jenem Haus die Rolle der Lysisca zu spielen. Kein Gast würde sie erkennen, jeder sie für das Mädchen halten. Messalina machte große Toilette. Sie gab wie die alexandrinischen Kurtisanen violetten Puder in ihr Haar, das sie im Nacken festband. Auf ihre Brustwarzen einen kleinen Tropfen Karmin, aber keinerlei Schmuck bis auf eine Halskette aus kleinen phönizischen Phallusen. Sie rollte sich ganz nackt in einen Leinenschleier, worüber sie eine Cuculla aus grobem Tuch warf, deren Kapuze sie über den Kopf zog. Es war ein Uhr nachts, als sie den Palast auf dem Palatin durch die Hintertüre verließ, wo Mnester sie erwartete.

Das helle junge Gesicht eines Legionärs, der in der Kneipe des Gnatänion saß, half ihr weg über den scharfen Gestank von Schweiß, der sich ihr an der Schwelle des Hauses entgegenwarf, so daß sie schon umkehren wollte.

Mnester verließ sie vor der Zelle, die nur ein flatternder Fetzen Tuch vom Atrium trennte. An der Wand daneben stand hingeschrieben: »Lysisca, ein Denar Silber.« Eine verbrauchte Binsenmatte, auf der ein paar schmutzige Kissen lagen, ein Tischchen mit einer rauchenden Lampe, in einer Ecke ein Krug aus rotem Sandstein – mehr gab es nicht in dem engen Raum. Ein Mädchen aus der Nachbarzelle kam herein und erzählte eine wohl gestern begonnene Geschichte weiter, von ihren Erlebnissen auf dem Friedhof: eine scrupeda, wie jene Huren heißen, die nach der Nacht im Bordell noch auf dem Friedhof strichen, entnahm Messalina aus der Geschichte und freute sich, für die Lysisca zu gelten.

Dann trat der erste Besucher ins Gemach.

Und sie kamen einer nach dem andern, alte und junge, schüchterne und wilde, Narren und Tolle, kaum daß sich der Knecht eine Pause schaffen konnte, um das Wasser aus dem roten Krug über die Fliesen gießen zu können, das Hingespiene wegzuschwemmen, oder die Schmuckmagd Fett und Puder bieten konnte für das zerstörte Gesicht und die Blutmale am Leibe der kaiserlichen Dirne. Gegen den Morgen zu taumelte ein betrunkener Centurion in die Kammer. Er stahl ihr was Messalina die Nacht über verdient hatte. Und als sie laut nach dem Lupanarius schrie, warf er sich über sie, daß die erzenen Buckel seines Wamses sich in ihr Fleisch gruben und sie schon dachte, sie ließe das Leben.

Es dämmerte, als sie aus dem Atrium in die Kneipe sich schleppte. Niemand war mehr da. Mnester lag schlafend auf einer Bank, verfallen und nichts als ein alter Jude.

Tacitus, Juvenal und Flavius Josephus geben den Klatsch für Wahrheit, indem sie sagen, daß Messalina fast jede Nacht in diesem Bordell zubrachte und den Platz jenes Mädchens Lysisca einnahm. Dio Cassius berichtet nur von einem einzigen Mal, was die Wahrscheinlichkeit für sich hat. Messalina riskierte das Abenteuer eines Einfalles. Aber sie war keine Pedantin, wie Juvenal ein Pedant war, der zudem ein grausliches Latein schrieb. Die pornographische Phantasie der Entrüsteten schwelgt in Vorstellungen der Quantität um so lieber, als ihnen jedes und auch das kleinste Quantum fehlt, das ihnen zur Kontrolle dienen könnte. Die Qualität einer Ausschweifung sehen sie daher nur in der unendlichen Wiederholung eines Aktes. Aber nie ist ein Mensch eine monströse Maschine.

Messalina hatte in dem jungen Konsul Caius Silius einen Gegner, den sie fürchtete. Er bemühte sich um Popularität und bekam sie, als er vom Senat die Ausführung der alten Lex Cincia forderte, welche Advokaten verbot, Geld und Geschenke anzunehmen. Messalina hatte sich schon öfter solcher gekaufter Advokaten bedient. Versuche der Kaiserin, Caius Silius ums Leben zu bringen, waren mißglückt. Da es mit dem Haß nicht ging, mußte es der Liebe gelingen. Der Konsul galt als der schönste Mann in Rom.

Dieser Mann verfolgte sie, indem er schlecht von ihr sprach; er war also kühn; aber was war er für ein Mann, daß er ihrer Schönheit widerstand? Sollte die Tugend eine Macht sein und nicht nur das Gerede impotenter Greise? Messalina interessierte sich für diesen jungen Silius. Sie empfing ihn. Er verteidigte sich mit schöner Würde, als sie ihm seine Unklugheit vorwarf, sie öffentlich anzugreifen. Aber er erlag, als er Abschied nehmend sich erhob und Messalina auf dem Lager ihr Gesicht in den Schleier hüllte und dabei ihr nacktes Bein zeigte.

Caius Silius war Messalinas erste Liebe. Sie konnte kaum eine Stunde ohne ihn sein. Schickte nach ihm, wenn Claudius abwesend war, oft mitten in der Nacht, und Silius kam, ließ seine junge schöne Gattin. Oft holte ihn mitten aus einer Sitzung des Senats ein kaiserlicher Befehl: er kommt und die Arme Messalinas erwarten ihn. Fahren sie über Land, verlassen sie das Fahrzeug, um sich in einem Graben am Wege zu besitzen. Bisse in sein Fleisch sollen seiner Frau Junia Silana sagen, daß er sie betrüge. Sie zwingt ihn zur Trennung. Eine andere Frau, die sich einmal der Gunst des Silius erfreut hatte, verbannt sie aus Rom. Eine, die sich dessen rühmt, läßt sie vergiften. Und die Lust kommt über sie, daß ganz Rom von ihrer Liebe erfährt. Zuerst sagt sie es dem Claudius; der dazu lacht. Dann den Vertrauten und Freigelassenen, den Dienerinnen. Jenem Vitellius zeigt sie die Liebesmale an Brust und Schultern. Im Zirkus stützt sie den Arm auf Silius' Nacken, flüstert ihm zu. Fährt sie des Abends über das Forum, müssen die Trompetenbläser vor ihrem Wagen den Namen ihres Geliebten ins Volk rufen. Calpurnia und Cleopatra, ihre Dienerinnen, macht sie hinter einem Teppich versteckt zu Zeugen ihrer Umarmungen. Vor allem Volke des Reiches: sie will Silius heiraten. Sagt dem Claudius, ein Traum habe ihr den Tod ihres Gatten verkündet, und daß man das Schicksal betrügen müsse, indem sie durch eine Scheinheirat mit Silius das Unheil auf dessen Haupt bringe und damit das Leben des Kaisers rette. Claudius sagt nicht nein und begibt sich nach Ostia, um die Ankunft eines Getreidetransportes zu überwachen als ein braver und besorgter Beamter seines Volkes. Messalina plündert den kaiserlichen Palast und läßt alles in das Haus des Silius schaffen. Nach allen Riten und unter Assistenz vieler Freunde und Zeugen findet die Hochzeit statt.

Vielleicht sah der junge Silius keinen andern Ausweg aus diesem gefährlich werdenden Abenteuer, als in der Beseitigung des Claudius und Kaiser zu werden an dessen Stelle. Er war aus bester Familie und beliebt im Volke. Aber jung vertraute er mehr seinem Stern als guten Vorbereitungen des Anschlags, auch wenn er dazu mehr Zeit gehabt hätte als ihm Messalina ließ. In deren Bett verlor er den Kopf.

Alle Beamten des Staates und der Stadt kamen ja glückwünschend vor das Haus der neuvermählten Kaiserin. Aber die Vertrauten fehlten. Das Volk brüllte Thalassio! und bekam Geld und Wein. Morgen würde man den Staatsstreich ausführen. Rom ist für sie, scheint es ihnen. Diese Nacht soll nur dem Feste gehören. Vor allem Volke soll Silius sie auf dem Rasen besitzen! Aber die Gäste verliefen sich, einer nach dem anderen. Sie hatten verdachtschöpfend die Abwesenheit jener bemerkt, denen Claudius sein höchstes Vertrauen schenkte. Der grobe Servinius ließ, da er keinen Vorwand fand, Messalina mitten in einem Gespräch stehen und rannte davon. Im Palaste gab es hastiges Laufen und Türenzuschlagen: selbst die Sklaven verließen das Haus. Und mitten in der Nacht kam Botschaft, daß die Reiter aus Ostia eingetroffen wären: der Kaiser wußte alles und war auf dem Rückweg nach Rom. Caius Silius sagte, er wolle morgen im Senat Erklärungen abgeben und ging heim. Auch mit seinen Freunden wolle er sich beraten. Messalina suchte den Schlaf auf einem einsamen Lager.

Als Claudius in Baiae die sichern Zeugnisse seiner Leute bekam, schrie er und heulte aus Angst, aus Wut, aus nicht wissen, was tun. Er lief vom einen zum anderen, fragte, ob nun, da der die Kaiserin geheiratet habe, der Silius nicht Kaiser wäre? Ob man nicht fliehen solle? Der Freigelassene Narcissus – einmal hatte ihn die Gunst der Messalina getroffen und Spott war sein dauernder Lohn für seine betrügerische, nichts haltende Schönheit gewesen – rettete die Situation. Er ließ sich das Kommando der Kohorten mit jeder Gewalt geben. Und marschierte auf Rom zu.

Messalina erwachte in einem leeren Hause. Sie mußte Claudius vor seinem Einzug in Rom sprechen: das war die Rettung. Sie mußte ihm entgegen. Aber nicht Pferd, nicht Wagen war im Haus, und kein Diener zeigte sich. Sie stürzte auf die Straße. Suchte einen Wagen. Die Straßen waren leer. An einer Ecke stieß sie auf einen Karren, der den Dreck der Stadt in einem Behälter sammelte und wegführte. Dem Kutscher, der sie nicht fahren wollte, entriß sie die Geißel. Und fuhr los, die Straße nacht Ostia, über die Tiberinsel am Tempel des Äskulap vorbei.

Reiter, die dem Wagen unmittelbar vorausgaloppierten, in dem Claudius saß und ihm zur Seite Narciß, verlangsamten ihren Galopp in der Nähe der Stadt. Da rief ihnen ein Weib, das neben einem gestürzten Mistwagen stand, Halt zu mit dem kaiserlichen Zeichen der Hand. Narciß begriff. Und er gab mit einer Geste den Hornbläsern Befehl, zu blasen und dem Claudius das Täfelchen, auf dem alle Namen von Messalinas Liebhabern geschrieben standen, drückte seinen Kopf im Nacken hinunter, damit er lese. Denn Claudius sträubte sich. Ist denn das möglich? stotterte er und versuchte einen Blick auf Messalina, die staubig und beschmutzt und zerfetzt mitten auf der Straße stand inmitten der Trümmer eines Wagens, der Abfall, Kot und Kehricht entleert hatte.

Silius und seine Freunde fanden, was sie sich als Gnade erbaten: den Tod auf der Stelle. Für Messalina wollte die Mutter sprechen, auch Britannicus und Octavia. Narciß ließ sie nicht vor Claudius erscheinen. Messalina könne sich gut selber verteidigen. Claudius wünschte, daß sich Messalina am nächsten Tage vor ihm verteidige. Narciß wußte, diese Verteidigung bedeute sein Todesurteil. Darum gab er, als er das kaiserliche Gemach verließ, sofort den Befehl an den Tribun der Garde, Messalina auf der Stelle zu töten. Und hieß einen ihm ergebenen Freigelassenen namens Evodus jener folgen, um sich zu vergewissern, daß der Befehl ausgeführt werde.

Messalina war bei der Mutter. Das Laub im Garten vergilbte herbstlich, aber Messalina war voll Lebens und hoffte. Geräusch ließ sie ins Gemach blicken. Da stand Evodus, der den Soldaten vorausgelaufen war, und die Frau vor dem Tode zu beschimpfen. Da, bei dem Anblick dieses Menschen, gab sie die Hoffnung auf. Dieser gelehrte Schreiber ihres Mannes, dieser häßliche kurzgesichtige Mensch mit der gekrümmten Schulter war, das wußte sie, ihr Todesverkünder. Da ihm der Haß die Rede in den Mund hinunterdrückte, riß er Messalina die Stola vom Leibe und schlug auf die bloß werdende Brust. Sie stöhnte auf vor Schmerz. Der Tribun war hinzugekommen und riß den Burschen weg, sagte etwas von der lautloseren Gerechtigkeit des Cäsar. Lepida, die Mutter, hatte ihrer Tochter einen Dolch gegeben, den sie unter dem Gewande verbarg. Der Tribun hieß die Soldaten den Evodus hinausschaffen und wandte sich wartend, schweigend ab. Messalina setzte den Dolch an die Brust. Noch einmal. Und wieder. Sie konnte nicht. Ein bißchen Blut floß aus einer kaum geritzten Wunde, und sie schauderte davor und barg ihr Gesicht in den Schleier. Da näherte sich ihr leise der Tribun von hinten. Mit einem Hieb seines Schwertes schlug er Achsel und Leib durch. Messalina brach zusammen. Eine reglose Flaumfeder vor ihren offnen Mund gehalten, aus dem das Blut quoll, überzeugte den gewissenhaften Beamten und er entfernte sich mit den Soldaten.

Theodora

In diesem Jahre des Absterbens der Theodora, der großen Kaiserin, da sie zählte vierzig Jahre, und man schrieb das Jahr 548 nach des Erlösers Geburt, des Gedächtnisses ihres irdischen Daseins, wie es war und wie es erzählt wird, voll, schreibe ich, Theophoros von Mythilene, das Leben dieser sehr ungewöhnlichen Frau auf, wie ich es selber aus großer Nähe wahrgenommen, wie es mir zu anderen Teilen von verläßlichen Zeugen erzählt und endlich auch, wie es in gemein umlaufenden Erzählungen, Berichten und Gerüchten angesehn wurde. Ich überlasse es dem späteren Leser, daraus Nutzen zu ziehen, wie es ihm gefallen möge, Wahres für falsch, Falsches für wahr zu befinden, nach Neigung und Vorliebe oder besserer Kenntnis, –: meines geringen Verstandes Aufgabe ist solches Unterscheiden mit nichten. Also beginne ich.

Es lebte damals in Byzanz ein gewisser Akakios, beamtet mit der Aufsicht über die wilden Tiere der Arena, und er hatte davon den Titel, wie er eingeführt ist, des Arktotrophos, obwohl er auch anderes zu tun hatte als bloß den Bären das Futter zu geben. Dieser Akakios starb an einer Krankheit unter der Regierung des Autokrator Anastasios und ließ drei noch unmündige Kinder zurück, drei Mädchen, des Namens Komito, Theodora und Anastasia, diese älteste zählte noch nicht sieben Jahre. Die Witwe, die aus Cypern stammt, wollte ihrem Liebhaber die Stelle ihres Mannes verschaffen und stellte sich dafür bittend mit ihren drei Kindern vor das Volk des Hippodrom, denn der Direktor wollte einem andern die Stelle geben. Aber das Volk entschied für den Bettgenossen von Akakios' Witwe. Theodora war fünf Jahre alt, als sie derart zuerst im Zirkus auftrat.

Als die Anastasia in das mannbare Alter gekommen war, brachte sie ihre Mutter auf das Theater der Pantomimen und gab ihr zur Begleiterin die jüngere Theodora, angezogen wie eine kleine Sklavin, in einem Hemde mit Ärmeln. Anastasia wurde alsbald eine gesuchte Kurtisane und hatte immer die Theodora bei sich. Da diese aber noch unreif war, so gab sie sich den Männern nicht hin, wie eine Frau es tut, sondern diente als Knabe. Solches trieb sie mit den Sklaven, welche ihre Herren in das Theater begleiteten und auf den Gängen warteten. Eine geraume Zeit verbrachte sie in diesem Mastropeion. Mannbar geworden, betrat sie die Bühne und wurde rasch eine Kurtisane, aber eine von denen, die man damals Läuferinnen nannte. Sie verstand weder die Flöte noch den Psalter zu spielen, auch tanzen konnte sie nicht. Sie gab sich einem jeden und diente jedem mit jedem Teile ihres Leibes. Sie hatte zumal Umgang mit den Mimen und teilte die Art ihres Lebens, half ihnen in ihren Schwänken und Pantomimen und machte sich auf der Szene, da sie voll Witz und behenden Geistes war, immer bemerklich. Sie hat niemals irgend Scham vor einem Manne empfunden, noch sich irgend geweigert, zu tun, was man von ihr verlangte. Sie ließ sich peitschen und Ohrfeigen geben, brach in Gelächter aus, hob ihre Röcke und zeigte den Anwesenden nakkend von hinten und von vorne das, was für die Männer verborgen und unsichtbar bleiben soll. Niemals hatte man bei ihr irgendein Schamgefühl bemerkt.

Theodora erlangte derart eine große Herrschaft über die lasterhaften Männer, die sie zu immer neuen Erfindungen reizte, durch nichts sonst als durch ihr zähnezeigendes Lächeln und die Biegsamkeit ihres geilen Leibes. Aber nicht nur die Lasterhaften erlagen ihren Künsten, sondern alle, die ihr in den Weg kamen, bis auf die noch nicht mannbaren Knaben und Kinder.

Es hat wohl wahrhaft nie ein Weib gelebt seit Lilith, das mehr dem Dämon der Lust ergeben gewesen wäre als Theodora. Zuweilen kam sie zu einem Freundesgelage mit einer Schar kräftiger junger Leute, wohlerfahren und ausdauernd in der Liebesarbeit. Sie lag mit ihnen die ganze Nacht und gab sich ihnen allen. Und waren dann diese hinweggegangen, so begab sie sich zu deren Sklaven, und wären es dreißig gewesen, und paarte sich mit einem jeden von ihnen. Und auch solche Ausschweifung sättigte sie noch nicht.

Eines Tages begab sie sich zum Mahle eines hohen Beamten. Während des Festes konnten alle, die anwesend waren, sie nach Belieben beschauen, denn sie hatte sich auf ein Bett geworfen, vor ihnen ihre Kleider hochgezogen und mit dem Finger auf ihre Dinge gezeigt, ohne sich im geringsten zu zieren.

Welche all so die drei Orifizien ihres Leibes arbeiten ließ, fluchte der Natur, daß sie den Spitzen ihrer Brüste nicht Öffnungen gegeben habe, damit man hier neuartige Verbindungen erfinden könne.

Theodora war zu wiederholten Malen guter Hoffnung, hat sich aber damals immer mit künstlichen Mitteln die Frucht abgetrieben.

Oft warf sie im Theater alle Kleider ab und schritt all so auf der Bühne vor alles Volk, mit nichts bekleidet als einer kleinen Hose, welche das Geschlecht bedeckte. Auch diese hätte sie gerne abgelegt und das darunter Verborgene dem Volke gezeigt, aber es ist den Frauen auf dem Theater verboten, sich ganz zu zeigen, es sei denn mit dem kleinen Höschen. So bekleidet, warf sie ihren Leib nach rückwärts und reckte sich auf dem Boden. Theaterjungen waren damit betraut, auf ihre hochgereckte Scham Weizenkörner zu streuen, und für diesen Dienst dressierte Gänse kamen hinzu und pickten eins ums andere die Körner von ihrem Leibe. Weit davon, sich solcher Schaustellung zu schämen, liebte Theodora sie so sehr, daß sie sie oft wiederholte.

Es hatte damals an ihr ein Tyrier des Namens Hekebolos solchen Geschmack gefunden, daß er sie nach Pentapolis mitnahm, als er zum Statthalter der Provinz ernannt wurde. Man sagte, daß sie sich bei ihm den übelsten Diensten hingab, die er von ihr forderte. Aber er schickte sie nach einem Streite weg, und sie ging nach Alexandria, wo sie als eine Gassenhure ihr Leben gewann. Sie wanderte von Stadt zu Stadt und übte überall ihre Talente, die beim Namen zu nennen ein Mensch nicht wagen kann, ohne Gott zu beleidigen. Es gab im ganzen Orient kein Dorf, wo man nicht die Hure Theodora gekannt hätte. Und überall erging es ihr nach kurzer Weile, wie es ihr in Byzanz ergangen war, wo alle frommen Menschen sie mieden und es als ein schlimmes Vorzeichen ansahen, wenn sie ihr auf der Straße begegneten. Sei stand vor dem äußersten Abgrunde, bereit, darin sich völlig zu vernichten, als sich ihr Gottes Gnade offenbarte. Denn nur Einer ist gut, welcher frei sich durch den Sohn offenbart. Durch Ihn allein kann das Herz rein werden. Er allein kann alle bösen Geister aus dem Herzen vertreiben. Es ergeht dem Herzen wie einer Herberge. Denn auch eine solche wird zertreten und zerstoßen und mit Unrat gefüllt durch schlimme Menschen, welche darin weilen und auf den Ort keine Rücksicht nehmen, da sie ihn als einen fremden betrachten. Ebenso geht es dem Herzen, solange niemand für es sorgt. Es ist unrein, aller Dämonen Wohnsitz. Wenn aber der allein gute Vater es heimsucht, wird es geheiligt und glänzt voll Licht, und wer ein solches Herz hat, wird heiliggesprochen, weil er Gott schauen wird.

Im frechen Übermute ihrer bösen Lüste wollte Theodora einem Heiligen in der Wüste die Falle des Satans legen. Aber sie fing sich selber darin und sah den Bösen nun voll Grauen, daß es ihr das Herz umwandte. Es lebte der Patriarch Severus von Antiochia, der zumal den gefallenen Frauen predigte, und Theodora wurde eine der reumütigsten unter ihnen. Als sie darauf nach Byzanz zurückkehrte, war keiner von ihren früheren Genossen, der sie wiedererkannt hätte aus ihrem Wandel, all so keusch und zurückgezogen lebte sie in einem kleinen Hause, wo sie Linnen wob, wie es zur Zeit der römischen Kaiser die Matronen getan haben. Hier traf sie Justinian.

Daß Justinian eine große Zuneigung zu Theodora faßte, hat manche veranlaßt, von zauberischen Künsten zu sprechen, welche sie dem Manne gegenüber angewandt habe, der damals gegen die vierzig alt war. Es dürfte aber wohl die natürliche Magie des Weibes gewesen sein, die sich hier zeigte und große Unterstützung erfuhr durch einen lebhaften Geist, hohe Vernunft und ein Geschick, dieses beides zur Geltung zu bringen. Zu dem kam, daß Justinian bei allen seinen Gaben ein etwas schwacher und lenkbarer Mann gewesen ist, wie sich dieses bis zu seinem Tode in hohem Alter zeigte. Er erlag völlig der Überlegenheit Theodoras, deren keinen Wunsch er ihr versagte. Da sie gierig nach Reichtümern war, überschüttete er sie damit. Da sie nach Titeln und Ehren aus war, macht er seinen Einfluß auf den kaiserlichen Onkel geltend, und Theodora ward die Ehre zuteil, daß sie Patrizierin wurde. Sie wollte Einfluß haben, und er begab sich völlig in ihre Sympathien und Intrigen. Der gute Kaiser Justin machte keine Schwierigkeiten, als Justinian die ehemalige Tänzerin und Kurtisane niedersten Ranges zur Gemahlin begehrte. Nur die Kaiserin Euphemia, wie man weiß bäuerlichen Blutes wie ihr makedonischer Mann, fand es ungehörig, daß Theodora ihre Nachfolgerin werden sollte. Aber sie starb zu guter Stunde, da man zählte das Jahr 523. Justin änderte darauf seinem geliebten Neffen zu Liebe ein Gesetz, und das Hippodrom, das Theodora der Hure Anfänge gesehen hatte, jubelte der Frau des Justinian zu, nachdem sie in Santa Sophia feierlich zur Basilissa gekrönt worden war.

Nur um weniges später war es, daß ich in die Dienste der also Gekrönten trat und darin mit kleinen Unterbrechungen verblieb bis an ihr Ende. Habe ich, was ich aus dem früheren Leben der

Tänzerin und Hure erzählte, aus dem Munde von guten Zeugen, so bin ich aus dem Folgenden bis zum Ende der großen Frau Zeuge dieses Lebens mit eigenem Sehen und Hören. Die Augusta war dreißig Jahre alt und ich ihr wohl an Jahren, doch nicht an Alter gleich, denn in früherer Jugend um das Männliche verstümmelt schien ich dem Aussehen nach eher greisenhaft. Dem Umstande verdanke ich auch das Vertrauen der Augusta, die mich beauftragte, über der Erziehung ihrer damals zehnjährigen Tochter zu wachen, einem Kinde von einem unbekannten Vater. Es war mir in meinem Amte erlaubt, ohne Rücksicht auf das Zeremoniell, das die Augusta bis in das einzelne sehr streng übte, zu jeder irgend passenden Zeit in ihre inneren Gemächer zu treten, und weiß ich aus solcher Nähe, daß, was immer man von Liebschaften der Augusta redete, nichts weiter war als Verleumdung. Denn sie hat in der Zeit ihrer Ehe mit Justinian weder mit einem Manne noch mit einem Weibe noch mit einem Kinde Unzucht gepflogen, und es war, als ob der Teufel der Geilheit, überfüttert, geplatzt und gänzlich aus ihr ausgefahren wäre. Das Los der Frauen, die als Huren und Tänzerinnen von der Unzucht der Männer leben, zu bessern, tat sie, die solches Leben kannte, vieles in der Folge, und es mochte wie Strafe und Rache scheinen, daß sie hart und grausam gegen die Männer war, wo immer sie in ihre königliche Gewalt kamen, sei es durch Verfehlungen, sei es als Bittsteller, sei es auch nur als Würdenträger. Denn es stand keiner zu hoch, der sich nicht in genauem Befolg des Zeremoniells vor ihr auf die Erde werfen mußte, all so, daß sein Mund den Boden berührte. Es waren welche, die sagten, daß solche Härte zu den Männern ihr reichlich die Lust ersetze, die sie früher von ihnen gehabt habe, da sie ihnen sich anbot. Denn sie tat wie eh, ihren Leib mit größter Sorgfalt zu pflegen auf das kostbarste und bettete ihn zur Ruhe, wann immer sie es danach verlangte, und hatte sie immer silberne, mit heißem Wasser gefüllte Gefäße zu Füßen ihres Lagers, Winter wie Sommer. Und war ihre Tafel bedient von Köchen aus allen Ländern, ihr das Mahl von seltensten Leckereien zu bereiten, wie man solche vor ihr an dem Hofe nicht kannte. Justinian, der als ein einfacher Mann nur Gemüse aß, sich mit jedermann aus dem Volke unterhielt wie mit seinesgleichen, sah den Aufwand seines Weibes mit Erstaunen wohl, doch gab er sich ihm doch wie einer fremden Seltsamkeit ganz gefangen und diente ihr darin mit allem, was er vermochte. Denn stets hatte der über alle Maßen eifrige und gelehrte Kaiser die geistigen Kräfte der Kaiserin zu bewundern Anlaß und ihren mächtigen Willen in großen Dingen, nicht nur in den kleinen. Es mochte so aussehen, als ob Justinian nur im Kreise seiner Frau seine kaiserliche Würde erlebte, die ihm sonst bei all seinen vielen gelehrten, diplomatischen, bauherrlichen Betätigungen nicht gegenwärtig sein konnte, da sie ihn hier vielleicht behindert hätte, das zu tun, wozu ihn sein Herz wie seine Neigung zogen. Also leuchtete die Sonne seiner kaiserlichen Würde dann, wenn die ihn überstrahlende Nebensonne der Augusta Theodora neben ihm stand. Und daß er von ihr nicht nur das Licht, sondern auch die Wärme bekam, dessen ist Zeuge der große Aufstand, der in Byzanz wegen der ungeheuren erpreßten Steuern ausbrach und der die halbe Stadt in Flammen setzte und bereits dazu geführt hatte, daß ein anderer zum Kaiser ausgerufen wurde. Justinian war schon bereit, mit seinen Schätzen auf einem Boote über den Bosporus zu fliehen, schon rief man den Honorius, der ein Neffe des Kaisers Anastasios war, in den Straßen aus, und vergeblich war Justinian mit den aufgeschlagenen Evangelien in den Armen in dem Hippodrom erschienen, mit keinem andern Erfolge, als daß ihn die Menge mit Pferdeäpfeln und anderem Unrat bewarf. Wir waren um ihn als die letzten in den Gärten, die zum Meere führen, versammelt, bereit zur Flucht, als Theodora sprach: »Welche die Krone getragen haben, dürfen nie ihren Verlust überleben. Nie werde ich den Tag erblicken, an dem man aufhören wird, mich mit dem Namen der Basilissa zu grüßen. Willst du fliehen, Cäsar, so tu es. Du hast Gold, die Schiffe sind bereit, das Meer ist offen. Ich bleibe. Ich liebe das alte gute Wort, daß der Purpur ein schönes Leichentuch sei.« An diesem 18. Januarius des Jahres 532 stand wahrhaft das Reich am Vorabend seines Falles, und der männliche Mut Theodoras allein hat es gerettet. Dankte sie bis zu dieser Stunde ihren Platz im Staatsrate nur der Schwäche Justinians, von nun ab dankte sie ihn ihrer eigenen Stärke allein, und sie behielt ihn, und der Kaiser widerstritt ihn ihr nicht, ja er stellte neben den seinen auch ihren Namen in allen jenen Inschriften sogar, welche die Siege über unsere Feinde verherrlichen. Wie dem Kaiser, so schwor man ihr die Treue, und in wichtigsten Entschlüssen holte sich Justinian Rat von der höchst verehrten Gattin, die Gott ihm gegeben, wie er sagte. Und die er auch nannte »seinen allersüßesten Zauber«. Von jenem Tage an gab es in Byzanz in Wahrheit nur einen Augustus, und er hieß Theodora. Sie brachte in die Staatsverwaltung ihr ergebene Leute, ebenso in den Geheimdienst, in die Politik, in die Kirche. Nach ihrer Laune machte sie zu Patriarchen und Päpsten, wen sie wollte, aber auch Minister und Generäle. Es war nicht selten, daß sie eine Anordnung ihres Gatten durch eine gegenteilige aufhob. Es steht mir wohl zu, zu sagen, daß die Kaiserin einen weiteren Blick besaß als Justinian, der, zu sehr nach rückwärts in die Zeit gekehrt, davon träumte, das alte Reich der Cäsaren wieder zu errichten, was auch der Grund war, daß er das Reichsgesetz aus den Alten sammelte. Mitnichten so Theodora. Ihr Auge sah feiner und schärfer; sie hatte es auf den Osten gerichtet und empfing die syrischen Mönche und die ägyptischen, den Zooras und den Jakobos Baradeos, so abstoßend diese auch in ihren Lumpen waren und so roh in ihren Worten und Sitten. Denn so fromm sie wie jede Frau in dieser Stadt war, begriff sie doch, wie wichtig es für das christliche Staatswesen sei, den religiösen Dingen größte Aufmerksamkeit zu schenken, und daß wer darin nachließe, es auf die eigene große Gefahr täte. Die Basilissa wußte, daß die wahrhaften Kräfte dieses Reiches nicht im Westen, sondern in den blühenden Provinzen Asiens und Ägyptens lagen und daß Gefahr für das Reich in den religiösen Meinungsverschiedenheiten brütete, die sich in diesen Provinzen und ihren Völkern immer deutlicher zeigte, die Gefahr des Abfalles vom Reiche. Danach richtete die Augusta klug ihre Politik, ganz anders als Justinian, der aus Geschmack an Streit und Widerspruch sich für die religiösen Verschiedenheiten interessierte und, wie in seinen Strebungen das Recht betreffend, darauf aus war, subtile Formeln zu finden mit den Theologen. Es war dieses wie ein Spiel. Während Theodora entschlossen die Partei der Häretiker gegen Rom und den Papst ergriff. So aber gelang ihr, für das häretische Ägypten lange Jahre der Duldung durchzusetzen. Und es gelang ihr, daß das häretische Syrien seine verfolgte eigentümliche Kirche wieder errichten konnte. Sie erreichte es, daß den Widergläubigen gestattet war, ihre Predigt aufzunehmen, später sogar, daß sie der Exkommunikation Widerstand leisten und sich dem säkularen Gericht entziehen konnten. Ihr haben es die Anhänger der Lehre von der einen göttlichen Personschaft Christi zu danken, daß sie, was sie lehrten, bis ins schwarze Nubien bringen konnten und zu den braunen Söhnen der arabischen Wüste. Es hat nicht an Stimmen gefehlt, welche ihren Glauben an die nichts als göttliche Natur des Erlösers davon wollten ableiten, daß sie aus ihrem früheren lasterhaften Hurenleben nicht rechtgeben wollte, es sei der Erlöser auch wahrhaft Mensch und Mann gewesen. Denn solcher Glaube an Christi Menschhaftigkeit hätte ihr sein Göttliches in häßliche Bilder verzerrt, wie sie solche in der Erinnerung trug. Und es kann solche Annahme wohl begründet sein zu einem Teile in Betracht des Umstandes, daß Theodora in all ihrem großen staatsmännischen Wesen niemals aufhörte, ein Weib zu sein, je nach Umständen voll Schlauheit oder Gewalttätigkeit sich freute, diesen Papst einsperren und absetzen zu lassen, jenen aber ganz unter ihren Willen zu beugen, daß er ihr nachlief wie ein Hündchen. Es mag die Kirche immer ihren Namen verfluchen ob ihrer Begünstigung oder Irrlehren und der üblen Behandlung, welche Päpste wie Silverius und Vigilius von ihr erfuhren. Es ist nicht meines Amtes, sie als Christ zu richten, denn ich hing ihrem Glauben an die eine Natur Christi an, weil es der ihre war, und begab mich ganz in ihre Gründe dafür, ohne sie für mich zu prüfen, aber es ist mit meiner Einsicht und meiner Stellung an ihrem Hofe verträglich, zu sagen, daß sie als die Augusta dieses großen Reiches so, wie sie gehandelt, recht gehandelt hat. Wäre sie nichts als fromm gewesen, dann wäre sie nicht die Augusta geblieben, so aber ward ihr die Aufgabe gestellt, ein Reich zu wahren.

Ich würde das gleich zu Erzählende als von an sich geringer Bedeutung nicht berichten, zeigte es die Augusta nicht ganz auch in diesem kleinen Zuge. Es war ihr von geschäftigen Zwischenträgern eine Erfindung als wahr berichtet worden, die sich auf die eheliche Treue des Kaisers bezog. Er besäße, so sagten sie, eine ehrgeizige Geliebte, deren Sinn höher stünde, als Bettgenoß zu nächtlicher Kurzweil des Gatten zu bleiben. Es war dies ein nordisches Weib, Edita geheißen, sehr von eigentümlicher Schönheit. Denn es zeichneten sie bei tiefschwarzem Haar Augen aus, groß und von bernsteingelber Farbe. Zudem überragte sie um ein kleines Stück die Kaiserin an Leibeslänge und war um zehn Jahre jünger. Die Augusta gab ihr Zutritt in ihr Schlafgemach und brachte sie leicht dahin, daß ihr diese Edita eine Nacht durch diene mit allen Künsten ihres Leibes. Denn sie wollte wissen, was sie könne. Und ob diese so eigentümlich sei, daß es des Kaisers wert wäre. Es war am frühen Morgen nach dieser Nacht, daß mich die Augusta in den Vorraum ihres Schlafgemaches rufen ließ. Sie zeigte mir durch den etwas gehobenen Vorhang das aus Erschöpfung schlafende Mädchen: sie sei eine Magd wie irgendeine, sprach sie, und nicht wert, den Herrn zu vergnügen. Es stünde mir frei, sie mir als Sklavin zu nehmen oder sie in den Bosporus werfen zu lassen. Jene aber, die sie dem Augustus zuführen wollten und ihr geschäftig schon berichtet hätten, sie sei des Kaisers Geliebte, die ließe sie mir nicht zu solcher Wahl. Und darauf gab sie dem Henker, es war Andronikos, das Blatt, auf dem die Namen jener standen. Es waren zwei Männer und eine Frau. Und hatten die drei eine Stunde später keine Hände mehr, um Gnade zu bitten, und keine Augen mehr, ihr schlimmes Los zu beweinen.

Die Basilissa hatte in diesem wenig besonderen Falle zwei Urteile gesprochen, die man nicht anders als gerecht nennen konnte, wenn es auch schwer würde, sie auf ein Recht zu gründen; es richtete wahrhaft diese Frau aus einem wohlerwogenen Hasse heraus, nicht hingerissen von einem Gefühle bloß. Das bekam Germanos, des Kaisers Neffe, zu spüren, ebenso wie der Sekretär Priskos. Und wie sie nie verlegen war, die guten Gründe für ihren Haß und die Mittel zu finden, ihn ins Werk zu setzen, das konnte man daran sehen, wie sie den Präfekten Joannes von Kappadozien erledigte, den zu fürchten sie einmal Grund hatte. Nur gegen einen, welcher der treueste, uneigennützigste und verdienstvollste Diener seines Herrn war, fand sie den Weg nicht, ihn in ihre Abhängigkeit zu bringen, und fand ihn doch auf einem Umwege. Dieser eine war Belisar, des Kaisers großer Feldherr. Über ihn zu herrschen, gelang der Basilissa nur durch des Feldherrn Gattin Antonina. Diese machte sich die Kaiserin zur nächsten Freundin, ergötzt und in Grauen gebracht von der Schamlosigkeit dieser Frau, die das Leben der Theodora dort fortzusetzen schien, wo diese es aufgegeben hatte. Und die Basilissa schützte sie in diesem ihrem Leben vor dem Zorne des Gatten nicht nur, sondern auch vor dem manches Liebhabers. Dadurch aber wurde Antonina ihr ganz unterworfen wie eine Freigelassene, und um dieses Schutzes willen verriet sie ihren Gatten Belisar, gab ihn der Basilissa in die Hand, so daß nichts um den Feldherrn geschah, wovon die Augusta nicht genaue Kenntnis hatte. Es gab keinen Mann, dessen Schwäche sie nicht gekannt und genützt hätte, ihn zu beugen. Nur dieser Mann Belisar, dieser unbeugbare, etwas schwerfällige und nicht im geringsten ehrgeizige, doch kluge und tatkräftige Soldat, erlaubte sich, ohne ihre Mittlerschaft seinem Herrn zu dienen und nicht in ihr seinen Herrn zu erkennen. Belisar liebte seine Frau, die klug, geschickt und fähig war, das Unmögliche möglich zu machen. Ihrer bediente sich also die Basilissa, und öfters brachte sie es dazu, daß sich Belisar wieder mit seinem Weibe versöhnte und ihr verzieh. Dadurch wurde er von Theodora abhängig als der letzte Mann im Reiche, der sich ihr noch nicht unterworfen hatte. Es war kurz vor seinem Tode, daß ihn für so langen Widerstand Theodora traf. War auch die Zeit seiner Verbannung und Einziehung seiner Güter nur kurz und erfolgte auch bald seine Rückberufung – er zog den Dolch nicht aus der Wunde und starb daran.

Aber es ward ihr von allen doch kein anderer Name gegeben als »die treue Kaiserin«, und war kein Titel, den sie besser verdiente als diesen. Tut der nun alte, einsame Kaiser ein feierliches Versprechen, so beim Namen Theodoras, die, es sind nun vier Lustren her, von uns genommen wurde in noch jungen Jahren, da sie zählte vierzig Jahr. Die immer den Kaiser rühren wollen, erinnern ihn und sprechen von der vortrefflichen, schönen und weisen Herrscherin, die nun für ihn im Paradiese bete.

Ich bin hierher in diese kaiserliche Pfalz Ravenna geschickt worden, auf daß ich in der Basilika des heiligen Apollinaris das Bildnis des Kaisers und der Kaiserin auf die Wand bringe, so gut ich es treffe, und man hat in solchem Werke wie sonst auch meinem schwachen Vermögen mehr vertraut als ich ihm selber. Denn völlig gelingt ein Unternehmen nur jenem, der reinen Herzens ist, und solches bin ich, Gott möge mir verzeihen, mitnichten. Aber ich mußte gehorchen und brach also hierher auf mit diesen meinen dreien Gesellen, welche des Handwerkes kundig sind, zu Farbe zu bringen, was ich mit der roten Erde auf den Plan reiße. Da ich nun in der späten Nachmittagsstunde des zweiten Tages auf dem Gerüste vor der Wand saß und die rechten Maße überdachte, da kam ein Mensch seltsamen Aussehens und Gehabens die Leiter herauf und sah schweigend erst mein Blatt an, auf dem ich das Bildnis in kleinem Verhältnis entworfen hatte. Es war ein hagerer, gelber Mensch mit hohlen Wangen, straffem schwarzem Haar, das ihm auf den Nacken fiel, gar armselig gekleidet nach ägyptischer Art der Mönche, und hatte große gerötete Augen, mit einem mächtigen Feuer darinnen brennend. Mein schwaches Bildnis der Theodora im Paradiese, ihre dahin abgeschiedene, vom Irdischen befreite Seele – denn also hatte ich sie vor meinem Auge – hielt der fremde Mann in der Hand und verzog den Mund voll Zorn und schrie: »Solche, meinst du, seien im Paradiese? Wahrlich, ich sage dir, solche brennen in den schwarzen Feuern Gehennas bis zum Jüngsten Tage und werden an diesem Gerichtstage in noch tiefere Höllen gestoßen werden.« Mein Mund war wie versiegelt von dem Reden des heftigen Mannes, das nun anhub, wie eine Flut sich über die Kaiserin zu stürzen, die er die große babylonische Hure nannte und den Pfuhl aller Laster dieser Welt und der andern, denn sie habe den süßesten Herrn Jesus Christus in ihre Sünden gemenget damit, daß sie ihm zu dienen vorgab mit dem Sündhaften, das sie tat. Es schauderte mich vor diesem Manne bis ins innerste Gebein. Es war ganz dunkel in dem Raume, als mit den Worten: »Verdammt ist sie und dreimal verdammt im Namen des Heiligen Geistes, des Sohnes und des Vaters!« der Fremde verschwunden war und wie weggeschluckt von der Nacht, die mich umgab wie ein schwarzes Tuch. Es kamen dann meine Gesellen mit Lichtern und brachten mich in die Herberge. Ich sprach zu ihnen kein Wort.

Aber andern Morgens sah ich mit Staunen und Schrecken das Bildnis der Theodora, unserer Kaiserin, auf die vorher noch kahle

Wand gezeichnet, denn meine Hand hatte darauf noch nicht einen Strich getan. Es mußte dies der Fremde in der Nacht gewerkt haben, zumal das Bildnis auch ganz nach seinen wilden Reden geformt war. Nackt bis auf das kleine Höschen der Tänzerinnen stand sie aufrecht, die Arme, wie sie bei Lebzeiten zu tun liebte, nach rückwärts gelegt, mit leicht geknickten Knien die Scham nach vorne drängend, die wie ein lüsternes Auge sichtbar wurde in dem Spalt des weißen Stoffes. Die kleinen mädchenhaften Brüsten starrten steil, und wie ein harter Stachel waren die Warzen rechts und links. Der linke Fuß war leicht auf die Zehenspitzen gehoben, und die unsichtbaren Hände verrieten ein schändliches Tun auf dem Körperteile, auf dem sie lagen. Über die leicht schielenden Augen senkte sich halb das Lid. Höllisches Getier und Geranke war rings um dieses in der heidnischen Weise der Alten mit großer Lebendigkeit gezeichnete, schändliche Bildwerk. Ich brauchte Stunden mühevoller Arbeit, es aus der Wand zu kratzen, und bis auf die letzten Spuren gelang es mir nicht. Und immer wieder verirrten sich meine Gesellen, als sie die farbigen Täfelchen legten, in die undeutlichen Umrisse jenes teuflischen Bildnisses, und nun, da es fertig ist, seh ich mit Schaudern, daß aus der Reinheit meines Werkes die Hölle jenes andern brennt. Ich bin nur ein alter armer Mensch und weiß nichts. So weiß ich nicht, war es Gott oder war es der Böse, der mich damals besuchte und der in meinen frommen Wunsch für die Verblichene das Urteil seiner ewigen Verdammnis unauslöschlich hineinschrieb. Es gibt welche, die sagen, es sei das Weib immer und in jeder Gestalt die Gehilfin des Bösen. Möge sich der allmächtige Herr, der Christus, des Weibes erbarmen. Amen.

Heloise

Da war in Paris ein junges Mädchen namens Heloise, die Nichte eines Kanonikus Fulbert. Dessen eifriger Wunsch war es, daß sie in den Wissenschaften die beste Erziehung haben sollte, die es gab. Sie war nicht häßlich und ihre Kenntnisse hatten nicht ihresgleichen. Dieser bei Frauen so seltene Umstand hatte ihr großes Ansehen gegeben. »Ich hatte bis zu diesem Zeitpunkt enthaltsam gelebt, doch schlug ich nun meine Augen auf und sah, daß sie alles besaß, was Liebende suchen. Ich zweifelte auch nicht an meinem Erfolg bei ihr, wenn ich meinen Ruhm bedachte und meine hübsche Figur und auch ihre Vorliebe für die gelehrten Kenntnisse. Von der Liebe durchdrungen, dachte ich daran, wie ich am besten mit dem Mädchen in vertraute Nähe kommen könnte. Es ergab sich, daß ich bei ihrem Onkel Quartier bekam, unter dem Vorwand, daß Arbeit im Haushalt mich vom Studium abzöge. Freunde brachten dies bei ihm zur Sprache, und der alte Mann war geizig und doch begierig darauf, daß seine Nichte Unterricht bekäme. So gab er sie mit Eifer unter meine Lehre und bat mich, ihrem Unterricht alle Zeit zu schenken, die ich erübrige, und erlaubte mir, sie zu jeder Stunde des Tages oder der Nacht zu sehen und wenn nötig auch zu bestrafen. Ich war erstaunt über die Einfalt, mit welcher er ein zartes Lamm einem hungrigen Wolf anvertraute. Da er mir Gewalt gegeben hatte, sie zu strafen, erkannte ich, daß, wenn Zärtlichkeit meinen Gegenstand nicht gewinnen mochte, es mit Vorwürfen und Schlägen möglich sein könnte. Ohne Zweifel war er von der Liebe zu seiner Nichte und meinem guten Ruf verblendet. Und so geschah es. Erst vereinte uns ein gemein-

sames Dach, dann unsere Herzen. Die Stunden unseren Unterrichtes schenkten wir der Liebe. Die Bücher lagen offen vor uns, aber was wir sprachen war mehr von Liebe als von Philosophie und es gab mehr Küsse als Lehrsätze. Und Liebe widerstrahlten unsere Augen öfter als die beschriebene Seite. Um Verdacht zu vermeiden, schlug ich sie zuweilen – zärtliche Schläge der Liebe waren es. Die Freude der Liebe, uns neu, kam zu keiner Sättigung. Je mehr ich von dieser Lust erfaßt wurde, um so weniger Zeit gab ich der Philosophie und den Schulen, – wie lästig war mir all das geworden! Ich wurde unfruchtbar, wiederholte bloß noch alte Vorlesungen, und schrieb ich Verse, so war Liebe ihr Gegenstand und nicht die Geheimnisse der Philosophie. Ihr wißt, wie weithin gesungen und bekannt meine Liebeslieder wurden! Aber unter meinen Schülern war Klage und Jammer über meine Ablenkungen. Eine so offen gezeigte Leidenschaft konnte nicht geheim gehalten werden. Jeder wußte davon, nur Fulbert nicht. Der Mann ist oft der letzte, der von seiner Schande erfährt. Aber nach einigen Monaten erfuhr er alles. Wie bitter war des Onkels Schmerz! Aber wie viel bitterer noch der Liebenden Trennung! Wie sehr schämte ich mich und wie bekümmert war ich vom Kummer des Mädchens! Und was für ein Sturmwind von Sorge kam über sie nach meiner Ungnade!«

So beginnt Abälard seine Historia Calamitatum, wühlt in deren erstem Kapitel, – als offner Brief an einen Freund gedacht – der weniger seiner- als seiner Geliebten wegen berühmt gewordne Liebhaber und Schulmeister in der Asche seiner Liebe, um das Fünkchen zu finden, das ihn einmal entzündet, – damals, vor zehn Jahren. Denn zehn Jahre sind vergangen, seitdem ihn die Diener des Kanonikus überfallen und seiner Mannheit beraubt hatten, den damals Sechsunddreißigjährigen, dessen nun verfaltetes, zerrunzeltes Gesicht nicht mehr verrät, daß es einmal das eines hübschen jungen Mannes war, der als Lehrer eine große Karriere vor sich hatte. Daß er diese nicht machte, daran war nicht jene fatale

Operation schuld. Erst nach ihr ergab er, der bis zum Erlebnis Heloise als ein Dialektiker exzelliert hatte, sich der theologischen und metaphysischen Spekulation, und sein Geist hatte nicht gelitten. Aber seinen wenig sympathischen menschlichen Charakter verschärfte jener Unfall: der eitle Mann war in seiner Eitelkeit aufs schwerste davon betroffen. Das machte ihn gallig und streitsüchtig und rechthaberisch. Machte ihn enger und kleiner als er vielleicht zuvor war. Als man ihm kurz vor seinem Tode – er war dreiundsechzig als er starb – in Bernhard von Clairvaux den Gegner gab, da brauchte dieser Größte der mittelalterlichen Streiter nur die Hand ein bißchen zu heben, und der »liberale« Abälard war nicht mehr. Man tut ihm die größte Ehre, nennt man ihn einen kleinen Descartes dreihundert Jahre vor dem Descartes. Aber nicht mit seiner Logik, sondern mit seiner Liebe und seiner Konfession wegen kam er auf die Nachwelt und nicht um seiner Liebe willen, sondern der der Geliebten.

»Es war bald danach, daß sich das Mädchen als Mutter erkannte, und sie schrieb mir in größter Freude und fragte mich, ihr zu sagen, was sie tun solle. Wir kamen überein und eines Nachts, da Fulbert abwesend war, nahm ich sie heimlich mit mir und schickte sie in meine bretonische Heimat, wo sie bei meiner Schwester verblieb, bis sie einen Sohn zur Welt brachte. Sie nannte ihn Astrolabius. Als der Onkel in sein leeres Haus zurückkam, raste er. Er wußte nicht, was er mir antun sollte. Mich zu töten oder sonst mir was zu tun, das mied er nur aus Furcht, daß seine geliebte Nichte von meinen Leuten in der Bretagne zu leiden haben würde. Er konnte mich nicht greifen, ich war gegen alle Gefahr gerüstet. Endlich bewegte mich Mitleid mit seinem Gram und das Gewissen, dessen Ursache zu sein, daß ich zu ihm ging, ihn bittend und ihm versprechend, alles zu tun, was ihn beruhigen könnte. Ich sagte ihm, daß keinen, der die Stärke der Liebe je gekannt, das was ich tat ungeheuer erscheine, und daß er sich erinnern möge, wie schon die größten

Männer seit die Welt besteht von der Frau unterjocht worden seien. Darauf bot ich ihm Genugtuung, größer und mehr als er hoffen konnte, nämlich jene zu heiraten die ich verführt hatte, wenn nur diese Heirat geheim gehalten würde, so daß sie mich in dem Ansehn der Menschen nicht schädige. Er war damit einverstanden und besiegelte mit einem Kuß die Versöhnung, die ich erbeten hatte – alles damit er mich nur um so leichter betrügen könne.«

Die niedern Weihen hätten Abälard zu heiraten nicht gehindert. Daß ihm die Heirat im Ansehn der Menschen und zumal seiner Schüler geschadet hätte, ist bei dem geringen Ansehn, das die Ehe genoß, nicht zu bezweifeln. Das Kind war zur Heirat keine Nötigung. Denn ein uneheliches Kind zu haben, galt im Mittelalter nicht als Schande, fiel nicht einmal als was Ungewöhnliches auf. Die Genugtuung, die Abälard bot, war in der Tat groß. Heloise selber weist sie als zu groß ab.

Abälard kannte mit vierzig den Ruhm. Tausende von Schülern lauschten seinem Wort. Seit zehn Jahren kennt ihn Europa. Aber er kennt die Liebe nicht. Wie er selbst sagt, fand er die käuflichen Frauen verächtlich. Sein Beruf gab ihm keine Möglichkeit, den großen Damen den Hof zu machen. Mit dem Bürgertum war er ohne Beziehungen. Er war in der Liebe ein schwieriger Fall geworden. Da warf ihm der glückliche Zufall ein junges Mädchen in den Weg, ziemlich hübsch und von hoher Kultur. Das Verlangen erwacht und treibt ihn, daß er sogar schlimmen Verdacht riskiert, indem er seinen Unterricht umsonst anbietet, nur gegen Wohnen und Kost. Der geizige Fulbert akzeptiert gern. Der naive Fulbert sieht nichts, empfiehlt dem neuen Lehrer, wie üblich die Rute zu gebrauchen, falls die Schülerin faul sein sollte. Die Schülerin war siebenzehn Jahre alt. In diesem Alter verliebt man sich in den Lehrer, auch wenn er weniger Feuer hat als es Abälard gehabt haben dürfte. Vielleicht war dieser alte Fulbert gar nicht so naiv, sondern überlegte, wie er Abälard in die Not setzen könnte, die Nichte zu

Bedingungen zu heiraten, die ihm, dem Onkel, als die billigsten paßten. Vielleicht war Abälard ein geschickter, gelüstiger Verführer. Als er bei Fulbert Wohnung nahm, war sein Ziel, Heloise zu seiner Geliebten zu machen,– er sagt es selber. Allerdings zu einer Zeit, wo er sich über sein Unglück nur damit trösten konnte, daß er es nicht verdient habe. Wahrscheinlich ist, daß er das zuvor als Verführer Überlegte völlig vergaß über ein neues Gefühl, und daß er mit aller Kindlichkeit und Leidenschaft sich in Heloise verliebte, als ein Vierzigjähriger in eine Siebenzehnjährige. Die zitierte Stelle, wo er von dem gemeinsamen Dache sprach und von dem Herzen, das sie noch stärker vereint, zeigt, nach den Jahren, die verflossen sind, noch die dunkle Bewegtheit leidenschaftlicher Liebe.

Vor einem Jahre hatte Heloise die Klosterschule zu Argenteuil verlassen, als sie den eleganten, lebhaften und schönen Abälard zum erstenmal sah, den sie dem Ruf nach kannte. »Alle Frauen«, schreibt er harmlos, »würden sich von meiner Liebe für geehrt gehalten haben.« Man muß nicht an einen pedantischen Universitätsprofessor denken, nicht einmal an eine Universität, die es noch nicht gab. Als Lehrer aufzutreten war ein gänzlich freier, nur auf die Personsbedeutung gestellter Beruf, keine Anstellung; kein automatischer Effekt eines absolvierten Schulganges. Heloise folgte mit Eifer dem Vortragenden. Daß sie trotz ihrer Jugend Geist habe, sagte man ihn Paris. Ihre Bedeutung kündete sich früh an. Wenn Abälard sich die Rolle des Verführers gab, so dürfte er sie vor diesem brennenden, geistigen Geschöpfe allsofort aufgegeben oder vergessen haben, das den zu lieben verlangte, den es bewunderte. Ihr ganzes weiteres Leben beweist es, daß sie sich freiwillig und mit Freuden hingab. Daß sie nicht das Lamm war, das ein Wolf zerriß. Beide verführten einander, beide gehorchten ihrem Schicksal, das sie über die höchste Freude ins tiefste Mißgeschick führte.

Als die in Paris längst verbreitete Kunde von der Liebe Abälards und Heloisens – der Dichter und Musiker Abälard macht kein

Hehl aus ihr – schließlich auch zu Onkel Fulbert kommt, jagt er den Lehrer aus dem Hause und sperrt die Schülerin ein, – dies nicht sehr sorgsam, denn die Liebenden sehen einander weiter, schreiben einander, worauf Abälard sehr stolz ist, denn wenige Liebespaare dieser Zeit wären einander zu schreiben fähig gewesen. Heloise wird schwanger. Er bestimmt sie zur Flucht, Skandal vom Onkel befürchtend, und bietet ihr Asyl bei seinen Verwandten in der Gegend von Nantes an. Hier bringt sie einen Sohn zur Welt, dem die Eltern den sonderbaren Namen Astrolabius geben.

Den wild und närrisch gewordnen Onkel sucht Abälard mit der Ehe zu beruhigen: er kommt über das Vorurteil seiner Zeit nicht hinweg, das Ehe und einen geistigen Beruf für unverträglich hält. Heloise ist gegen diese Ehe, weniger aus Entsagung als aus Logik. Sie würde so wenig wie ihre Liebe geheim bleiben. Die von Abälard wiedergegebne Anwort seiner Geliebten ist nicht ungewöhnlich für ein junges Mädchen dieser Zeit, in der die intellektuelle Klasse ganz offen das Konkubinat praktizierte, aber sie spricht wie die geborne Geliebte, wenn sie sagt: »Der Titel der Geliebten ist mir um vieles kostbarer und ehrenvoller als der der Gattin. Ich will an dich nur durch die Gunst deiner Zärtlichkeit gehalten sein und nicht gefesselt durch das eheliche Band. Das getrennte Leben wird um so größeren Zauber auf die Zeit unseres Zusammenkommens legen.«

Die geheime Hochzeit fand dennoch statt, in Gegenwart des Onkels und von Freunden. »Doch wir sahen uns nur selten und heimlich, um möglichst zu verbergen was geschehen war.« Aber der kindliche Ehrgeiz des Kanonikus und seiner Familie tat stolz mit dieser Heirat und redete laut und offen davon. Heloise machte dem Onkel deswegen Vorwürfe und bekam Schläge dafür. Zum andern Male half ihr nun Abälard zur Flucht und brachte sie zu den Nonnen von Argenteuil, wo sie erzogen worden war. Fulbert beschuldigte ihn nun, daß er seine Frau ins Kloster gebracht habe, um sie loszuwerden. Nicht eine beleidigte Ehre, nicht ein Schmerz um die Nichte war das Motiv seiner Rache, welche Abälard der Mannheit beraubte, sondern ganz gewöhnliche Eigenliebe. Er hatte nichts von der Verwandtschaft mit dem berühmten Manne, wenn er nicht davon reden und sich in ihr Licht stellen konnte.

Abälard wurde, gegen jede innere Berufung, Mönch in Saint-Denys. Heloise nahm den Schleier in Argenteuil. Es vergingen Jahre, bis der Geschändete den Mut fand, seine Geliebte wiederzusehen. Und er tat es nur, um ihr zu Hilfe zu kommen, als man die Nonnen aus ihrem Kloster vertrieb und sie kein Asyl hatten. Er gab ihnen Unterkunft vor Paris, auf dem Hügel von Sainte Geneviève, wo er einmal lehrte, als man ihn aus Paris vertrieben hatte. Und wieder vergingen Jahre, als er jenen Brief an den Freund verfaßte, in dem er die Geschichte seines Unglücks erzählt. Heloise las die Schrift und antwortet. Seit zehn Jahren ist sie Nonne. Sie hat nichts vergessen. Sei versenkt sich in ihre seligsten Erinnerungen. Sie liebte und liebt noch immer. Man kann die Dürre von Abälards Antwort auf diesen Brief begreifen. Er wagt es nicht, einem grausamen Geschick unterworfen, ein unnützes Glück zu beklagen. Er gibt enttäuschende Ratschläge und aus immer noch währender Liebe zu ihm folgt ihnen Heloise und schweigt über ihre unvergänglichen Gefühle. Solches schreibt sie in ihrem ersten Briefe:

»An ihren Herrn, mehr ihren Vater, an ihren Gatten, mehr ihren Bruder, sein Mädchen, eher seine Tochter, sein Weib, eher Schwester, an Abälard Heloise. Dein Brief, Geliebter, geschrieben um einen Freund zu trösten, kam durch einen Zufall unter meine Augen. Bei der ersten Zeile erkennend, von wem er war, brannte ich danach, ihn zu lesen, um der Liebe willen, die ich für den trage, der ihn schrieb, und in der Hoffnung auch, aus seinen Worten mir das Bild jenes zu erneuen, dessen Leben ich zugrunde gerichtet habe. Die Worte, die ich las, tropften Galle und Bitternis, als sie die unglückliche Geschichte unsres endlosen Jammers zurückbrachten, Du mein Einziger. Wahrhaft, der Brief muß den Freund über seinen Kummer getröstet haben, der leicht ist verglichen mit unserm ...Wer könnte, was Du berichtest, mit trocknen Augen lesen!... Du hast mit Deinem Trostbriefe an den Freund und der Geschichte unseres Leides meinen Schmerz aufs neue erweckt und meine Untröstlichkeit vermehrt. Heile diese neuen Wunden! Mir bist Du tiefer in Freundschaft verschuldet als jenem Freunde, denn Freunde sind wir nicht nur, sondern teuerste und nächste Freunde, und Deine Tochter bin ich ... Du Teuerster, Du weißt, und wer weiß es nicht, wie viel ich in Dir verlor und wie ein Verrat mich Deiner beraubte und meiner in einem Male. Je größer mein Schmerz ist, um so größer das Bedürfnis nach Trost, und Trost von keinem andern als von Dir, also daß Du, die einzige Ursache meines Schmerzes, auch mein einziger Trost seiest. Nur Du kannst mich schmerzen und freuen, selig machen und aufheben. Und Du allein bist mir das schuldig, besonders seit ich Deinen Willen so völlig tat, daß ich, unfähig Dich zu betrüben, es hinnahm, mich selbst auf Deinen Befehl hin zu vernichten. Und mehr noch als dies, denn Liebe wandelte sich in Narrheit und schnitt sich alles Hoffen ab dessen, was allein sie suchte, als ich gehorsam folgend das Kleid wie das Herz wandelte, um Dir zu beweisen, daß Dir allein gehört dieser mein Leib und dieser mein Wille. Gott weiß es, ich suchte in Dir nichts als Dich selber, verlangte nur Dich und nicht was Dein war. Ich fragte nicht nach Heirat, nicht nach Leibgedinge; nicht meine Lust noch meinen Willen, sondern nur Deine Lust und Deinen Willen zu erfüllen war alle meine Mühe. Und wenn auch der Name Eheweib heiliger scheint oder mächtiger, so war doch das Wort Geliebte mir immer süßer gewesen, ja selbst, sei nicht erzürnt, das Wort Beischläferin oder Hure. Denn je niedriger ich mich vor Dir machte, um so mehr hoffte ich Deine Gunst zu erringen und um so weniger fürchtete ich, dem Ruhme

Deines Ansehns zu schaden. Es war lieb von Dir, daß Du Dich dessen in Deinem Trostbriefe erinnertest, indem Du die Gründe, aber nicht alle! angabst, weshalb ich Liebe der Ehe vorzog und Freiheit der Kette … Sag mir eines: warum hast Du mich, seit ich auf Deinen Wunsch den Schleier nahm, vergessen und mir kein Wort gegeben, auch nur in einem Briefe? Sag es mir, wenn Du kannst, oder ich will Dir sagen, was ich oft fühle und was eines jeden Meinung ist: daß nur Verlangen und nicht Freundschaft Dich zu mir getrieben hat, Lust und nicht Liebe. Und daß, als das Verlangen schwand, auch alles andere mit dahinging. Das ist nicht so sehr meine Meinung, als die der andern alle. Ich wollte, es wäre nur die meine und daß Deine Liebe Verteidiger fände, die meine Schmerzen verscheuchten. Ich wollte, daß ich eine Ursach fände, Dich zu entschuldigen und damit auch meine Wohlfeilheit verdeckte. Hör, ich bitte Dich, um was ich Dich bitte, es ist wenig und für Dich ein gar Geringes. Da ich Deinen Anblick nicht habe, gib mir Worte, von denen Du so viele besitzest, und schenk mir damit, daß ich davon Dein süßes Bildnis habe. Vergeblich erwartete ich Dich gütig in Taten, wenn ich Dich als einen Geizhals in Worten fände. Wahrhaftig, ich dachte, ich hätte mehr um Dich verdient, wo ich doch alles um Deinetwillen tat und um Dir zu gehorchen, und immer noch gehorche. Fast noch ein Kind, tat ich Gelöbnis als Nonne, nicht aus Frömmigkeit, sondern auf Dein Geheiß. Wenn ich nichts von Dir verdiene, wie vergebens ist mein Tun! Ich kann von Gott keinen Lohn erwarten, da ich ja nichts aus Liebe zu ihm tat. Deinem Ruf zu Gott folgte ich oder ging ihm voraus. Denn, Du erinnerst Dich, wie Lots Weib sich wandte, Du übergabst mich gebunden Gott, und dann erst folgtest Du. Du trautest mir nicht, ich wurde rot darüber und traurig in meinem Herzen. Aber Gott weiß, ich wäre Dir in das Feuer der Hölle gefolgt. Denn mein Herz ist nicht bei mir, sondern bei Dir, und jetzt mehr als je, denn wenn es nicht bei Dir ist, dann ist es nirgendwo, denn es kann ohne

Dich nicht sein. Und daß mein Herz es bei Dir gut habe, danach sieh zu, ich bitte Dich. Und es wird es gut bei Dir haben, wenn es Dich lieb findet, Gnade für Gnade schenkend – ein bißchen für viel. Ich wollte, Geliebter, Du wärest meiner Liebe weniger sicher, dann wärest Du bekümmerter um mich. Aber ich machte Dich so sicher, daß Du mich vernachlässigst. Erinnre Dich, was ich tat für Dich. Weil ich mich fleischlicher Lust mit Dir erfreute, sind viele unsicher, ob ich liebte oder Lust wollte. Nun macht das Ende den Anfang deutlich. Ich habe mich abgetrennt von aller Freude, um Deinem Willen zu gehorchen. Ich habe nichts behalten als dies, mehr als je Dein zu sein. So wenig bitt ich Dich, und es ist so leicht für Dich. Im Namen Gottes, dem Du Dich weihtest, gib mir das von Dir, was Dir zu geben möglich ist, den Trost eines Briefes. Er wird mich erfrischen, und ich will, das versprech ich Dir, Gott freudiger dienen. Als Du mich ehmals zu Freuden riefest, da suchtest Du mich mit vielen Briefen und versäumtest nie, durch Deine Lieder Heloise auf alle Lippen zu bringen. Wie besser nun, daß Du mich mit einem Briefe zu Gott reizest als zur Lust! Bedenk, was Du mir schuldest, beachte, was ich Dich bitte. Und einen langen Brief will ich kurz schließen: leb wohl, Einziger!«

Abälards Antwort, begreifliche Antwort, wehrt abwehrend die Hände. Heloïsens zweiter Brief schreit auf: »Statt mich zu trösten, mehrst Du meine Verzweiflung, und treibst Tränen hervor, statt alte zu trocknen … Ich bin gepeinigt von Leidenschaft und dem Feuer des Gedenkens. Sie nennen mich hier keusch, weil sie mich nicht für eine Heuchlerin kennen. Sie halten Reinheit des Fleisches für eine Tugend, – die doch nur der Seele, nicht des Leibes ist. Die Menschen loben mich, nicht Gott, der mein Herz kennt. Man nennt mich fromm in einer Zeit, wo alle Frömmigkeit Heuchelei ist …« Abälards Antwort darauf sagt in der Überschrift alles: »An die Braut Christi, Christi Diener.« Und Heloise resigniert. Sie macht ihr Herz stumm.

Mechthild von Magdeburg

Mit der Reformation war's um die Christenheit getan. Von nun an war keine mehr vorhanden. – Dieser Ausspruch des Novalis intonierte, was ein Jahrhundert weiterer Geschichte zur nun erkannten Gewißheit machte: das Christentum ist heute seiner körperlichen Schönheit und seines Glanzes beraubt, da die lebendige Quelle im Volke versiegte. Es wurde und ist eine beiläufige Moral, eine durchschnittliche Mittelmäßigkeit gemeinen Lebens, eine berechnete Praxis oder – für ein paar – ein philosophisches Spiel. Schon mit Paulus begann der Kampf der christlichen Moral gegen die katholische Religion, die Patristik führte ihn weiter, und das Ende des Katholizismus tritt mit Luther ein: das religiöse, antike Element war verbraucht, die Geister wandten sich der Aufklärung zu, der Mythus war erschöpft. Ein unterirdisches Dasein führt der Katholizismus ohne bedeutende Differenzierung in dem Aberglauben des Volkes weiter, aber seine produktive Kraft hat er verloren. Er beschäftigt die Kritik, aber den Bedürfnissen des Gemütes ist er fremd geworden. Doch es dringt zu den feiner hörenden Ohren das stumme Rufen vieler, die in der Dürre nach Labung lechzen, und man sagt, die alten Götter schliefen nur, aber seien nicht gestorben. Alle Sehnsucht wendet sich wieder denen zu, die droben im Licht wandeln, und eine Wiedergeburt träumt man des Christentums aus der Antike.

Denn Religionen sterben nicht und werden nicht erfunden. Sie sind keines einzelnen Werk. Sie sind ein Zustand, der währt. Sie wechseln Formen und Namen, aber nicht ihr Wesen. Es gibt Dinge, die, einmal in die Welt gekommen, ewig sind. Ja, um dieser ewigen Dinge willen allein nennen wir dieses Ganze: Welt. Unsere Götter aus dem Osten ändern Tracht und Namen, nicht Sinn und Bedeutung. Wir erleben sie immer gleich. Wenn die Religionen Kontrakte sind zwischen dem Menschen und der stärkeren Gewalt, geschlossen auf Leistung und Gegenleistung, so können diese Kontrakte nicht von den Göttern gebrochen werden, wenn auch übertragen von Mars auf Sankt Martinus. Und Demeter wird – gleichbleibend im Innern unseres Glaubens – zu Maria, und wie man jene durch Anspeien ehrte, so taten es die Frauen nach dem Zeugnis des Kardinals Bellarmin zu seiner Zeit, im vierzehnten Säkulum, auch der Santa Virgo: et blasphemando meretricem appellare non timent. Und die Venus verehrt man in Frankreich als Sainte Venise, die nackt und mit einem Bande um die Brust gebildet wird. Apollon Kriophoros oder Orpheus wird der Gute Hirte, der die Geige spielt: von allen den Tieren, die seinem Spiele folgten, blieb ihm das Lamm, das »Lamm Gottes«. Der Papst ist Pontifex maximus: Nachfolger Petri und der Oberpriester des Jupiter Capitolinus.

Die Aufklärung irrte sich immer; sie nahm tiefste Bildungen des Gemütes, in denen sich das Göttliche spiegelte und die sich in den Künsten sichtbare Symbole schufen, für Erfindungen eines falsch belehrten Verstandes, die zu beseitigen es genügte, Erfindungen oder gar Erkenntnisse des vernünftigen Verstandes allgemein zu machen. Die Aufklärung ist das immer Ephemere und geht völlig darin auf. Cicero sagte voraus, daß ein Reich geistiger Freiheit, des Wissens und der Philosophie anbrechen werde, und zur selben Zeit wurde in Judäa von einer reinen Magd der Sohn Gottes geboren, der die Antike vollenden sollte. Man hat die nicht unrichtige Beobachtung gemacht, daß alle Länder, in denen das Christentum zu Barbaren kam, eine Tendenz zum Protestantismus zeigen, während eine solche zum Katholizismus überall dort zu bemerken ist, wo das Christentum auf lateinische oder romanisierte Kultur stieß.

Versprengte Inseln in diesem oder in jenem Gebiet haben ihre besondere historische Komplikation und widerlegen die Tatsache nicht, die auf die innere Wesensgleichheit des Katholizismus und der Antike hinweist. Der orientalische Katholizismus wurde griechisch, wo er auf antikem Kulturboden stand, orthodox bei den nordischen Barbaren. Dort leben die dumpfen, freudlosen Götter nordischer Nebel und Wälder weiter in der zweiflerischen Versonnenheit und Bedrückung und Schläue des protestantischen Gewissens – fremd den hellen, stolzen, glühenden Göttern, die sich im Katholizismus erneuten zu einem Leben, dessen Agonie mit Luther begann. Da zeigte die Antike in der leuchtenden Girandole der italienischen Maler noch ein letztes Leben am Lichte. Fürder malte kein Lionardo mehr den Jüngling, der Dionysos und Johannes ist; kein Papst brachte mehr dem Phallus ein Opfer. Was man die Renaissance heißt, ist keine Wiedergeburt des Alten, sondern dessen herrliche Bestattung. Es schied aus dem gefühlten Leben aus und trat in das gedachte, wurde ein Wissen, dessen Kritik begann. Nun steht es im Streit. Bis zu der Mitte des sechzehnten Jahrhunderts ist die Antike zu zählen, von da ab geht die Moderne, die protestantisch ist. Irgendwo im Schatten der dunklen Wege lebt, was nie sterben kann, weiter: die Religion. Aber im Licht steht arm und dürr, gottverlassen, aber moralisch, kunstfeindlich, doch nach dem Tage gierig, voll äußerer Macht, aber in innerer Armseligkeit als das centre médiocre de la médiocrité universelle der Protestantismus, der katholische und der andere.

Die Zeit der Agonie der Antike ist an Dokumenten reich, die ein Beispiel geben, wie sich neues Leben in die alten starken Formen begibt, durchaus naiv, lebend so und ohne Bewußtsein eines Gegensätzlichen. Das Entsinnlichte tritt ganz sinnlich auf, die Askese, diese ganz antike Lust am Fleischlichen, weiß nicht anders als im sinnlichen Bilde sich zu geben. Zur Ewigen Weisheit, wie die Mystiker die Vereinigung der minnenden Seele mit ihrem Bräutigam Jesus nannten, zu diesem Ziele des Verzichtes gelangt man auf die einfachste aller Arten. Ein Manuskript der Münchener Bibliothek stellt in einer Bilderfolge Liebeswerke und Einung solchermaßen dar: Jesus tritt in das Schlafgemach seiner Braut, der Seele, und geht an ihr Bett, sie zu beschauen, die eine Magd ist. Dann ergötzt sich das Paar auf dem nächsten Bilde an reicher Tafel mit Speise, Trank und heiterem Geplauder. Die Standhaftigkeit wird auf dem dritten Bilde geprüft, da Jesus die Braut ganz entblößt und mit Ruten schlägt. Nun wendet er ihr wieder seine Liebe zu und reicht ihr den Becher mit dem Minnetrank. Die nackte Magd umfaßt dann ihren Geliebten, fesselt ihn und schießt ihm den Pfeil der Liebe ins Herz. Das letzte Bild stellt beide trunken von Liebe dar: Christus-Orpheus spielt auf der Geige und singt seiner Braut Liebesworte ins Ohr. Auf alten Holzschnitten der Wiener Bibliothek – sie sind aus dem vierzehnten Jahrhundert – zieht Christus der minnenden Seele die Kleider ab, und ein Vers dabei sagt:

Willstu dich freuen mein,
So mußt du ganz entblößet sein.

Auf einem anderen Blatte geigt wieder Christus-Orpheus der minnenden Seele, und die Zwiesprache gibt der Vers:

Lieb, willstu mir giegen,
So will ich zu dir fliegen.
Mein Geigen und mein Saitenspiel
Zieht dich Lieb zu Freuden viel.

Die Schriften der Mystiker suchen die Einung und Anschauung Gottes mit den Hilfen der späteren Platoniker: protestantischer Geist kündet sich schon an, gefangen noch im Goldnetz der Phantasie. Die Anschauung Gottes wird gesucht, aber das Evangelium ist noch nicht der ausschließliche Mittler. Die kleineren Geister, die sich der Mystik ergaben, nahmen aus den Lehren der Meister, was sie im Gefühle verstanden, hatten die Hilfen der Offenbarungen und Gesichte und führten sonst die immer lebendigen Traditionen der antiken Symbole weiter. Eckhart und Saint Victor lesen wir anders als die Kleineren, die sich wie Dichter äußern und in denen der Gefühlswert des Religiösen deutlicheren Ausdruck findet, der in Versen oft sprechend vom Leben stärkere Kunde gibt, als es die Spekulationen der Großen vermögen. Oft ist es nur, was andere über das Leben dieser Seligen in der göttlichen Einfalt berichten; oft sind nur ein paar Briefe auf uns gekommen, die deutlich machen, wie diese späten Heiden und frühen Katholiken die Sinne mit dem Geiste einten. Man kennt das Idyll, das Christine von Stommeln und Petrus Dacius lebten, und dessen selige Nächte, die den Petrus ausrufen machten: »O felix nox, o beata nox! O dulcis et delectabilis nox, in qua mihi primum est degustare datum quam suavis est dominus!« Und von der Melzi Seidenweberin, einer Nonne in Töß, berichtet die Elisabeth Stagel, Susos Freundin: »Etwan fieng sie an zu sprechen süße Wörtlein und war ihr dann so reigentlich zumute, daß sie ihre Füße zum Tanze hob und recht mit den Händen schlug, daß es erschallte. Etwan fieng sie an und sang süße Liedlein von unserm Herrn so fröhlich und so wohlgemut in dem Werkhaus unter dem Konvent. Und sonderlich sang sie ein Liedlein gar begierlich, das sprach so:

Weises Herz, flieh die Minne,
Die mit Leide muß zergehn,
Und laß dich in dem Besten finden,
Das mit Freuden mag bestehn.«

Von Amandus Seuse erzählt diese selbe Elisabeth, daß ihn die »Ewige Weisheit« verzücket habe und diese seine Geliebte wurde, »weil doch sein junges, wildes Herz sonder Liebe nicht wohl die Länge bleiben mochte«. Seuse wußte nicht, was sie sei, ob eine Kraft des Erkennens oder ein persönliches Wesen: er glaubt sie in wechselnden Bildern, im Leuchten des Morgensternes, in dem anbrechenden sprühenden Licht der Sonne; bald erschien sie ihm im Bilde des Weibes, bald in dem des Mannes, bald als weise Meisterin, dann als süße Minnerin, erhaben und doch niedrig, die Himmel überragend, den Abgrund erreichend, und »tat sich ihm minniglich und grüßte ihn viel lachendlich und sprach zu ihm gar gütiglich: Gib mir dein Herz, Kind meines«.

Eines der lieblichsten Zeugnisse der seligen Brautschaft, himmlische Wünsche aus dem Staate des Irdischen kleidend, bewahrt die Bibliothek des Klosters Einsiedeln in der Handschrift: »Das fließende Licht der Gottheit«, welche Visionen der Mechthild enthält. Ein zeitgenössisches Zeugnis zum Anfange der Schrift spricht von der Frau als sequens perfecte vestigia iratum ordinis praedicatorum, wonach sie also eine Schwester des Predigerordens war. Sie selber nennt sich eine Begine, was damals – im dreizehnten Jahrhundert – noch die allgemeine Bedeutung einer Frau hatte, die sich in den Schutz eines Klosters begab, doch nicht durchaus in dessen Regel. Als das Kloster vermutet man Sankt Agnes bei Magdeburg. »Vor dreißig Jahren, da ich zu schreiben anfangen mußte«, sagt Mechthild im siebenten Buche, das also aus ihrem ganzen Leben ist wie ein Tagebuch, das sie zu schreiben begann, als sie ins Kloster trat. Und dies tat sie gewiß nicht zu jung, als daß sie sich nicht mit dem Leben vertraut hätte, da sie noch in der Welt war. Die ersten Bücher sind voll des Duftes der irdischen Liebesgärten. Das Leben ist noch laut und mächtig in ihr, denn die gottseligen Gedichte umhalsen den Herrn mit roten Lippen und festen Armen. Später denkt Mechthild dieser Zeit:

Da ich zum geistlichen Leben kam
Und von der Welt den Abschied nahm,
Da tat ich meinen Leib besahn,
Der war wohl gegen meine Seele angetan
Mit Waffen und großer Fülle Macht
Und mit vollkommener Natur und Kraft.

In diesen ersten drei Büchern nährt der starke Leib das Gottschauen dieses Weibes noch mit allen Worten und Bildern sinnlichen Lebens. Von Maria von der Seele: sie sei »aller Kreaturen Göttinne«, und denkt an einen Liebestrank, Jesum zu gewinnen. Keine Vertrautheit mit der Schrift, keine Kenntnis der Dogmen stört die Süße und Bitterkeit von Mechthilds Ekstase, die in den ersten Büchern noch ganz in Wort und Geste der Liebe sich äußert, als Mädchen anfangs, dann als Weib, – »in den Sinnen wühlt aber noch der Schmerz«, oder: »Lieber Herr, erbarme dich über die Seele, die hier verglüht ist in deiner Minne«, oder: »Herr, wohin soll ich dich legen? Ich will dich in mein Bett legen«, – und endlich als Matrone, die betet und lehrt, ihrer Freunde denkend, voll Weisheit und näher als früher den Kleinigkeiten des Tages. »Ich kann und mag nicht schreiben, ich sehe denn mit den Augen meiner Seele und höre mit den Ohren meines eigenen Geistes und fühle in allen Gliedern meines Leibes die heilige Kraft«, heißt es im vierten Buche, und im siebenten kommt der Satz vom Künstler also wieder: »Du Allerärmster! Bekenntest du wahrhaft die ewige Gottheit, so wäre es dir unmöglich, du bekenntest denn auch die ewige Menschheit, die da in der ewigen Gottheit schwebt, und bekenntest auch den Heiligen Geist, der das Herz erleuchtet, alle Süßigkeit in die Seele gießt und des Menschen Sinne über alle Maßen lehret.« Und später wieder so:

Wer nur will wissen ohne Minne,
Steht in des Lebens Urbeginne.
Gemeines Wissen und Einfalt der Minne,
Die werden großer Dinge inne.
Es ist die Einfalt eine Arzenei,
Die zeigt dem Weisen, daß er töricht sei.

Doch es sei kein Gewicht darauf gelegt, daß Mechthild sich als ein Dichter äußerte. Man liebt es heute, das religiöse Phänomen, wie es sich in dem einzelnen inkarniert, zu dissoziieren: von Franz von Assisi etwa zu sagen, er sei ein Dichter; von Ignatius, er sei ein Psychologe; von Katharina, sie sei eine Politikerin gewesen; und von einer großen Zahl anderer, sie seien »höchstens pathologisch interessant«. Wie ja überhaupt der moderne Größenwahnsinn des Normalen alles der Form sich Begebende aus dem Gemeinen einer schlechten Verdauung erklären und aus der Bedeutung ausschalten will. Nicht soll gerührt werden an der Tatsache und dem Werte der normalen Bürgerlichkeit; denn bestünde sie nicht, käme es nie bei den einzelnen zur höchsten Anspannung ihrer Energie, zur Überwindung dieses Stationären, als welches ebendiese normale Bürgerlichkeit so bedeutungsvoll ist. Sie gleicht einem Strome, dessen breites Hinfließen kaum merkbar ist und dessen Bett zwei Ufer, felsig und steil, halten: Man mag sie das Religiöse und das Erotische nennen, unbekümmert um deren biologische Identität. Die zwei Ufer geben dem Wasser das Mittel, daß es ein Strom ist. Wären sie nicht, so ergösse sich in seichte Breite das Wasser und versandete, verfaulte. Fels und Ufer sind dem Wasser abnorm; denn sie geben ihm die Norm des Fließenden, daß zum Strom wird, was anders nichts als totes Gewässer wäre. Es ist Übermut des Stromes, seine Form aus eigener Kraft zu glauben. Er existiert, weil die hohen Ufer sind. Das Leben existiert durch die Idee.

Die Vorstellungen, die man sich heute von den idealen Typen macht, sind sehr blaß und fade geworden. Das Heldentum schenkt man schon einem Luftballonerfinder, das Dichtertum irgendeinem Verseschreiber, und gar den Heiligen denkt man sich als ein braves, stilles, melancholisches und recht langweiliges Geschöpf, dessen Leben in Fasten und Beten korrekt hingeht. Weltflüchtige waren aber die Helden unseres Glaubens nie, Weltsuchende schon eher und heftige, leidenschaftliche Naturen, die im Absoluten lebten. Pascal, Novalis, Kierkegaard, Baudelaire: das vierzehnte Jahrhundert hätte sie als Selige begriffen.

Elisabeth von England

Die russische Katharina sagte über die englische Elisabeth: »Jungfrau? Nein. Frau? Vielleicht. Königin und große Königin? Bestimmt.« Das sagte sie aus weiblichem Korpsgeist und um ihrem vermeinten eigenen königlichen Genius ein Kompliment zu machen. Die Jungfrau sprach sie aus ihrer robusten Natur heraus der Tudor mit ihrer langen Theorie von Liebhabern oder Kavalieren ab. Und die Frau bezweifelte sie. Aber die Elisabeth war nichts sonst als eine Frau. Der ihr zugefallenen absoluten Macht entkleidet, die es ihr erlaubte, an die Spitze jeder ihrer Leidenschaften ein Beil zu heften, mit den Füßen auf den wahren Boden des Lebens gestellt, hätte sich das Zepter in einen Besen verwandelt.

Die Verwechslung von Größe mit Macht ist allgemein. Schwäche, Feigheit, auch Berechnung der Menschen läßt sie die Macht für Größe halten. Die Geschichtsschreibung ist voll solcher falschen Größen und ihrer Verehrung. Man kann bezweifeln, ob es einen Stoff gibt, aus dem die Helden der Geschichte gemacht werden. Dieses Heldentum ist ein Begriff der Legende. Wer aus tausend Zufällen eine Schlacht gewonnen hat, ist ein Schlachtenlenker. Wer aus tausend Zufällen eine Schlacht verloren hat, ist nichts als ein unglücklicher General.

Nichts von alldem, was sich unter Elisabeths Herrschaft in England vollzogen hat, ist von ihr erkannt und gefördert, geschweige initiiert worden. Weder der Sieg des Protestantismus, so wichtig dem aufkommenden Großhandelsstande, der wußte, daß es dann konfisziertes reiches Klostergut geben würde. Weder die Etablierung von Englands Seemacht auf den Trümmern der spani-

schen Armada. Weder der größte Ruhm ihrer Zeit: das englische Theater.

Ihr Vater, der achte Heinrich Tudor, war ein phalarischer Stier, dessen Blut brannte, ein Despot, den seine Leidenschaften despotisierten, und der Blaubart so vieler Frauen hatte es nicht leicht, die Scheidung in sein Leben zu bringen, denn er glaubte, kenntnisreicher Theologe der er war, an die eheliche Einung durch Gott, an das Sakrament. Sechs Jahre lang traute er sich nicht, die Scheidung von Caterina von Arragon, dieser noch ganz mittelalterlichen Frau, auszuführen. Und als er es tat, wagte weder der Kaiser noch der Papst, weder Minister noch Gesandte einen Einspruch. Bloß ein kleiner alter katholischer Bischof nahm es auf sich und damit den Tod. An dem Tage, da Heinrich das Bett der Anna Boleyn zwischen England und Rom aufstellte, war der Bruch vollzogen und es gab von nun ab eine anglikanische Kirche.

Die Tochter Isabella der Katholischen und Ferdinands von Arragon war als Kind noch mit Edward, des siebenten Heinrich Tudor Sohn, verheiratet, aber diese Ehe ist bis zum Tode des dann sechzehnjährigen Edward nie konsumiert worden. So fiel die Kindwitwe an den jüngern Bruder Heinrich, der, geistlich erzogen, Kardinal, vielleicht Papst hätte werden sollen. Als König verstand er sich auf die Theologie und gebrauchte eines Tages ihr Schwert nicht schlecht. Caterina, die Edward nie geliebt hatte, liebte Heinrich, der ein schöner, starker Mann war, Prototyp der Renaissance-Orgie, die mit ihm anhob. Zehn Wochenbetten machten die Spanierin beliebt beim familial empfindenden englischen Volk. Bei Shakespeare tritt sie auf als eine einfache Frau, eine Fadensträhne Seide um den Hals, denn sie stickt. Sie war eine Pieta der ehelichen Liebe, und es bedurfte nicht des Beilhiebes auf ihren Nacken, denn ihr Herz hatte unzählige bekommen. Sechs Jahre lebte die Geliebte des königlichen Minotaurus Heinrich unter ihren Augen.

Anna Boleyn hatte an einer Hand sechs Finger und am Halse ein Kröpfchen. Den Nachtvogel hatte man sie in Frankreich genannt, diese Frau von diabolischem Charme, die Lionardo hätte malen müssen, nicht der schweizerisch-realistische Holbein. Aspasia des neuen Zeitalters war sie, die in Leo dem Zehnten ihren Perikles hatte. Von Heinrich, dem wiehernden Hengst, bekam sie Elisabeth, und da lebte er schon mit ihrer Nachfolgerin Jane Seymour, die er vierundzwanzig Stunden nach der Enthauptung der Anna Boleyn heiratete. Elisabeth war zwei Jahre alt, als dies geschah.

Nie hat jemand sich getraut, zu dem Kinde von seiner Mutter zu sprechen oder nur ihren Namen zu nennen. Den Vater sah es fast nie. Er machte sich nichts aus dem Kinde, das für ihn ein Bastard war, einer seiner vielen. Er hatte auch zu viel mit seinen Weibern zu tun. Jane Seymour starb ein Jahr nach der Hochzeit. Er heiratete Caterina Howard und ließ sie köpfen. Er heiratete Anna von Cleve, von der er sich sechs Monate später scheiden ließ, um Caterina Parr zu heiraten. Seiner Absicht, sie köpfen zu lassen, kam sein Tod zuvor.

Das war ihr Vater gewesen: ein ungeheuerlicher Mensch, ein gelehrter und höchst kultivierter Mann, ein Musikant, ein Komponist, ein Verfasser von Schriften, ein Kenner. Und ein Fresser, ein Säufer, ein Hurer und der Mörder ihrer Mutter und anderer Frauen. Als zweijähriges Kind hatte Elisabeth nicht nur ihre Mutter, sondern auch ihren Vater verloren. Welche Jugend hat dieses Kind gelebt? Was war das charakterologisch formative Element solchen Jugendlebens gewesen? Das kränkliche Wesen, voll schlechtem, wahrscheinlich luetischem Blute vom Vater her, hat körperliche Schwäche und Krankheit ausgebildet, um daraus Schonung und Rücksicht und Unbeachtung zu gewinnen, aber auch Geduld, Besinnung, Melancholie und Enttäuschung, – lieber aus so rationalen Ursachen als aus dem andern Erlebten, das zerstörerisch hätte wirken müssen auf den jungen Verstand und auf das Gemüt. Sie war kränklich und krank aus Selbstschutz, und bildete außerordentliche nervöse Kräfte aus, um Schwäche des Körpers zu überwinden und es durchzuführen, kränker zu scheinen als sie war. Nicht so furchtbar wie es den heutigen erscheinen muß, konnte ihr der Anblick der Schafotte ihres Vaters sein. Das Gewalttätige war zeitgemäß, zumal in der Politik im Umkreis der Krone.

Von allen den vielen Kindern Heinrichs, die meist in den ersten Lebensjahren starben, haben nur drei den Vater überlebt. Außer Elisabeth der sechste Edward, der mit siebzehn als sein Nachfolger auf dem Throne stirbt und völlig verblödet war, und Maria, von der Arragonierin, die blutige Mary, bigott bis zum Irrsinn, häßlich, angstgepeinigt, invalid ihr kurzes Leben lang, verbittert, mißtrauisch, frühgealtert, mit einer rauhen Männerstimme, kurzsichtig, klein, unfruchtbar. Das war Elisabeths Stiefschwester, und von Elisabeth selber sagt einer, daß sie mit vierzehn ausgesehen habe wie eine Frau mit vierzig.

Für die Krone, die Heinrich hinterlassen hatte, waren drei, auf die sie der Runde nach kommen mußte, am Leben. Immer interessierte der Thronfolger mehr als der Kronträger. Der Thronfolger hatte auf seiner Hut zu sein.

Als der zehnjährige Edward, der Trottel, den Thron bestieg, war Elisabeth vierzehn Jahre alt. Und starb Edward, dann kam England an Mary. Und dann an Elisabeth. Wenn nicht die Pairs gewesen wären, die noch wirkliche Pairs des Königs waren, dann wäre das Ganze nur eine Zeitrechnung gewesen, wie in den heutigen konstitutionellen Monarchien. Aber die vielen Frauen Heinrichs hatten viele Verwandtschaften geschaffen, und die Krone Englands zu gewinnen war ein Preis, um den sich's zu kämpfen lohnte mit den legitimen und fast legitimen Erben: einem idiotischen Knaben, derzeit König unter einem Protektor, der halbnärrischen Mary, einer vierzehnjährigen Elisabeth.

Für den zehnjährigen Edward regierte sein Onkel Somerset als der Protektor, dessen Bruder Seymour sich die kleine Elisabeth zu heiraten insinuierte, die er in ihrem Schlafzimmer überfiel, zu ihr ins Bett kroch, die sich wehrte und schrie. Der Protektor brachte seinen Bruder unter das Beil. Aber er fand sich sofort mit einem andern Rivalen auf die Thronfolge konfrontiert, dem Herzog von Northumberland, dem Haupt der Familie Dudley, dem Vater des Grafen Leicester. Der war stärker, und sechs Monate nach seines Bruder Seymour Hinrichtung mußte der Protektor fliehen, aber das Beil erreichte auch ihn. Dies war Northumberlands Plan: Edward sollte die Thronansprüche Marys und Elisabeths vernichten und dafür Northumberlands Schwiegertochter, Jane Grey, die Tochter von Heinrich des Achten Nichte, zu seiner Nachfolgerin ernennen. Zwei Monate vor seinem Tode stimmte König Edward Northumberlands Plänen zu und unterzeichnete. Das war im Juli 1553. Der sterbende König, so ließ Northumberland an Mary und Elisabeth berichten, wünsche sie beide an seinem Lager zu sehen. Der Königsmacher hatte alles in den Händen, seinen Sohn zum König zu machen, nur die zwei Frauen fehlten ihm und daß sie noch lebten. Mary ging in die Falle und kam von Hundson nach London. Elisabeth aber blieb in ihrer Halbgefangenschaft zu Hatfield. So kam eine Gesandtschaft zu ihr, ihr zu melden, daß ihr Stiefbruder Edward tot und Lady Jane Grey seine Nachfolgerin sei. Die Geldsumme, die man der nun Zwanzigjährigen dafür bot, daß sie auf alle ihre Ansprüche verzichte, war bedeutend. Aber geizig wie sie war, sah sie bei jedem Gelde immer eine weit größere Summe, die das wert war, was man ihr abkaufen wollte. Aber auch für andere, klügere Erwägungen war das Mädchen in seiner Einsamkeit reif geworden. Auch wußte sie, daß es immer um ihr Leben ging. Wie die Dinge in London lagen, war ihr unbekannt. Unterschrieb sie den Verzicht, dann erklärte sie sich damit gegen Mary, die vielleicht schon Königin war. Weigerte sie sich und war Northumberland der

Stärkere, so nahm ihr dieser das Leben. Sie wich aus. Sie erklärte, daß es ihre Stiefschwester Mary sei, mit der zu verhandeln wäre, denn solange Mary lebe, habe sie selber keinerlei Ansprüche auf den Thron, könne also nicht auf etwas verzichten, was ihr gar nicht zukomme. Und wurde krank und legte sich zu Bett.

Elisabeth hatte richtig gesetzt. Northumberlands Kopf fiel, und die blutige Mary zog in London als Königin ein, und ihr zur Seite war Elisabeth. Aber das gute Einvernehmen mit der königlichen Stiefschwester, der orthodoxen Katholikin, dauerte nur vier Wochen. Elisabeth war der machtpolitische Faktor der protestantischen englischen Majorität, – ohne diese Stütze war sie nichts. Sie kannte ihre Verpflichtung. Sie weigerte sich, an der Wiederherstellung der katholischen Messe teilzunehmen. Aber damit spannte sie den Bogen zu scharf an und die Sehne drohte zu reißen. Als sie das merkte, gab sie nach ein paar Tagen nach. Sie wäre vielleicht schlecht unterrichtet über diese Dinge und man möge ihr einen Lehrer geben. In einem Spiel, das den Einsatz des Kopfes verlangte, suchte sie diesen mit aller Klugheit zu behalten, festen Willens, ihm die Krone aufzusetzen und das Spiel zu gewinnen. Höchste Aktivität ihres Hirns entwickelte sie, wobei ihr ein kränklicher schwächlicher Leib vorzügliche Dienste tat.

Man hat Elisabeth die Lady Tartuffe der Jungfräulichkeit genannt. Gewiß war sie unfruchtbar: der faule Samen ihres Vaters, der so viele Frauen aufsuchte, die ihn gesund machen sollten, wollte sich nicht perpetuieren. Wahrscheinlich war es ihr auch versagt, sich von einem Manne normal umarmen zu lassen. Die offensichtlichen und simplen weiblichen Wirkungsmittel strahlender fraulicher Schönheit und gesundheitsstrotzender Ovarien hätten sie zur Sklavin solcher Vorzüge gemacht. Aus diesen weiblichen Defekten hatte sie als Staatsperson einen Vorteil. Aber diese Mängel zwangen sie nicht nur nicht zum Verzicht auf die weiblichen Wirkungen, sondern zu einer mit großem Geschick ausgearbeiteten Scheinhaftigkeit. Sie verstand es, die Frau zu spielen wie nur eine Frau das kann. Was man liebende und mütterliche Instinkte nennt, konnte sie nicht in diesen Dienst stellen, denn sie besaß derlei nicht in dem unzulänglichen Rahmen ihres Leibes. Aber so zu tun, das konnte sie darum nur um so besser. Und muß damit nicht geringe Wirkungen erzielt haben. In ihrer geschlechtlichen Verkrüppelung fand sie die unerschöpfliche Quelle einer Selbstsüchtigkeit, die für ihre Person und für ihre Herrschaft von Vorteil war. Sie bohrte, als Liebhaberin, nur den Fingernagel in die Frucht, aber sie aß sie nicht. Sie konnte sich das und mehr aus ihrer Stellung erlauben, die sie von Bindungen anderer Frauen befreite. Dafür banden sie eine elende Gesundheit und ein ständiges nervöses Mißbehagen, das sie an den Mädchen und Frauen ihrer Umgebung ausließ, deren Amouren sie kassierte, wenn sie ernst wurden. Sie konnte hübsche und sich dessen bewußt bedienende Frauen nicht leiden. Aber Männer liebte sie jung und hübsch, soweit sie ihren Zwecken dienten. Daß die bis in das Alter reizvolle, wenn auch kahl gewordene Stuart sich in ihrer Wirkung auf Männer nicht erschöpfte, das nahm sie ihr weit mehr übel als alle ihre Verschwörungen. Und zauderte, sich solchen persönlichen Grundes etwas schämend, jahrelang, das Todesurteil zu unterschreiben und eine Frau richten zu lassen, von der feststand, daß sie Jahre hindurch keinen andern Wunsch hatte als den Tod der Elisabeth.

Sie war zwanzig, als ihre Geschicklichkeit, sich zwischen Katholiken und Protestanten, Aristokratie und Volk, dem Papst und den europäischen Mächten zu behaupten, die Belohnung erfuhr und auf ihr Haupt die Krone Englands kam. Vielleicht sah Shakespeare die Barke, die sie mit ihren Frauen die Themse hinunter nach London brachte:

Die Barke, drin sie saß, brannt' auf dem Wasser
Hellstrahlend wie ein Thron; getriebnes Gold
Des Schiffes Spiegel; Purpursegel dufteten

Umbuhlt von liebeskranken Winden; Silber
Die Ruder, die zum Flötenton sich regten
Und denen die geschlagnen Fluten folgten,
Verliebt in ihre Schläge. Nun sie selbst –
Armsälige Schilderung!

Aber ein Stück zu ihrem Tode, das sie verherrlichen sollte, zu schreiben, dazu war der Dichter nicht zu bewegen. Mit dem »sie selbst« in des Enobarbus Bericht verläßt die Erinnerung wohl die gekrönte Königin. Denn diese war nicht »das Venusbild, in dem die Phantasie Natur bemeistert«.

Elisabeth war groß und ungelenk und steif. Ihr weißroter Teint verfärbte sich im Zorne grünlich. Als herrlich rühmte man immer ihre Hände, die man nur mit jenen Heinrichs III. Valois verglich, der ein Hermaphrodit war. Sie saß keinem Maler, sondern dekretierte ihr offizielles Bildnis. Mit achtundzwanzig erklärt sie, was man für Falten in ihrem Gesicht halte und für Zeichen frühen Alters seien Spuren von Pockennarben. Sie sei, wenn auch nicht mehr jung, so doch Kinder zu kriegen noch fähig, wenn auch mehr wie die heilige Elisabeth durch die alleinige Gnade Gottes. Mit einunddreißig wurde sie kahl und trug eine rote Perücke. Ihre Zähne sind, als sie fünfzig zählt, schwarz. Mit sechsundsechzig reitet sie noch im Sturm und Regen, und als man ihr wegen ihres Alters abrät, ruft sie: »Meine Jahre! Schnell, Mädchen, auf die Pferde!« Dabei plagt sie seit zwei Jahrzehnten ein immer aufbrechendes Geschwür am Bein. Bei üblen Berichten stampft die alte Frau auf den Boden, sticht mit ihrem Schwert, das sie seit der Niederwerfung der Essex-Rebellion immer zur Hand hat, in die Tapeten. Sie war neunundsechzig alt, als sie den Essex, ihren letzten Freund, köpfen ließ. Sie liebt es, im Dunkel zu sitzen und über ihn zu weinen. Ihr rechter Arm ist gelähmt. Geschwüre am Hals eitern. Sie hält sich ihre Hände vor die kurzsichtigen Augen: sind sie noch immer schön?

Die Proportionen ihrer Launen und Kaprizen waren unmeßbar. Die Geduld und Geschicklichkeit der sie umgebenden Männer waren groß, größer noch der sie bestimmende Wille, eine erkannte Sache zu halten und zum Ziel zu führen. Auf Geld und Kostbarkeiten aus wußte man diese Passion zu nützen. Es gab immer den Schlüssel, das Schloß aufzusperren. Drake, diesen Prachtkerl, hat sie in seiner Bedeutung nicht erkannt, zumal er sich auch in keiner Weise als ein Amant vorstellen konnte. Für Elisabeth war er nur der tollkühne Pirat, an dessen Unternehmungen, die spanischen Silberflotten zu plündern, sie sich mit ein paar Schiffen der Flotte und mit Geld beteiligte. Philipp baute seine Armada aus, rüstete gegen England, und Drake drang auf eine Flotte und den zuvorkommenden Angriff. Aber Elisabeth spann immer noch ihre dünnen diplomatischen Fädchen, was sie für ihre hohe Politik und ihre großartige Begabung dafür hielt. Sie brachte aber auch zu ihrem irrtümlichen Optimismus nicht den ganzen Mut auf, sondern wechselte jeden Tag das Spiel ihrer Intrigen. Es war immer der letzte, der mit ihr sprach, der sie überzeugte, und dabei war der Kontroller ihres Haushaltes, Sir Croffts, ein spanischer Agent, und sie wußte es nicht. Zum Schutz der englischen Küste arbeitete sie beim Herannahen der Armada mit ihren Leuten und Croffts ein Schema aus, das, befolgt, den Sieg Spaniens und den Untergang Englands bedeutet hätte und das besser auch Medina Sidonia nicht hätte erfinden können. Der Herzog von Parma, Statthalter der spanischen Niederlande, der nur Aufträge aus dem Eskurial befolgte, hielt sie zum Narren, als er auf Elisabeths Friedensvorschläge einging und ihr Hoffnungen machte. Über ihre Flottendemonstration vor Vlissingen lachte er. Seinen Versicherungen, daß Spanien nicht gegen England rüste, glaubte sie, drang aber immer wieder in Drake, aufs neue loszufahren, die spanischen Silberschiffe auszurauben. Als dieser großartige Kerl dann mit wenigen und ganz ungenügend verproviantierten Schiffen in Plymouth lag, ließ ihn Elisabeth nicht auslaufen, wie er sollte, sicher, daß nur der Angriff die nahende spanische Flotte zerstören könne. Sie stimmte zu, widerrief, nahm zurück, gab Befehl, zauderte, zögerte, und leistete damit Philipp die größten Dienste. Während des Kampfes stellten die englischen Schiffsführer fest, daß ihnen die Königin aus Geiz ungenießbaren Proviant und kein Pulver geliefert hatte. Der englische Sieg war ein Zufall, den er erfahrene Drake auszunützen verstand. Als aber die zersprengte Armada ihre letzten Wracks an die schottische Nordküste warf und jede Gefahr vorüber war und die spanische Seemacht für alle kommenden Jahrhunderte zugunsten der englischen abgedankt hatte, da war sich Elisabeth dieser Bedeutung nicht im mindesten bewußt, denn sie fragte nach nichts als der Beute. Verlangte von Drake ein Inventar der erbeuteten Schätze und zu wissen, warum man kein erobertes spanisches Schiff nach London herauf gebracht habe. Währenddem verreckten die verwundeten englischen Matrosen in den dumpfen Schiffskajüten. Und schon drängte sie Drake, die westindische Goldflotte abzufangen, denn die Vernichtung der Armada habe sie abscheulich viel Geld gekostet. Kaum ist er fort, vermißt sie Essex, der ihr ausgerissen war, schickt Boten, Drake solle sofort umkehren und den Essex mitbringen. Der antwortet, er sei nicht auf seinem Schiffe – er war auf einem andern der Flotte –, er halte ihn nicht versteckt und Umkehren, das koste weitere Provision und bedeute die Landung von 20 000 hungrigen Seeleuten in Plymouth. Da zog Elisabeth sofort ihren Geldbeutel zu und ihre Sehnsucht nach Essex. So viel Geld war er ihr nicht wert, zumal er auch seine Schulden an sie noch nicht bezahlt hatte. Sie bekam ihn dann vier Wochen später zurückgeschickt, als sie gehört hatte, daß er doch bei der Flotte sei und in einem wütenden Brief seine sofortige Heimkehr verlangte.

Sie war Danae, die auf den Goldregen wartet und nie genug davon bekommen kann. Es ist eine Legende, daß sie die englische

Flotte geschaffen. Faktisch tat sie alles, ihr Zustandekommen zu hindern. Sie war mit Geld an allen Piraterien beteiligt, – das war ihr maritimes Interesse, nichts sonst.

Sie war, ganz ohne irgendeinen Glauben, protestantisch, denn der Protestantismus hatte sie legitim gemacht. Gott war nichts weiter als ihr politischer Kammerdiener. Daß sich während ihrer Regierung ein Volk schuf, eine Herrschaft organisierte, eine Religion stabilisierte und mit der Seemacht der Grund zum Imperium gelegt wurde, hat gar nichts mit Elisabeth zu tun und wäre auch von einer andern Figur auf dem Throne zu schaffen gewesen. Ihr Wesen ließ den sich rührenden Kräften Raum, nicht aus Einsicht in diese Kräfte, sondern aus Schwäche, mit der man fertig wurde.

Sie war kurzen Gesichtes in jeder Deutung. Voll weiblicher Eifersucht auf Macht und Rolle. Voll Gier nach Geld. Voll Eifersucht auf die Liebe. Gab es ein Liebespaar am Hofe, sperrte sie den Mann in den Tower, oft auch die Frau samt deren Kind, und gab sie erst nach Monaten frei, gegen Zahlung eines schweren Lösegeldes. Die Gelegenheit, daß sich ihre Geliebten oder wie sonst die Männer ihres privaten Umganges zu bezeichnen sind, in eine andere Frau verliebten, war immer in ihren Maids of honor gegeben. Die Enkelinnen der ersten, die sie mit fünfundzwanzig hatte, umgaben sie als sie fast siebzig zählte. Die möglichen Liebesaffären und ihre Akteurinnen unter ihren Augen zu haben und überwachen zu können, ließ sie immer junge Mädchen zu ihren Damen wählen. Mochte Raleigh, Leicester, Essex zu einer derben Magd oder Schenkdirne gehen, daran lag ihr nichts, die solches Vergnügen nicht schenken konnte, wohl aber daran, daß diese ihre Männer liebten. Da langte sie nach dem Beil.

Sie war vierundfünfzig alt, als sie das Todesurteil der um zehn Jahre jüngern, zwölf Jahre gefangengehaltenen und gleich ihr kahlen Maria Stuart unterzeichnete und damit der Schottin ein Martyrium gab, das sie nicht verdiente. Denn Maria ließ nicht weniger leichten Herzens zum Tode gehn als Elisabeth. Aber sie war die jüngere und hatte wirklich viel geliebt, ganz Gefangene ihrer Sinne, und das weckt die Sympathien und steigert sie zu einem Gefühl, das man nur wenig zu drücken braucht, um die Tränen fließen zu machen. In ihrem letzten Briefe an den Papst verlangte Maria, daß er eine bewaffnete Revolution hervorrufe, einen Einfall in England unterstütze, um Elisabeth zu entthronen. Sie hatte römische Freunde, die mit Hilfe irgendeines hübschen Jungen, dem sie erlag, ihr das diktierten, und Elisabeth hatte für ihr Todesurteil eine Staatsräson. Gab ihr Marias Sohn, den sie von Rizio hatte, nicht Recht, als er, loyal gemacht durch das Versprechen, die englische Krone zu erben, sich nicht im geringsten um seine Mutter und ihr Schicksal kümmerte –?

Aber Jakob hatte zu warten. Wie der bestellte schottische Gesandte in London zu warten hatte in der Anticamera, so daß er durch die halb offene, wie zufällig eben offen gelassene Tür hören und sehen mußte, wie die fünfundsechzigjährige Königin zu einer fröhlichen Fiedel eine Gaillarde tanzte, einen allerdings nicht sehr lebhaften, doch aber einen Tanz. Elisabeth tat sehr überrascht und ein bißchen beschämt, wie, als sie den Gesandten zu bemerken beliebte, dieser an seiner Indiskretion, wie er glaubte, daß es eine sei, Vergnügen empfand. Das war übrigens Elisabeths letzter Tanz, ihre letzte Anstrengung, ihr letzter Schlag in Maria Stuarts, der besiegten und toten, Gesicht. Der schottische Gesandte war die Nachwelt, für die sie tanzte, die »unbesiegbare Seele«, denn der Gesandte sollte dem auf den Thron ungeduldig wartenden Jakob melden, daß es lange noch nicht so weit sei. Man tanze immer noch eine Gaillarde.

Christine von Schweden

Marie Eleonore, die Tochter des Kurfürsten von Brandenburg, war schön, gutmütig und bar alles gewöhnlichen Menschenverstandes. Ihre vernünftigste Beschäftigung war die Bereitung von Salben für ihren Teint, ihre nächstvernünftigste die Wahrsagerei. Aber von da ab lebte sie das Leben eines Trottels inmitten von Zwergen, Mißgeburten, Narren, Parasiten, klatschenden Domestiken. Immer ein bißchen ängstlich, neigte sie zu Weinerlichkeit, und mit diesen leichtfließenden Tränen durchtränkte sie ihre Liebe zu ihrem Mann, der das mit dem lächelnden Hochmut eines geistreichen Herrn hinnahm und in Schlachten und Débauchen flüchtete, wenn's ihm zu viel wurde. Dieser Mann war Gustav Adolf, der Schneekönig, wie ihn Kaiser Ferdinand nannte: ein blonder, trinkfester und gutmütiger Riese aus der nordischen Mythologie, der aber jähzornig werden konnte und ein wilder Krieger, womit er ganz aus seiner Zeit war, die es von ihren Souveränen nicht mehr liebte, daß sie selber in die Schlachten zogen. Gustav Adolf war aber auch ein geistvoller und gebildeter Mann, der sich nicht verhehlte, daß er für sein Land und Volk eine rechte Geißel sei, wie alle großen und bedeutenden Könige. »Gott entfernt sich niemals vom Mittelmaß zu den Extremen, ohne einen zu züchtigen. Es ist ein Geschenk göttlicher Liebe an die Völker, wenn er deren Königen nur mittelmäßige Seelen gibt«, schreibt er, fügt aber klug gleich hinzu, daß »solche Mittelmäßigkeit wieder andere Übel für die Völker herbeiziehe. Immerhin seien diese Übel aber von geringerer Art, verglichen mit denen, die sich im Gefolge von Königen seiner Artung auftun«.

Als Gustav Adolf bei Lützen 1632 fiel, war die Tochter aus seiner Ehe kaum sechs Jahre alt. Die Astrologen hatten einen Prinzen verheißen, als Marie Eleonore mit Christine schwanger ging, und sie hatten sich in ihrer Prophezeiung nicht ganz geirrt. Denn das haarbedeckte, schwarze, laute Wesen glich eher einem Buben als einem Mädchen und blieb bis ans Ende ein seltsam zwittriges Wesen, innen wie außen.

Daß man seine dumme Frau nicht an die Regierungsgeschäfte lasse, hatte der König in Verfügungen und Briefen immer wiederholt. Und ferner, daß Christine wie ein Junge erzogen werde, um einst als vortrefflicher Fürst die Krone zu tragen. Die Erzieher hatte er noch selber ausgesucht, und noch die alte Christine fand, ihr Vater habe vortrefflich gewählt; sie beschreibt die Lehrer also: »Einer war bei allen Vergnügungen des Königs dabei gewesen, Vertrauter seiner Liebschaften und Genosse aller seiner Streiche und Débauchen. Glänzend in allen Leibesübungen, ein vollendeter Kavalier, aber ein völliger Ignorant. Dabei heftigen Temperamentes, in seiner Jugend sehr den Frauen und dem Wein ergeben, und seine Laster verließen ihn, wenn auch gemäßigt, nicht bis zu seinem Tode.« Diesem Prinzessinnenerzieher war ein Helfer beigegeben, ebenfalls ein Trunkenbold und ein Doktor der Theologie, ein honetter Mann, aber sonst nicht viel.

Die Königinwitwe konnte eine für so großartige Trauer einzige Gelegenheit, den Tod eines Gatten zu beweinen, nicht ungenützt lassen, und sie gab Europa das unerhörteste Beispiel eines Witwenschmerzes, nicht für Wochen und Monate, sondern für Jahre. Zwischen vernagelten Fenstern und schwarz drapierten Wänden sperrte sich Marie Eleonore von der Welt ab, und da saß sie und heulte bei brennenden Kerzen, küßte dreimal des Tages die goldene Büchse, die das Herz des Toten enthielt. Und dreimal des Tages gab es vielstimmige Lamentationen der Zwerge und Buffonen. Und alles das mußte die kleine Christine mitmachen. Es gab jedesmal einen Kampf mit Tränen und Geschrei der Mutter, wenn die Kleine zu ihren Unterrichtsstunden aus dem schwarzen Gemach oder aus dem Bett geholt wurde, das das Bett der Königinwitwe war. Denn auch des Nachts ließ sie nicht von dem Kinde. Es dauerte Jahre, bis der Regent Oxenstierna aus Deutschland zurückkam und dieser tollen Trauerwirtschaft ein Ende machte. Die Witwe weinte weiter, auf ein fernes Schloß geschickt, wo das niemanden weiter störte. Aber drei Jahre lang hatte das Kind im Irrsinn der Mutter verbracht.

Nun aber fiel sie in den Wahnsinn ihrer Erzieher, die nach dem Beschlusse der Stände vor allem eine »gute Schwedin« aus ihr machen sollten, aber dies mit ganz merkwürdigen Methoden zu erreichen suchten.

Das gesamte schwedische Volk arbeitete durch sein Parlament an dem Erziehungsplan des Kindes und wachte mit angehaltenem Atem und strengen Augen über seine genaue Ausführung. Besonders der analphabetische Bauernstand, der als vierter Stand in der Regierung saß, war, völlig benommen von den Wundern der Gelehrsamkeit, überzeugt, eine bedeutende künftige Regentin durch genauen Unterricht im Lateinischen und der Mathematik zu erzielen. Französisch und Englisch fehlten natürlich nicht. Aber auch Griechisch, Hebräisch und die Astronomie mußte Christine lernen. Und sie lernte spielend, was man von ihr gelernt haben wollte. Auch Reiten, Marschieren und die gesamte Kriegskunst. Auch das Regieren. Mit acht Jahren sprach sie acht Sprachen, disputierte Lateinisch wie ein lutherischer Bischof und produzierte Aphorismen über das Weib. Mit vierzehn konnte sie fluchen und trinken wie ein Landsknecht, ritt zu Pferde wie ein Mann, schoß den Hasen im Lauf, schlief auf der harten Erde. Sie als einen Jungen zu erziehen, das war weit übertroffen: sie war eine Monstrosität geworden, mit schmutzigen, nie gewaschnen Händen, verfilzten Haaren, halblahmer linker Schulter und nicht viel über ein kleines Kind gewachsen. Man konnte sie aber noch für einen Buben halten, dessen Stimme mutiert. Sie zeigte auch allen Übermut eines Jungen, der das Leben für eine lustige Maskerade nimmt und die Menschen dazu da, sie zu narren. In dem Fragment ihrer mit Selbstlob nach dem Stil der Zeit nicht sparenden Autobiographie wirft sie sich vor, die »Schicklichkeiten ihres Geschlechtes zu sehr außer acht gelassen zu haben«, fügt aber gleich hinzu, daß sie solches genau wieder täte und noch weit stärker, denn »ich bin überzeugt, daß ich besser getan hätte, mich ganz von diesen weiblichen Schicklichkeiten zu emanzipieren, und dies ist die einzige Schwäche, die ich mir vorwerfe; denn nicht geboren, mich ihnen anzupassen, hätte ich mich in diesem Punkte ganz in Freiheit setzen sollen, wie es meine Art und meine Laune verlangten.«

Als Christine mit achtzehn Jahren den Thron bestieg, besaß sie Geist, Wissen, Kenntnisse, Mut. Nur gerade das nicht, worauf ihr Bauernvolk den größten Wert legte: irgendwelchen moralischen Sinn.

Christine war eine europäische Figur zu spielen erzogen worden, und daraus entstanden die im Skandal endenden Mißverständnisse zwischen ihr und einem Volke, das nichts von europäischer Gesittung hatte, nichts von geistiger Bildung, sondern nur eine moral-theologische Zucht über märchenhaft wucherndem religiösem Aberglauben. Die Universität Upsala war wohl im Jahre 1476 gegründet, aber zur Zeit Gustav Adolfs, der sie wieder zu heben versuchte, nichts als eine Schule, wo man Lesen und Schreiben lehrte. Als Gustav Adolf starb, hatte die medizinische Fakultät einen einzigen Professor, und er genügte für die Zahl der Studenten. Die Bauern gingen in Lumpen und lebten in Hütten, aber in den Palästen der Vornehmen mußte man Zelttuch über den Tisch spannen, damit das Spinnweb nicht in die groben Speisen falle. Das Geschirr bei der Hochzeit Gustav Adolfs war aus Erz und ausgeliehen. Der einzige Luxus, den man sich erlaubte, war, wie ein

Reisender berichtet, sich zu betrinken. So bei Hof wie in der Bauernhütte. Und dieses Volk, dessen Beamte und Generäle nicht ihren Namen schreiben konnten, hatte nun eine in allen Künsten und Wissenschaften versierte Königin bekommen. Dieses Volk, das in Lumpen verhungerte, eine Herrscherin voll Geschmack für schöne Möbel, Bilder, Statuen. Das Volk, das an den Teufel glaubte, eine heidnische Philosophin, die an gar nicht glaubte. Nicht einmal an ihre königliche Geburt, denn sie anerkannte nur das Verdienst. »Es gibt Bauern, die als Fürsten geboren werden, und Könige, die als Bauern zur Welt kommen. Es gibt eine Kanaille der Könige, wie es eine der Spitzbuben gibt.« Einen talentierten Schweden niederer Herkunft machte sie zum Senator und Gesandten und stellte ihn dem Senat mit den Worten vor: »Salvius wäre ohne Zweifel ein fähiger Mensch, wenn er aus adliger Familie wäre.« Die Schweden waren skandalisiert. Aber sie hatten ihre Königin ja auch für Florentiner erzogen, nicht für Stockholmer.

Oxenstierna, der für die Unmündige die Regentschaft geführt hatte, fand verblüfft in ihr, seiner mißratenen Schülerin, den Meister. Er wollte weiter den Krieg, sie wollte den Frieden und erzwang ihn zu Westfalen. Man könnte vom Genie dieses jungen Mädchens, das wie ein Page aussah, sprechen, hört man von ihr den Satz: »Die Leidenschaften sind das Salz des Lebens; man ist nur glücklich oder unglücklich in dem Maß, als man ihnen Gewalt angetan hat.« Oder diesen andern: »Es gibt Menschen, denen alles erlaubt ist und denen alles steht.« Dummheiten, die einem da passieren, würden überschätzt. Bloß die Schwächlinge verweilen bedauernd bei begangenen Fehlern. Die Starken »vergessen nie, wie zwischen Weisheit und Narrheit ein so geringer Unterschied sei, daß dieser Unterschied keine Beachtung verdient in Ansehung der Kürze des Lebens«. Man müsse nach vorwärts leben, wie man vorwärts spreche und denke. »Die Vergangenheit zählt für nichts, und man muß immer auf neue Kosten leben.«

Da sie solche Anschauungen nicht etwa improvisierte, sondern praktisch lebte und als Erkenntnisse ihres Lebens nur äußerte, kann man sich auf einen höchst ungewöhnlichen Ablauf dieses Lebens gefaßt machen. Er übertraf alles, was man befürchtete. Er hat nicht seinesgleichen.

Jenen zweiundzwanzigjährigen hübschen Bauernburschen Magnus, den die Königin als ersten einer langen Reihe favorisierte, zum Grafen, Gesandten, Oberst, Senator, Großmeister des königlichen Hauses und Großschatzmeister machte, nannte sie, als er aus ihrer Gnade fiel, kurzweg einen Trunkenbold und Lügner. In der Wahl ihrer Günstlinge dürfte zunächst eine andere Tüchtigkeit entscheidend gewesen sein als eine solche des Geistes. Wohl zu einem Manne erzogen, hatte sie von weiblichen Tugenden doch nur jene verloren, die in gutem Kurs stehen: sie wollte sich nicht durch Heirat einem Mann unterwerfen und wollte keine Kinder gebären, alles andere ließ sie in reichlichem Gebrauch gelten. Es charakterisiert sie in diesem delikaten Punkte, daß sie keine weiblichen Zofen um sich hatte, nur männliche Kammerdiener. Was man so die edleren Gefühle nennt, welche die sinnlichen Affekte zu begleiten pflegen, so hatte Christine, sei es aus Natur, sei es aus deren besonderer Förderung durch die männliche Erziehung, davon nicht eine Spur. Und auch nach ihrer ganzen Lebensweise kaum Zeit, solche im schönen Nichtstun heraufdämmernden Gefühle zu kultivieren, die man kollektiv als Liebe bezeichnet. Womit sie ihre Zeit erfüllte, ließ ihr gerade nur die Spanne, einem Affekt der Sinne nachzugeben. Die Günstlinge wirtschafteten deshalb rasch ab. Man hatte keine Zeit, sie zu Geliebten zu illusionieren. Die Minuten dehnten sich kaum zu einer Schäferstunde.

Das schwedische Volk erfreute sich nach kriegerischen Jahrzehnten zwar des Friedens, aber der kostete nicht weniger als der Krieg. Der gelehrte und künstlerische Ruf Christinens brachte die halbe Gelehrten- und Künstlerwelt Europas auf die Beine nach

Stockholm. Es wurde gebaut, gegründet, dekoriert, eingerichtet, verschwendet und gestohlen. Die auf den normalen Bahnen des Weiblichen nicht Befriedigung suchende Eitelkeit der Zwanzigjährigen nahm in einem maßlosen Geltungstriebe ungeheuerliche und sehr kostspielige Formen an. Die Gelehrten waren damals nicht so billig wie heute. Sie verstanden es, ihr Geschäft zu machen. Was nicht nach Stockholm kommen konnte, das begab sich in eine gelehrte Korrespondenz mit der königlichen Philosophin und war goldener Halsketten und Pensionen sicher. Wahllos, wie sie Bücher, Gemälde, Medaillen, Münzen und sonstige Kostbarkeiten sammelte und damit umging, so wahllos verfuhr sie auch mit den Menschen; es genügte, daß einer in seinem Lande einen kleinen Namen hatte, um in Schweden als berühmt zu gelten. Aus dem ganzen geistigen Hofstaat vergessener Unbedeutendheiten, Pedanten, Scharlatane und Parasiten ist nur einer zu nennen, der sich nach Stockholm verlocken ließ, um nach drei überanstrengten Monaten zu sterben: Descartes, den Christine um fünf Uhr früh im Winter wecken ließ, um sich mit ihm über Philosophie zu unterhalten. Sie disputierte den Fünfzigjährigen ins Grab.

Regieren, studieren, philosophieren: sie behielt darüber nur ein paar Stunden Schlaf. Fand keine Zeit, sich zu waschen. Alle vierzehn Tage ließ sie sich das Haar kämmen. Sie stank und starrte von Schmutz. Umgeben von schmeichlerischen Bewunderern ihres Geistes, vergaß sie, womit diese Bewunderer auch nichts anzufangen gewußt hätten, ihren Leib. Überfüttert mit all diesen Dingen, verlor sie jede Fähigkeit sinnvoller Ordnung und gemäßen Gebrauches. Ihre elf Correggios und zwei Raffaels zerschnitt sie und dekorierte mit den Fragmenten die Zwickel ihrer Plafonds. Für ihre Bibliothek kaufte sie gefälschte Handschriften zu ungeheuren Preisen, ohne sich das Zeug anzusehen. Alles das war ihr nur Staffage für ihre Rolle einer bedeutenden Frau. Zahllos sind die Medaillen, die sie auf sich schlagen ließ und die sie als Minerva darstellen, als geflügelte Nike, als Diana, welche wilde Tiere bändigt. Der Titelkatalog aller Lobpreisungen, die in Vers und Prosa auf sie gemacht wurden, füllt die Seiten eines dicken Buches. Königen und Staatsmännern gibt sie in zahllosen Schreiben nicht gewünschten Rat. Einen in Deutschland vagabundierenden Neger läßt sie sich als König Abalaktus von Äthiopien einreden, lernt Äthiopisch und schreibt ihm einen lateinischen Brief »nach Deutschland«, der den armen Teufel nie erreichte, dessen Konzept aber die Archive erhalten haben. Es beginnt mit den Worten: »Consanguineo nostro carissimo, eadem gratia Aethiopum regi« und versichert den schwarzen König ihres Wohlwollens mit der Bitte um Rückantwort.

Die Schweden erwarteten sich von einer Verheiratung ihrer Königin deren Rückkehr zu Vernunft und Erleichterung ihres Daseins. Sie schleppten allerlei Anwärter herbei. Aber Christine erklärte, lieber auf den Thron verzichten zu wollen als zu heiraten. Man bat sie, den Thron zu behalten. Unter der Bedingung, daß man ihr niemals mehr vom Heiraten spreche, war sie einverstanden. Bald darauf wurden die armen Schweden mit Skorpionen geschlagen.

Über Christine kam eine schwere Krise. Nichts weniger als reine Geistigkeit, revoltierte der Leib gegen seine Mißhandlung durch Geist. Das Fieber schüttelte die Schlaflose, Abszesse brachen aus der Haut, aus schweren Ohnmachten fürchtete sie nicht mehr zu erwachen. Die Leibärzte arbeiteten erfolglos mit der Medizin ihrer Zeit: Purganzen und Aderlässen. Da trat Monsieur Bourdelot auf. Sohn eines Baders aus der französischen Provinz, gab er sich für einen Arzt, was ihm die Kollegen bestritten, obzwar er ebenso gut wie sie sich auf Schröpfen und Purgieren und Latein verstand. Aber Bourdelot war weit mehr als das. Er glaubte an nichts, als daß man sein Glück zu machen habe, und er besaß Verstand, solches ins Werk zu setzen. Heute würde man ihn einen Damenarzt nennen. Immer in der besten Laune, verstand er sich auf tausend Künste in der ganzen Linie vom Toilettenwasser bis zu Madrigalen, von witzigen Mystifikationen bis zur Organisation von Festen. Er sagte den Frauen das, was sie gern hören wollten und was sich selber zu sagen ihnen etwas der Mut oder diesem der Reiz fehlte. Er hatte für Christine das erlösende Wort, das sie mit einem Schlag gesund machte. Es war wirklich nicht viel mehr als ein Wort, und es tat Wunder. Er sagte ihr, daß man sich in Paris über die gelehrten Frauen lustig mache. Daß man sie lächerlich finde. Und nahm die gelehrten Bücher vom Tisch und warf sie in den Kamin. Und meinte, man müsse auch die Verfasser etwas in Feuer setzen, um zu sehen, was sie sonst noch taugen. Christine probierte die Kur und fand höchsten Geschmack daran: sie zählte gerade fünfundzwanzig Jahre. Sieben dem Vergnügen verlorengegangene Jahre hatte sie wiederzufinden, und es gelang ihrer von keinerlei Bedenken aufgehaltenen Leidenschaftlichkeit, in kurzen Wochen den gelehrtesten Hof Europas in den amüsiertesten zu verwandeln. Zu den Gelehrten, die nicht wichen, kamen aus Frankreich und Italien die Komödianten, Sänger und Tänzer. Christine selber tanzte in Balletten und ließ ihre Laune an den Nährvätern ihrer früheren gelehrten Laune aus, indem sie Meibomius die griechischen Texte, die er entzifferte, mit krächzender Stimme singen und Naudé mit wackligen Beinen die antiken Tänze tanzen ließ, die er beschrieben hatte. An gelehrten Disputen nahm sie nicht mehr teil, Regierungsgeschäfte schob sie auf, Audienzen erteilte sie nicht. Senatssitzungen sagte sie ab: sie hatte ein neues Ballett zu studieren. Bourdelot war unerschöpflich an Erfindung von Vergnügungen, und drohte eine nicht abwendbare gelehrte Sitzung seiner Patientin, dann gab er ihr ein starkes Abführmittel, das ihr nicht erlaubte, sich zehn Schritte weit von ihrem Leibstuhl zu entfernen. Er verstand sich auf die feinen wie auf die brutalen Mittel. Vier Wochen nach seiner Ankunft in Stockholm machte er mit aller Autorisation der ihm völlig vertrauenden und dankbaren Christine die schwedische Politik. Darüber hätten sich die Schweden noch getröstet, nicht aber über das viele ihnen abgepreßte und von dem allmächtigen Maître de plaisir vergeudete Geld. Was man an den darüber sehr gekränkten Gelehrten ersparte, wurde vier- und fünffach für die Vergnügungen ausgegeben. Sie ist verrückt, sagten die Stände, als die Königin um einige Jahre verspätet ihre Jugend entdeckte. Sie ist in Irrsinn einem Scharlatan verfallen, schrieben die gelehrten Bochart und Vossius und Huet in die Welt hinaus, habe ihre große Weisheit verabschiedet, um sich ganz ad ludicra et inania hinzugeben, und verteidige solches auch noch mit dem frechen Satze, daß es wichtiger sei, sich zu amüsieren als zu erkennen. Und nach Schweden tönte das Echo dieser Gelehrtenklage zurück, und zu dem Unerträglichen, eine Verschwenderin zur Herrin zu haben, kam noch, daß diese Herrin nicht mehr wenigstens berühmt und geehrt wie ehedem war, sondern berüchtigt und lächerlich. Den moralischen Bankrott erlitt man stärker als den finanziellen.

Es war kein Geld mehr im Staatsschatz. Ein Gesandter konnte nicht an seinen Bestimmungsort reisen, weil kein Geld da war. Die Domestiken hatte man schon zwei Jahre lang nicht bezahlt. Um eine dringende Reise zu machen, mußte Christine ihr Tafelsilber für viertausend Taler versetzen. Man zog die Steuerschraube scharf an, aber es tropfte nicht ein Groschen. Bourdelot durfte sich nicht mehr ohne Eskorte auf den Gassen blicken lassen. Er war also nicht mehr zu halten. Christine schickt ihn im Sommer 1653 mit Geschenken beladen an Mazarin, der ihn mit einer Abtei belehnt. Bourdelot wird Abt, wie er Arzt war, und hält als fleißiger Korrespondent bis zu seinem Tode Christine auf dem laufenden mit dem Pariser Klatsch.

Den breiten schwedischen Brüsten war nur ein kurzes Aufatmen gegönnt: am 11. Februar 1654 verkündete Christine dem versammelten Senat, daß sie zugunsten ihres Cousins Karl Gustav abdanke. Man möge sich nicht bemühen, sie von diesem Entschlusse abzubringen, sondern ihr in dessen Durchführung helfen. Sie denke das Land zu verlassen. Ihre Sachen seien schon gepackt.

»Diese Rede warf ein solches Erschrecken in die Geister, daß man nicht wußte, was Ihrer Majestät antworten«, berichtet ein zeitgenössischer Historiker. Es gab nur das einzige Beispiel: Karl V., der, alt und schwach, abdankte, um in ein Kloster zu gehen. In Alter und Krankheit gab es Gründe für eine solche Trennung des Souveräns von dem ihm von Gott angetrauten Volke. Aber der Akt der jungen und gesunden Christine bedeutete in dem hochmütig betonten »Ich hab' es satt« einen europäischen Skandal in Zeiten, deren staatliche Lebensform und Doktrin Monarchen und Volk in wechselseitiger Pflicht sich verbunden achteten, das Volk nicht seinen Herrn, der Herr nicht sein Volk verlassen durfte. Christine machte eine Revolution. »Großer Gott, in welchen Zeiten leben wir«, schrieb Vossius an seinen Landsmann Heinsius, »die Königinnen legen das Szepter nieder und wollen als Privatleute leben, sich und den Musen.«

Christine war sich des Effekts bewußt. Am 28. Februar schreibt sie dem französischen Gesandten in Stockholm: »Ich weiß, daß die Szene, die ich dargestellt habe, nicht nach den gemeinen Gesetzen des Theaters komponiert sein konnte. Das Starke, Männliche und Kraftvolle kann, als unbequem, nicht gefallen ... Übrigens ist mir das plaudite ganz egal.« Vielleicht das plaudite der Schweden, die sie langweilten, sicher nicht das Europas, auf dessen Bühne sie eine große Rolle spielen wollte. Königin ohne Geld über ein armes, plumpes und ungebildetes Volk: für Christine gab es kein Pflichtgefühl, das stärker sein konnte als die Langweile, die ihr unter solchen Umständen die Krone bereitete.

Man weinte bei der feierlichen Zeremonie der Abdankung und gewährte der Tochter Gustav Adolfs, was sie verlangte. Es war nicht wenig: die Einkünfte aus Domänen und Städten, ungefähr 500 000 Livres. Eine prunkvolle Flotte rüstete man ihr aus, damit sie hinfahren könne, wohin sie immer wolle. Als das Volk aber verlangte, daß sie ihre Einkünfte im Lande verbrauche, packten sie Angst und Wut: Auf die Flotte und den feierlichen Abschied verzichtend, riß sie aus. Wie eine Abenteurerin verließ sie das Land.

Alles, was sie an beweglichem Eigentum besaß, hatte sie vorausgeschickt: ihre Gemäldegalerie, ihre Bücher, ihr Gold und Silber, ihre Möbel – kurz vor der Abreise brach sie noch rasch die Steine aus der Krone. Zwei Teppiche und ein altes Bett, das war alles, was ihr Nachfolger im königlichen Schlosse vorfand, und eine zerbeulte, um ihren Schmuck beraubte Krone.

Christine war auf dem Wege nach Flandern, zur Armee des Condé, dem sie sich als General zur Verfügung stellen wollte. Sie entließ, kaum daß sie über die schwedische Grenze nach Norwegen gesprungen war, mit einem Hurra wahrhaft gesprungen, ihr Gefolge, schnitt sich das Haar kurz und zog Männerkleider an und Reiterstiefel. Pistolen im Gürtel, die Flinte über den Rücken. Vier Edelleute hatte sie in ihrer Begleitung, und einige Diener waren die Zofen, als sie in Dänemark landete.

Ein Wanderzirkus, der an allen Höfen Europas Vorstellungen gab, mit einer jeweils am Orte gemieteten und in Galauniformen gesteckten Statisterie. Festliche Einzüge unter dem Zulauf der Menge, an welche Christine in der Sprache des Landes Ansprachen hielt. Gab es Gelehrte und Schulmeister am Ort, präsidierte sie der festlichen Sitzung und traktierte Philosophica. Aber auch die unter Bourdelot studierten Rollen wurden nicht vergessen und chlownesk exekutiert als komische Intermezzi zwischen den Feierlichkeiten. Lief ihr die Menge nach, drehte sie sich um und schnitt Grimassen. Oder wechselte in der Karosse das Kostüm, so daß die Gaffer sie nicht mehr erkannten. Oder unterbrach die feierliche Ansprache eines Pedanten mit einem saftigen Witz oder einem Tänzchen. Der Beifall der Galerie war so stark, daß er das Zischen in den Logen übertönte. In den Monaten, die sie in Brüssel zubrachte, spielte sie die Rolle der Königin gar nicht, so sehr amüsierte sie sich und das Volk mit den Eulenspiegeleien eines possenreißerischen Pagen. Dann wurde sie wieder schwedische Königin und reiste weiter. Nach Hamburg, nach Antwerpen, nach Innsbruck. Hier kreierte sie etwas Neues: sie tat öffentlich, was sie zu Brüssel in der Weihnacht 1654 heimlich getan hatte: sie schwor den protestantischen Glauben ab und wurde katholisch. Es war eine ungeheure Sensation in beiden Christenheiten, bei der unterlegenen protestantischen wie bei der siegreichen katholischen. Die Tochter Gustav Adolfs zurückzugewinnen, muß Rom nicht wenig Eifer und nicht wenig Geld gekostet haben. Christine war für jede große Rolle zu haben. Sie spielte sie, ging es nicht anders, auf eigne Kosten. Hier lockte großer Lohn in jeder Form, nicht zum mindesten in einer starken schützenden Hand. In Rom machte man sich wohl keine Gedanken über die Aufrichtigkeit von Christinens Bekenntnis, sprach nicht weiter darüber und begnügte sich mit dem politischen Effekt. Was Christine später zum Lobe der katholischen Kirche schrieb, ist so maßlos übertrieben, daß man ihr schon um dessentwillen nicht glaubt. Zudem gibt es eine nicht geringe Menge von Äußerungen, die bestätigen, daß ihr das Katholische so gleichgültig war wie das Protestantische. Sie sagt, sie habe sich bekehrt, um nicht mehr die Sermone der Pastoren zu hören, die sie langweilten. Als man ihr an dem Innsbrucker Tage ihrer feierlichen Abschwörung für den Nachmittag eine Komödie versprach, meinte sie: »Es ist nur in der Ordnung, meine Herren, daß Sie mir nach der Farce eine Komödie vorführen.« Der »Farce« in Innsbruck folgte das pompöse Ausstattungsstück von Christinens Einzug in Rom, genau geregelt von der Kongregation der Riten. Vor der Königin fuhren in sechsspännigen, von der reichlichen Kamarilla geführten Karossen die Kardinäle, Prälaten, römischen Barone, Gesandten. Der Wagen des Gouverneurs von Rom war aus Silber und vergoldet und von vierzig prunkhaft gekleideten Personen umgeben. Jede römische Dame hatte ein Gefolge von sechsunddreißig Personen. Sechs Monate lang arbeiteten die römischen Schneider an den Kostümen der Korteges. Dem Päpstlichen Stuhl kostete die Ausstattung des Stückes eineinhalb Millionen Taler.

Es wurde unter dem Donner der Kanonen, dem Schmettern der Trompeten und Parade der Truppen aufgeführt am 21. Dezember 1655. Alle Butiken waren geschlossen, alles Volk war auf den Beinen und staunte sich die Augen aus dem Kopf über das kleine, etwas bucklige Wesen, das in pelzbesetzten Hosen rittlings auf einem zwischen zwei Kardinälen tänzelnden Schimmel von der Porta del Popolo daherkam und am Tore Sankt Peters vom hohen Klerus empfangen und vor den Papst geführt wurde. Der ihr auf ihren Dank für solchen Empfang antwortete, wie ihre Bekehrung von so hohem Werte sei, daß man sie im Himmel mit noch ganz andern Festen begehe, als sie solches hier auf Erden sehe. Hätte der Nachfolger des Apostels seine Tiara abgenommen und sie ihr auf die zausige Bubenperücke gesetzt, Christine würde darüber nicht erstaunt gewesen sein. Was ist ein Papst, wenn der Himmel über ihre Bekehrung Feste feiert!

Die Kirche glaubte dieses nordische Weib an ihren Triumphwagen gespannt zu haben, aber es kam so, daß die Kurie nach der Schelmenpfeife tanzen mußte, welche zu hantieren der tollen Person weit mehr entsprach als den Rosenkranz, den ihr der Papst schenkte, damit sie wenigstens vor dem Volke ein Ave bete, »was verdienstlicher sei als den ganzen Rosenkranz im stillen Kämmerlein«, wie Seine Heiligkeit ihr bedeutete. Sie betete weder so noch so, machte Spektakel, wenn sie schon einmal die Messe besuchte, aber auch Skandal im Theater und auf den Gassen, wo die Menge zusammenlief, wenn immer man sie inmitten der ihr beigesellten Garde von Kardinälen sah, bei Schlägereien, Aufläufen, Burlesken. War sie es auch nicht mehr, forderte sie doch, daß man ihr alle

Ehren erweise, die einer Königin zukommen. Jeden Tag gab es Streit und Zank, den Christine entsprechend ihrer Maxime, daß Geduld nur eine Tugend der Feiglinge und Schwächlinge sei, führte. Vor der Tür des Kardinals Medici, mit dem sie in Hader lag, ließ sie einfach eine Kanone auffahren und feuerte selber die erste Kugel ab. Christinens Leitsatz in ihren Finanzen lautete ebenso kurz wie einfach: »Es gibt eine Art Verschwendung, welche Sparsamkeit ist.« Ihr Haushalt, lüderlich geführt, verschlang bedeutende Summen. Nicht weniger ihre Sammlungen, die auf dem Wege nach Rom zu einem großen Teil gestohlen und von ihr wieder ergänzt wurden. Schweden zahlte, in Kriege und innere Schwierigkeiten verwickelt, die Pension sehr unregelmäßig oder überhaupt nicht. Sechs Monate nach ihrer Ankunft in Rom lag Christine in den Wucherhänden ihrer Gläubiger. Der Papst, an den sie sich wandte, schlug ihr, unter der Bedingung, daß sie sich vernünftig aufführe, eine monatliche Rente von zweitausend Talern vor. Die Bedingung erschien ihr unerträglich. Sie versetzte, was ihr an Schmuck geblieben war, für zehntausend Dukaten und ging auf ein neues Gastspiel, das ihr den letzten großen Erfolg brachte. Sie schiffte sich nach Marseille ein.

Die ambulante Königin, wie das Volk sie nannte, wurde, Mazarin mußte seine Gründe dafür haben, mit königlichen Ehren empfangen. Der Marseiller Magistrat überreichte ihr die Schlüssel der Stadt, Klerus und Beamtenschaft verneigten sich bis zur Erde, die Dichter feierten in Lobgesängen die zehnte Muse, die Gelehrten in Reden und Ansprachen die nordische Sibylle. In Lyon wurde sie im Namen und Stellvertretung des Königs vom Herzog von Guise empfangen; er begleitete sie bis Compiègne, wo sich der Hof aufhielt. Amüsiert beschreibt er in einem Brief an einen Freund »die durchaus extraordinäre Person«. Bis Compiègne nahm sich Christine, die höchst charmant sein konnte, sehr zusammen. Aber dann hielt sie es nicht länger aus und gab ihren besonderen Launen nach, wie die Grande Mademoiselle erfuhr, die sie in die Komödie einlud: »Die tat Schwüre bei Gott und dem Teufel, streckte sich in ihrem Stuhl, warf die Beine übereinander oder über die Stuhllehnen und nahm Stellungen ein, wie ich sie bisher nur bei Trivelin und Jodelet sah, welches zwei Hanswurste sind.« Sie vertraute der Montpensier ihre stärkste Sehnsucht an: ein Armeekorps zu kommandieren: »sie wäre nicht glücklich, bevor sie das nicht gehabt hätte.«

War sie in ihrer guten Laune, dann übersah man ihren Höcker und ihre von Schmutz und Fett starrenden Hände, merkte man nicht ihre groben Männerstiefel und ihre lächerliche, zerzauste Perücke, die vorn weiblich, hinten männlich war und meist schief saß. Man fand sie voll Geist und Charme. Man bewunderte sie und war entzückt von ihr. Auch der junge König. Er ertrug es sogar, daß sie sich seiner Kammerdiener als Mägde bediente und dies »dans les heures les plus particulières«, wie Madame de la Motte berichtet. Sie gab dem König gute Ratschläge. Er war in Marie Mancini verliebt, was der Königinmutter mißfiel. Christine aber riet ihm, die Dame zu heiraten. Anna von Österreich verabschiedete auf der Stelle die Ratgeberin vom Hofe. Auf der Heimreise nach Rom, im Mietwagen, den der König bezahlte, wollte sie die Ninon mitnehmen, um sie dem Papst vorzustellen. In Rom war die Pest, und die Reisekönigin verweilte einige Monate in Norditalien, um sich dann wieder nach Frankreich auf den Weg zu machen. Im Oktober des Jahres 1657 kam sie in Fontainebleau an, wo sie im Schlosse Wohnung nahm. Hier solle sie bis auf weiteres bleiben, ließ ihr der abwesende Hof sagen.

Christine war in diesem Jahre einunddreißig alt geworden: eine lustige, absonderliche Figur, immer vor dem Vorhang auffallenssüchtig bereit zur Farce. Von robuster Unbekümmertheit, aber doch eitel, in den Tag hineinlebend, Schulden machend, verschwendend. Was sie im Innersten lebt, bleibt unsichtbar. Vielleicht ist dieses innere Leben gar nicht da. Es gibt nur Äußerungen ihres turbulenten Willens, ihres Witzes, ihres Verstandes. Sie tat bisher nichts Menschliches in jenem moralischen Sinne, der wertend ein Werturteil hervorruft. Nun tat sie ein Menschliches, und die Welt, die sie bisher erstaunt und belustigt hatte, wandte sich mit Grauen von ihr. Sie verstand bis zu ihrer letzten Stunde nicht diese Haltung der Mitmenschen. Ihr Verstand begriff es nicht. Und sie hatte nur ihren Verstand. Auch für Unverstehbares. Man kann ihr keine Schuld geben. Sie handelte ganz richtig, als sie ohne ihr fremde Sentimentalität ein Urteil auf den Tod fällte und nie eine Träne der Reue darüber vergießen konnte.

Aus Italien waren zwei Edelleute mit ihr nach Frankreich gekommen, der Geliebte von gestern, ein Marquis Monaldeschi, und der Geliebte von heute, der Graf Sentinelli. Der eifersüchtige Marquis schrieb gemeine Briefe über Christine, in denen er die Schrift Sentinellis nachahmte. Mehr ist über diese Sache nicht an den Tag gekommen. In Hinsicht auf die Strafe möchte man, empfindlicher als jene Zeit für die Strafe, weniger empfindlich für die Schuld, ein Mehr vermuten solcher Schuld. An einem Novembermorgen des Jahres 1657 läßt Christine den Pater Le Bel, Prior bei den Trinitariern von Fontainebleau, rufen, läßt ihn Schweigen beschwören und übergibt ihm ein versiegeltes Paket: sie würde es zurückverlangen, wenn sie es nötig erachte. Vier Tage darauf schickt sie wieder nach dem Prior, der das Paket mitnimmt und sich in eine Galerie des Schlosses begibt, wo er die Königin trifft. Sie unterhält sich mit Monaldeschi über gleichgültige Dinge. Bei ihnen steht Sentinelli und in einiger Entfernung zwei italienische Soldaten. Le Bel hat über das, was er in dieser Galerie des Cerfs sah und erlebte, eine Relation abgefaßt: sie ist das einzige Dokument eines Zeugen.

Der Prior nähert sich der Königin, die, sowie sie ihn erblickt, Ton und Haltung ändert und laut nach dem Paket verlangt. Sie öffnet es, entnimmt ihm Briefe und hält sie Monaldeschi hin, schreit ihn an, ob er das da kenne. Der Marquis erbleicht, zittert, leugnet erst, gesteht dann und wirft sich Christinen zu Füßen, bittet um Verzeihung. Sentinelli und die beiden Soldaten ziehen ihre Degen. Eine Standuhr schlägt ein Uhr mittags.

Monaldeschi springt auf, verfolgt beschwörend die Königin, welche sich, auf einen Stock aus Ebenholz mit rundem Knopf gestützt, durch die Galerie entfernt, ohne Ungeduld, ohne Zeichen von Erregung. Eine Stunde lang ließ sie sich also bitten. Spricht kein Wort. Dann wendet sie sich an Le Bel: »Ich lasse diesen Unglücken in Euren Händen, Pater, bereiten Sie ihn auf den Tod vor und tragen Sie Sorge um sein Seelenheil.« Le Bel bittet auf den Knien um das Leben des Verurteilten, der neben ihm kniet. Die Königin begibt sich in ihr Appartement, wo man sie plaudern und lachen hört. Monaldeschi rutscht schreiend und weinend vor die Tür, die sich hinter Christine und Sentinelli geschlossen hat. Nach einer Weile kommt der Graf zurück, in Tränen: »Marquis, denk an Gott und deine Seele. Du mußt sterben.« Der Marquis schickt Le Bel zur Königin. Der Prior beschwört bei den Wunden des Erlösers. Christine sagt ihm unbewegten Gesichtes, wie sehr sie es bedaure, seiner Bitte nicht willfahren zu können.

Es schlägt zwei Uhr.

Der unglückliche Marquis beginnt seine Beichte. Er unterbricht sie. Die Todesangst unterbricht sie. Er heult wie ein Hund. Der Almosenier Christinens ist in die Galerie gekommen, und der Marquis wirft sich auf ihn, drängt ihn zur Königin hinein. Auch Sentinelli versucht es noch einmal. Christine macht sich über »den Poltron« lustig, der den Tod fürchte, und verabschiedet den Grafen mit den Worten: »Damit er endlich schon beichte, verwunde ihn.« Und so geschieht es. Sentinelli gibt dem waffenlosen Marquis einen ersten Degenstoß: der pariert mit der Hand, und drei Finger fallen zu Boden. Der Verurteilte erhält die Absolution, und die Schlächterei beginnt. Da Monaldeschi ein Panzerhemd trägt, versäbelt man ihm Gesicht und Nacken und Hände. Durch die Tür tritt der Almosenier. Sich an die Mauer stützend, schleppt sich das Schlachtopfer zu ihm hin, er möge es noch mal bei der Königin versuchen. Die Tür schließ sich hinter dem Mann. Sentinelli durchsticht dem Zerhackten die Gurgel. Es schlägt vier Uhr. Drei Stunden hatte diese ungewöhnliche Exekution gedauert.

Als Mazarin die Ermordung Monaldeschis erfuhr, läßt er Christine durch den Schloßkommandanten Chanut sagen, sie möge sich des erregten Volkes wegen nicht in Paris blicken lassen. Der Antwortbrief Christinens an Mazarin ist erhalten, mit einer rasenden Hand geschrieben, voller Tintenflecken und fast unlesbar. Er lautet: »Mein Cousin, Herr Chanut, einer der besten Freunde, die ich zu haben glaube, wird Ihnen sagen, daß alles, was mir von Ihrer Seite mitgeteilt wird, von der meinen mit Wertschätzung aufgenommen wird. Wenn es ihm mißlungen ist, hinsichtlich der panischen Schrecken, die er in meiner Seele hervorrufen sollte, so ist daran nicht schuld, daß er sie nicht so schrecklich dargestellt hat, als seine Eloquenz ihn dazu befähigt. Sondern, um die Wahrheit zu sagen, wir aus dem Norden sind ein bißchen wild und von Natur aus nicht ängstlich. Sie werden darum entschuldigen, daß die Mitteilung nicht allen den von Ihnen verlangten Succeß hatte, und ich bitte Sie, mich alles dessen befähigt zu halten, Ihnen zu gefallen, außer Angst zu haben. Sie wissen, daß man, über dreißig alt, die Zauberer nicht mehr fürchtet. Ich finde weit geringere Schwierigkeit darin, Leute zu erdrosseln als Leute zu fürchten. Was das von mir an Monaldeschi Getane betrifft, so sage ich Ihnen, daß, hätte ich es nicht getan, ich heute abend nicht zu Bett ginge, bevor ich es getan, und daß ich keinerlei Grund habe, was ich tat, zu bereuen. Dies, was meine Gefühle in dieser Angelegenheit betrifft. Wenn Sie Ihnen gefallen, wird es mir angenehm sein. Wenn nicht, wird das an ihnen nichts ändern, womit ich fürs Leben bin Ihre wohlaffektionierte Freundin Christine.«

Dreißig Jahre blieben Christine noch zu leben. Sie nahm ihr ambulantes Königtum wieder auf, aber niemandem mehr zum Amüsement. Wurde sie all zu lästig, zitierte man den Geist des ermordeten Monaldeschi. Sie verstand nicht, daß man aus dieser Bagatelle so ein Wesen mache. Bedauerte ihr Jahrhundert, so »niedrig zu fühlen, daß es sich über den Tod eines Domestiken aufrege, getötet auf den Befehl der Königin«. »Man muß«, schreibt sie in ihrem Maximen, »strafen in den Formen der Justiz, wenn man kann. Aber wenn man nicht kann, muß man immer strafen, wie man kann.« Und zweiundzwanzig Jahre nach jenem Mittag in der Galerie des Cerfs schreibt sie in einem Briefe: »Schreiben Sie dem Heinsius von mir aus, daß alle diese Lappalien, die er anläßlich Monaldeschi schreibt, mir ebenso lächerlich und unverschämt erscheinen, wie sie es in der Tat sind. Und daß ich ganz Westfalen erlaube, Monaldeschi für unschuldig zu halten. Alles, was man dazu sagt, ist mir höchst gleichgültig.« Dies war nicht nur geschrieben. Der tote Monaldeschi ist Christinen in keinem Traum erschienen.

Der Papst tat, was er konnte, Ordnung in das Leben seines königlichen Täuflings zu bringen. Er zahlte ihr eine Pension von 12 000 Talern und gab ihr in der Person des jungen Kardinals Dece Azzolini einen Intendanten, der Christine entzückte, denn er war »jung, hübsch, geistreich, gelehrt, geschickt und die meiste Zeit in Liebesabenteuer verwickelt«. Schweden aber zahlte nicht, und die päpstliche Pension reichte nicht, den verwahrlosten, verschwenderischen Haushalt in Ordnung zu halten. Christine unternimmt, um sich finanziell zu sanieren, politische Geschäfte. Sie schickt Sentinelli zum Kaiser nach Wien: »Da der König Karl Gustav mir die Pension von 200 000 Talern im Jahr nicht zahlt, bitte ich den Kaiser, mir 20 000 Mann unter dem Befehl Montecuccollis zu leihen, mit deren Hilfe ich Schwedisch-Pommern erobern will, wo ich viele Parteigänger zähle. Ich will dafür die Revenuen aus Pommern für Lebzeiten haben, und nach meinem Tode fällt Pommern an das Reich.« Man verhielt sich in Wien zuwartend zu diesem Vorschlag der ehemaligen schwedischen Königin, Krieg gegen ihr Land zu führen. Der Tod ihres Nachfolgers ließ sie nach Schweden aufbrechen: vielleicht war die Krone wieder zu erringen, denn Karl Gustavs hinterlassener Sohn Karl XI. war erst vier Jahre alt.

Vergeblich bittet man sie in Hamburg, schwedischen Boden nicht zu betreten. Nicht als Supplikantin tritt sie auf, sondern mit allem Anspruch einer Herrscherin: sie verlangt die Krone, falls der kleine Karl stirbt. Aber die Regentschaft zwingt sie, ihre endgültige Abdankung zu unterschreiben mit der Drohung, ihr anders jede Pension zu entziehen. Ihre Unterschrift zersticht das Pergament. Sie verläßt das Land, kommt im Jahr darauf wieder und muß es in Flucht verlassen bei Nacht und Nebel. In Bremen besucht sie das schwedische Lager, in dem Wrangel kommandiert, der unter ihrem Vater gedient hat. In Mannesuniform kommandiert sie ein Manöver, bei dem alles drunter und drüber geht. Der alte Wrangel lachte Tränen. Aber für Christine war es eine Generalprobe ihres militärischen Genies, das sie eben den Polen anbietet. Da hatte Johann Casimir abgedankt, und der Papst – es war Christine gelungen, ihn dafür zu gewinnen – unterstützte in einem Breve Christinens Kandidatur beim polnischen Reichstag. Der bemühte sich, erschreckt, alle Ausreden zu finden. Aber Christine fand für alle eine Widerlegung. Sie würde nicht Königin, sondern König sein und die Armee kommandieren, – man könne sich Besseres wahrhaft nicht verlangen. Und was Monaldeschi betreffe, so sei sie nicht in der Laune, sich vor den Herren Polen wegen des Todes eines Italieners zu rechtfertigen. Sie habe ihm übrigens vor seinem Tode alle Sakramente verabreichen lassen, die zu empfangen er fähig gewesen. Und was das Bedenken über ihre Heftigkeit betreffe, so halte sie nicht dafür, daß ein paar einem Diener verabreichte Stockschläge ungeeignet machten, zu regieren. »Wenn das aber der Fall sein sollte, glaube ich, daß die Polen niemals einen König finden.« Die Polen sagten ab, und Christine hält sich dabei nicht länger auf. Sie beginnt wieder mit Wien zu verhandeln wegen der Eroberung von Pommern. Der Kaiser lehnt schließlich ab. Sie zettelt mit Frankreich, von der schwierigen Lage Schwedens zu profitieren und zu erzwingen, daß Schweden seine antikatholischen Gesetze aufhebe. Für welchen Rat sie die nachfolgend genannte Summe als geziemend betrachte. Sie findet, daß man sie in Rom nicht ihrer königlichen Würde entsprechend behandle. Der sparsame Innozenz XI. gibt darauf Antwort, indem er die Pension an Christine aufhebt. Sie erklärt, an der Spitze ihrer Garden auf die Straße zu gehen: der Papst überhört die Drohung der dicken, kleinen Buckligen, über die sich die Römer streiten, ob sie ein Mann ist oder ein Weib.

Da gibt der unerbittliche Regisseur das erste Zeichen, daß das Stück zu Ende gehe und gleich der Vorhang fallen werde. Und Christine hört das Zeichen. Sie stürzt in die Garderobe, um sich für die Apotheose des Todes zu kostümieren. Das Kostüm ist ihre einzige Sorge. Neuartig sollte es sein, reich und ungewöhnlich. Halb Mantel, halb Kleid, aus weißem Brokat, mit Blumen in Gold bestickt, mit goldnen Knöpfen und goldnen Fransen. Am Weihnachtsabend 1688 ist es fertig, und sie probiert es, auf und ab gehend, vor ihrem kleinen Hofstaat. Es findet ihren Beifall. Nun kann gestorben werden.

Am 19. April des Jahres 1689 zieht man dem unförmlichen Leichnam der Königin das Kleid aus weißem, goldbesticktem Brokat an, setzt ihr eine Krone aufs Haupt und gibt ihr ein Zepter in die Hand. So führt man sie in ihrer Galakarosse bis zur ihrer Pfarrkirche von Santa Dorotea, wo man sie auf einem Paradebette aufbahrt. Dreihundert Wachskerzen kämpfen mit dem Schwarz der verhangenen Kirche. Gegen Abend nehmen Männer das Bett auf die Schulter, um es nach Sankt Peter zu tragen. Vor ihm gehen

Künstler und Gelehrte, Tausende von Klerikern. Dann schwankt auf den Schultern die tote Königin auf ihrem Bette, noch königlicher in dem violetten Hermelinmantel, den man um sie gelegt hat. Und hinter ihr der ganze Pomp des päpstlichen Rom, wie bei ihrem Einzuge.

Auch die Seele dieser Frau hatte eine verrenkte Schulter. Sie war eine geniale Monstrosität.

Ninon de Lenclos

Ich will eine moralische Geschichte erzählen, die den Frauen ein erbauliches und nachzustrebendes Beispiel sein soll dafür, wie ein tugendhaftes Leben zu führen sei, daß es sich und den Mitmenschen zum Quell beständiger Freude werde. Welche andere Geschichte würde da besser taugen als die von der schönen Ninon?

Henri de Lenclos war ihr Vater und nicht von übler Herkunft, ihre Mutter war eine Raconis, und Ninon wurde beiden als einziges Kind in die Ehe geboren und dies am 10. November 1620 zu Paris. Die Mutter befand sich im Zustand großer Frömmigkeit und gab der Tochter schon früh den Traktat des Franciscus de Sales De Amore Dei in die Hand; der Vater tat dasselbe mit den Büchern des von ihm verehrten Montaigne und des Gassendi, denn er war ein Freigeist, und gab ihr auch den Namen Ninon. Die Erziehung des Vaters fand die Kleine mehr nach ihrer Anlage und was jene der Mutter betrifft, so kam sie schon mit dreizehn Jahren zu dem so kurzen als treffenden Schluß, qu'il n'y avait rien de vrai à tout cela. Es ist Herr Tallement, Bussys Zeitgenosse, der diesen Ausspruch in jener seiner so knappen und malitiösen Historiettes aufgezeichnet hat, die er der Ninon widmete. Bei ihren außerordentlichen Talenten war es dem väterlichen Erzieher sehr früh schon möglich, seine gewandte Schülerin und schöne Tochter in die Gesellschaft des Marais einzuführen, die unbekümmert um die innere und äußere Not des Landes sich mit Sicherheit und Grazie dem heitersten Genuß der Tage hinab, die noch das Abendrot der späten Renaissance vergoldete, mehr zu wollustvollem Ruhen und Genießen ladend, als zu Tat und Werk wie früher, als diese Sonne noch in Mittagshöhe stand. Nun tat die Müdigkeit der Muskel wohl; sie machte die Sinne lebendig und rückte das Abenteuer, das man sonst mit dem Degen in der Faust suchen ging, in eine bequeme Nähe. Mit Ninon kam Sinn und Beziehung in die Ausgelassenheit des Geistes und anmutige Grazie in die Lust der Sinne – was alles ihre Schönheit vermochte, die von jener harmonischen Art war, daß keiner ihrer Teile für sich gepriesen werden konnte. Es ist nicht auffallend, daß die Beschreibungen von Ninons Reizen sich so widersprechen, daß Tallement sogar sagt, qu'elle n'en eût jamais beaucoup, und daß die auf uns gekommenen Porträts keine schöne Frau zeigen. Mag dies an dem Unvermögen der Zeichner liegen, die keinen Jean Clouet mehr hatten, – daß sich die Urteile der Männer widersprechen, dies liegt an dem verwirrenden Ruf von Ninons Schönheit, möchte auch im Zorn der Verschmähten einen Grund finden, ist aber vor allem dieses Ursache, daß sich solche harmonische Schönheit nur dem ganz offenbart, der über dem Einzelnen das Ganze nicht versäumt, auf dieses als ein Kenner immer bedacht ist und der ganzen Schönheit ungeteiltes Empfinden ihrer Macht entgegenbringt. Die Memoirenschreiber sprechen von Ninons hoher Gestalt, ihren feinen Beinen und noch feineren Armen und den schönsten weichsten Händen. Ihre Haut, sagen sie, war weiß und zeugte im Verein mit jenem mäßigen Embonpoint des Körpers für eine gute und beständige Gesundheit. Kastanienbraun war ihr Haar und schwarz die Brauen, wohlgetrennt und schöngebogen; Augen wie tiefschwarzer Samt, patte de velours, Augen, in welchen zugleich der Widerstand und das Verlangen herrschten. Die Zähne waren ohnegleichen, die Lippen un peu raillantes et relevées vers le coin, daß man danach verging, von ihnen geküßt zu werden, und ihr Lächeln war eine gütige Verheißung. Doch nein! Es mögen die Schönheiten von Ninons Körper eine Legende bleiben, die jeder erzählen soll mit dem schönsten Schmucke sehnsüchtiger Erfindung oder seiner letzten Geliebten entlehnten Wahrheit. So waren die Augen Ninons, dachte ich unlängst, als ich den Blick einer Frau sah, der wie flüssiger Bernstein leuchtete – dies waren die Füße Ninons, fiel es mir gestern ein, als eine Frau vor mir ging und die Schleppe hob. Und waren Ninons Hände nicht gleich den deinen, Maria, weiße herrliche Becher, daraus ich den Wein schlürfe, den du mir darin reichst? Jeder kennt Ninon, und jeder weiß, wie schön sie war, und jeder kennt sie anders – und es ist Ninon.

Sind die Zeitgenossen der Ninon auch voller Widersprüche und Unzulänglichkeiten, wenn sie von den Talenten des Körpers sprechen, so sind sie doch einig in Lob und Preis von Ninons Gaben des Geistes. Und keine erfundene Geschichte, geneigte Frauen, die ihr mir zuhört, könnte wahrhaftiger und deutlicher ein Beispiel zu dem Satze geben, wie Grund und Ursache aller schönen menschlichen Dinge die wohlbeschaffene Sinnlichkeit ist. Ninon waren alle Talente der Gesellschaft ihrer Zeit eigen, und sie übte sie mit so vielem Reize, daß, was oft das Schicksal erfährt, in leerer Form sich auszugeben, durch sie zu stärkerem Leben erwuchs. Sie spielte die Laute und die Theorbe, galt als die beste Tänzerin der Sarabande und entzückte die Hörer mit einer Stimme, die nur une petite voix de ruelle war, doch sagte sie: la sensibilité est l'âme du chant, und sie sagt es nur. Aber dies waren die Gaben für die kleinen Gelegenheiten des heiteren Zufalls – was außer diesen und außer Ninons Schönheit ihren Ruhm schuf, war die Güte ihres Herzens, die Sicherheit ihres Tuns, die Lebhaftigkeit ihres Witzes. Die zuverlässigste Freundin war sie ihren Freunden, die dieses Verdienst an ihr rühmten wie Geliebten das andere ihres Körpers.

Le moindre defaut de filles galantes est la galanterie, sagte La Rochefoucault, und Ninon war galant, aber keine galante fille, wie man damals diese Frauen hieß. Ninon war eine Amoureuse und hatte ihre caprices, wie sie es nannte. Und sie gewann aus ihnen jene kostbaren Weisheiten über die Liebe und diese graziöse Meinung von der Wollust, die ich jenen meiner freundlichen Lauscherinnen als einen Traktat empfehlen möchte, deren Temperament ein schöner Ausgang und Anfang ist, der in schlimmer Literatur oft endet oder in völligem Verluste, jenen Frauen, die ich bitten möchte, nicht auf den Orpheus zu hören, der zum Steinerweichen singt, sondern dem Eros zu folgen, der gar nicht singt, sich vom Spiegel schmeicheln zu lassen und nicht von den Dichtern, und jenes Wort einer Frau zu glauben, die sagte, die Tugend der Frau sei eine der schönsten Erfindungen der Männer.

Jemand nannte jene reine Liebe eine zerebrale Debauche. Ninon machte sich nichts aus der erotischen Metaphysik; sie erklärte: aimer c'est satisfaire un besoin, und sie liebte dieses kleine zynische Wort, weil es sich so präzise gegen das stellt, was ihr als die Gefahr der Liebe erschien: die Idee der Liebe mit ihrem Gefolge trügender Gefühle, falscher Worte und schlechter Tränen. Diese Idee der Liebe läßt eine Frau vorwurfsvoll zu ihrem Geliebten sagen: Du liebtest mich nur diese Stunde! – als ob das Leben so lang wäre, daß diese Stunde nicht zählte, als ob eine Stunde der Liebe nicht länger sein könnte als Jahre. Satisfaire un besoin: dieses Wort ist eine naive Wahrheit, wenn die Frau es ausspricht, die Frau, die uns verwirrte Männer immer überrascht durch die oft so wunderbare Wahl ihrer Geliebten. Un besoin à satisfaire: man muß dieses Bedürfnis nicht in seinem engsten Verstande suchen und davor erschrecken. Ninon kannte gar wohl die Köstlichkeiten des Zweifels, der Erwartung, des ersten Wortes, und auch diese waren ihr Bedürfnis. Nur ließ sie sich davon nicht zu den Täuschungen verwirren über den tieferen Sinn aller dieser Dinge, oder daß sie gar diesen selbst darüber verbraucht, verloren oder verleugnet hätte. Ein Beispiel für diesen weiteren Begriff, unter dem Ninon von dem besoin sprach, möge die subtilen Schwärmer beruhigen: »Gibt es ein köstlicheres Gefühl als das des Geliebten, der sich geliebt weiß? Gibt es in der Liebe etwas Entzückenderes als den

Widerstand einer Frau, die zu bitten scheint, ihn nicht zu mißbrauchen? Gibt es etwas Verführenderes als die Stimme, der die Erregung den Atem nimmt? Als das Verweigern, das die Geliebte, ach! sich selber vorwirft? ...« Die Ninon nahm die Liebe für einen Geschmack, der sich auf den Sinnen gründet, ein blindes Gefühl, das kein Verdienst in dem Gegenstande, der es erweckt, voraussetzt, noch diesen zu einer Erkenntlichkeit verbindet – mit einem Wort: für eine Laune, die nicht von uns abhängt et qui est sujet au degoût ou au repentir. Warten Sie meine Kaprize ab, sagte Ninon dem, der auf sein Glück ungeduldig war. Ninon hat nie mit ihrem Geliebten gebrochen; sie gab ihnen, wenn sie nicht mehr liebte, einen Abschied in aller Schönheit, so daß sie ihre Freunde bleiben mußten. So groß war diese Frau und so sicher in ihrem Liebesvermögen, daß sie nie in Feigheit vor dem Worte: ich liebe dich nicht mehr, die Krämpfe bekam oder jene Komödie spielte, die in Lügen einen traurigen Zustand hinspielt und deren Heldin glaubt, nun, da das Ende eingetreten, den hassen zu müssen, den sie geliebt hat. Aus ihrer Natur formte dies Ninon in den Satz: »Wenn eine Frau keinen Geschmack an einem Manne findet, der ihr zu gefallen sucht, so soll sie seine Leichtgläubigkeit nicht mißbrauchen und ihm ohne Hoffnungen zu erwecken klar und deutlich den Abschied geben. Sie muß aber auch, wenn sie wiederliebt, sich nicht länger bitten lassen als es ihr angenehm ist und die Süßigkeit des Vorgenusses es verlangt.« –

Einige bestreiten es, daß Coligny der erste Geliebte der Ninon war, und nennen dafür den Herrn de Saint-Etienne. Aber Saint-Evremont, Ninons bester Freund, verdient um dieser seiner Freundschaft willen Glauben; und er nennt Coligny als den Glücklichen. Man weiß, daß dieser Herzog von Chatillon Protestant war, und so groß war der Zauber Ninons, daß sie es sich erlauben konnte, mit dem Herzog über dessen Religion und die Vorzüge der eigenen katholischen zu streiten, ohne das er davonlief. Wie es mit dieser ersten Liebe zu Ende ging, davon fehlen die Zeugnisse. Eine kleine Bosheit, die man sich darüber nicht ohne Witz zusammenlegte, dessen Kosten Coligny tragen mußte, weist sogar Tallement als Erfindung zurück, doch weiß auch er, der alles wußte, nichts über den Schluß von Ninons erster Liebe zu sagen, die ihr die weise Kenntnis ihrer selbst zu früher Frucht zeitigte. In diesen Tagen ihrer ersten Liebe lernte Ninon die berühmte Marion de Lorme kennen, die damals nicht mehr jung, doch immer noch schön war, wenn sie auch kalte Fußbäder nehmen mußte wegen ihrer etwas geröteten Nase. Manches hatten die beiden Amoureusen gemeinsam – nicht nur, wie es passierte, die Geliebten; aber eines unterschied sie bedeutend: Marion zeigte nicht wie Ninon die schöne Uneigennützigkeit in der Wahl. Doch waren sie gute und würdige Freundinnen, wie es auch sonst der Ninon natürlich war, daß sie in der Sicherheit des eigenen Wertes Angst vor den Frauen nicht kannte. Ces deux Laïs nannte die beiden Saint-Evremont, und eine war stolz auf die andere und waren voll hübscher Aufmerksamkeiten füreinander. Oft schliefen sie zusammen, – Lesbos, où les baisers sont comme des cascades – und einmal schenkte die Marion der Ninon kleine spanische Hunde in einem seidenen Körbchen. Der gar nicht galante Herzog von Saint-Simon muß es von ihnen sagen: elles acquirent une réputation et considération tout à fait singulières. Die beste Gesellschaft verkehrte in ihren Salons. Ich nenne nicht die Namen der Vergessenen, aber Grammont, den der Graf Hamilton bekannt gemacht hat, Saint-Evremont, den heiteren Philosophen dieser Zeit, den schönen Herrn d'Elbène, der von seinen Schulden lebte wie andere von ihren Einkünften, Desyvetaux, der Dichter, und Scarron als er noch jung und wohlgestaltet war. Wenn diese Herren auch ohne Neid die Liebe Ninons und Colignys gesehen hatten, so sahen sie doch die Trennung nicht ohne Vergnügen. Der Besitz einer Sache gibt eine viel richtigere Vorstellung von ihr als das Verlangen danach: nun rüstete sich jeder, und Ninon erklärte, daß sie Beständigkeit und Treue einer weit edleren Gesinnung aufbehielte: der Freundschaft. Coligny und anderen folgte de Palluan, diesem de Miossens …

… aux maris si terrible
le Miossens à l'amour si sensible …

Die Treue für die Freundschaft: Ninon gab wie es in dem graziösen Satze heißt, sie »gab ihren Geliebten die gefährlichsten Rivalen in der Person ihrer Freunde.« Der arme Scarron mußte das heitere Marais verlassen, um im Faubourg Saint-Germain eine Gesundheit zu suchen, die er nicht mehr finden sollte; denn er kam völlig gelähmt wieder ins Marais zurück, wo er in Ninon die treueste Freundin fand, die tagelang bei ihm weilte, der sich nicht aus dem Stuhle rühren konnte. Von der Ninon hatte es der Graf Grammont nicht gelernt, der seine besten Freunde sofort aufgab, wenn sie krank wurden. Scarron war nicht der einzige, der nun in Ninons Salon fehlte: der alte prächtige Desyvetaux war plötzlich verschwunden, und da seine Angelegenheiten nie zum besten standen, fürchtete die gute Freundin Ninon, der lustige Alte sei auf einmal schwerem Trübsinn verfallen, und sie ging ihn suchen. Sie fand ihn glücklicher als je. Als abends einmal Desyvetaux heimkam, lag vor seiner Tür ein ohnmächtiges junges Mädchen und neben ihr eine Harfe. Er ließ die Kleine in sein Haus bringen und ihr reichen, was nötig war. Sie kam zu sich und Desyvetaux erkannte bald, daß sein Herz nicht gleichgültig geblieben war. Mlle. Dupuis spielte nun auf ihrer Harfe aus Erkenntlichkeit für ihren Retter, der ein großer Freund der Musik war. Und als sie gar zu singen anhub, wußte er, daß er sich niemals mehr von ihr würde trennen können. Er überredete sie, bei ihm zu bleiben, und das Mädchen blieb, da sie sah, wie glücklich sie den alten Herrn machte, für den nun das schönste Idyll anhob. Er zog sie als eine Schäferin an, sich selbst als einen Schäfer Corydon – der Gute war siebenzig Jahre alt – und lauschte, auf dem grünen Teppich seines zierlichsten Zimmers gelagert, den Tönen, die seine Schäferin aus ihrem Instrumente zwang. Zärtlich wie er, der oft dazu die Flöte blies, verließen von diesem harmonischen Klange gerührte Vögel ihre Bauer, liebkosten mit ihren Flügeln die Harfe und erstarben darauf noch trunkener von Lust auf dem Busen der Schäferin. Die zu solcher Galanterie wohlerzogenen Vögel waren das Entzücken des alten Corydon, der nun nur mehr in Eklogen sprach. Ninon, die Desyvetaux so mit Hirtenstab und Flöte und rosarot gefüttertem Schäferhut fand, ließ es sich gar nicht angelegen sein, ihn wieder auf seine frühere Lebensart zu bringen, da seine neue sein ganzes Glück war. Sie blieb seine Freundin und besuchte ihn oft in seiner zärtlichen Maskerade, die er nie mehr aufgab. Als er im Sterben lag, bat er Fräulein Dupuis um seine Lieblingssarabande und verging selig lächelnd, ein gelbes Band in den Händen: »aus Liebe zu Gentille Ninon, die es mir gegeben hat.«

Doch so sehr sich auch Ninon um ihre Freunde kümmerte, sie versäumte darüber der Liebe keine Zeit. Sie sagte es oft denen, die ihr gefielen, oder sie schrieb es ihnen, wie dem Herrn Noailles, worüber man sich bei den Precieusen im Hotel Rambouillet sehr erregte. »Ich glaube, ich werde dich drei Monate lieben – eine Ewigkeit für mich«, schrieb sie dem Marschall d' Estrées, von dem sie sich später in einem Zustand fand, dont on rougit lorsquelle n'est pas le fruit d'un lien respectable. Da auch der Abbé d'Effiat Rechte auf das Kind zu haben behauptete und Ninon nicht entscheiden wollte oder konnte, so tat man es mit Würfeln, die dem Kinde und dem Marschall günstig fielen. Der Sohn wurde als ein Chevalier de Bossière erzogen, war Marinekapitän und starb sehr alt in Toulon, ein Freund der Musik und der Musiker. Das Glück, in welchem Ninon ihre ganze Lebenszeit diesen Sohn sah, ließ sie niemals die Schwachheit bereuen, der er das Leben zu danken hatte. Ninon wurde noch einmal Mutter, doch nicht so glücklich.

Der dreizehnte Ludwig war gestorben und mit der Regentschaft, die für den minderjährigen Vierzehnten die Geschäfte besorgte, beginnt jene Zeit der französischen Galanterie, deren Nachahmung eine europäische Kultur schuf.

Der Wechsel des Geschmacks stritt wider keine Pflicht,
Der süße Irrtum selbst hieß kein Verbrechen,
Vergnügen nannte man die zarten, feinen Laster.

Das war die glücklichste Zeit Ninons, die Zeit ihrer vollsten Schönheit und ihres größten Ruhmes. Sie war die berühmte Ninon, doch sie wollte ihrem Rufe nie ein Glück der Liebe danken. Sie bevorzugte jene, die Geschmack genug hatten, sie um ihrer selbst willen zu lieben und fand an den andern nichts, die ein eitler Ehrgeiz die Liebe Ninons suchen ließ. Die gute und hohe Meinung, die sie von der Liebe hatte, daß sie eine caprice passionelle von Anfang zu Ende sei, bewahrte sie vor allen falschen Ambitionen und gab ihr diese Sicherheit, daß ihre Laune nie einen Unwürdigen beglückte. So kannte sie die Reue nicht, weil sie keine Enttäuschung kannte, wenn man nicht eine solche in ihrem kurzen Verhältnis mit dem Duc d'Enghien sehen will, der trotz seiner robusten Schönheit weniger für den Dienst der Venus als für den Bellonas geschaffen war. In seinen Armen muß der Ninon das Wort eingefallen sein: Pilosus aut fortis aut libidinosus, denn sie seufzte einmal auf: Ach mein Herr, Sie müssen sehr tapfer sein! … Doch bewahrte sie dem Herzog die Freundschaft und zeigte gern sein Bildnis, unter das Claudien die Verse geschrieben hatte:

Pour avoir la valeur d'Hercule,
Il n'est pas obligé d'en avoir la vigeur.

Beständigkeit in der Liebe hielt die Ninon nur für eine sehr mittelmäßige Tugend, ja sie nannte sie die Furcht, ein anderes Herz zu finden, wenn das eine aufgegeben. Auch war immer sie es, die verabschiedete, die mit dem klugen Instinkt für den rechten Moment den wählte, der den Geliebten noch nicht müde fand. Keiner sollte an ihr satt werden, denn jeder sollte ihr Freund bleiben.

Es konnte nicht ausbleiben, daß Frauen, denen es die Natur nicht erlaubte, dem Beispiel der Ninon zu folgen, von dieser Lebensführung skandalisiert waren. Die Königin-Regentin schickte eine Garde, die die Ninon ins Kloster der reuigen Mädchen bringen sollte. Aber da sie, wie Bautru bemerkte, weder reuig noch Mädchen war, mußte man ihr selbst die Wahl des Klosters lassen, als welches sie das der Grands Cordeliers nannte. Die brave Anna von Österreich war darüber sehr zornig, aber dem Herzog von Enghien gelang es nicht nur, diesen Zorn zu besänftigen, sondern der Regentin auch so viel Schönes von Ninon zu erzählen, daß es der hohen Dame sehr leid tat, jener so allgemein geschätzten und bewunderten Person Ungelegenheiten bereitet zu haben.

Doch entschloß sich Ninon, Paris zu verlassen, in dem es unruhig wurde. Man sprach selbst in den Salons zu viel von den neuen Steuern und der Politik; die Meinungen teilten sich, Parteien entstanden, man debattierte – Ninon fand das unerträglich und ging fort. Sie hatte damals den Marquis von Villarceaux zum Geliebten, und Ninon war in dem Alter, das mehr das der Passion als das der Kaprize ist. Der Marquis war so eifersüchtig, daß er oft kleine Jungen unter Ninons Bette zur Spionage versteckte. Da schnitt sich die wundervolle Frau ihr Haar ab und schickte es dem Eifersüchtigen als ein Zeichen der Treue. Villarceaux lief, stürzte zu ihr und ils restaient huit jours de suite au lit. Es war eines der Güter des Marquis, wohin sich Ninon mit ihm zurückzog, drei treue Jahre, woran man sehen kann, daß die Ninon nicht unbeständig war aus Mangel an Tiefe. Aber vielleicht war die Treue auch nur so lange, weil Paris so weit war. Als die beiden dahin zurückkamen, war der Marquis noch immer der Verliebte, doch Ninon nahm einen anderen. Und dann einen andern. Paris war wieder glücklich und mit ihm Ninon; es schien die Sonne, da der junge vierzehnte Ludwig

König war und Molière seine Komödien schrieb, die er der Ninon vorlas. An Saint-Evremont, der in London als ein Exilierter lebte, schrieb Ninon, daß sie fast jeden Abend Gott für ihren Verstand danke und ihn jeden Morgen bitte, daß er ihr die Torheiten ihres Herzens bewahre. Ich will nicht die Geschichten aller dieser Sottisen von Ninons Herz erzählen, die man in den Büchern aufgeschrieben findet, wie in dem saffiangebundenen Schwabacherdruck des achtzehnten Jahrhunderts, aus dem ich das Beste dieser Geschichte habe, – nichts von Gourville und nichts von Saucourt, der allen Frauen gefiel und nur seiner eigenen nicht, und nichts von Chapelle, der das Unglück großer Hände und eines dicken Bauches hatte, zwei Dinge, die Ninon nicht ausstehen konnte, und wie dieser Schreckliche den Eid schwur, sich jeden Tag zu betrinken und jeden Tag ein Schmähgedicht auf Ninon zu machen, bis er ihre Gunst erreicht hätte. Betrinken tat er sich bis an sein Lebensende, aber Gedichte schrieb er nur dreißig; doch auch am einunddreißigsten Tage war ihm Ninon nicht gnädig und an keinem. Die Geschichte mit La Chatre ist ein Sprichwort geworden, und in den Büchern steht alles genau, was sich mit dem Sohne der Madame Sévigné zutrug, dem schönen Knaben, dessen Glück bei Ninon von wenig längerer Dauer war als das seines Vaters, der mitten aus der ersten kurzen Zeit der Liebe in einer andern Schlacht sein Leben ließ. Und doch verkehrte die Sévigné, die den Mann und den Sohn an die Ninon verloren hatte, mit ihr in bewundernder Freundschaft. – Dann war der Tänzer Pécour – er tanzte und gefiel – der glückliche Nebenbuhler des so tugendhaften als verliebten Choiseul, der weiter nichts konnte als ewig seine Liebe sehr langweilig erklären, daß ihm Ninon sagte: Qu'il faut cent fois plus d'esprit pour faire l'amour que pour commander les armées. Der Tänzer war glücklich und frech. Als ihn Choiseul einmal in einer Art Uniform bei der Ninon traf und etwas Spöttisches darüber bemerkte, sagte ihm Pécour: »Monseigneur, erstaunen Sie nicht, daß ich ein bißchen Uniform trage. Je commande un corps où vous servez depuis longtemps.«

Ninon hätte es nicht vermocht, überall das Feuer, das sie entzündete, zu löschen. Und dann: Ninon war nicht mehr jung, sie war nun sechzig geworden. Aber ihrer Schönheit tat die Zeit nichts. Sie sagte oft ihrem Freunde La Rochefoucault, er müsse seinen Satz, daß das Alter die Hölle der Frauen sei, in einer Note anfügen, daß dies für Ninon nicht gelte. In dem Paradiese ihres Herbstes wurden die Blätter nicht gelb und sangen noch immer die Nachtigallen. In den kleinen Fältchen um die Augen blieb lachend die Liebe. Die Jüngsten sahen nicht, daß Ninon alt war, und die Ältesten wurden wieder jung, wenn sie sie sahen. In dieser Zeit erlebte die Ninon die Tragödie, die einzige in ihrem Leben, deren großes Motiv der Triumph ihrer Schönheit ist. Ein Sohn der Ninon von einem de Gersay wurde als Chevallier de Villiers erzogen und verkehrte, wie viele junge Leute, deren Eltern sie hinschickten, damit sie da lernten, in dem Salon der Ninon, von der er nicht wußte, daß sie seine Mutter sei. Und er verliebte sich in sie mit der Glut seiner zwanzig Jahre. Ninon war gütig, zurückhaltend, ablenkend; doch es kam dazu, daß sie es ihm sagen mußte. Er ersticht sich, und in den Augen des Sterbenden, über den sich Ninon beugt, ist noch immer die Liebe. –

Nun nannte man die Ninon Mademoiselle de Lenclos: sie war ruhiger geworden. Elle se contenta de l'aise et du repos après avoir senti qu'il y a de plus vif, wie es Saint-Evremont gütig sagt. Nicht daß sie die Liebe aufgab – wurde sie doch von der Liebe nicht aufgegeben – aber sie bemühte sich, das Herz ruhiger schlagen zu machen. Sie war neunundsiebzig alt, als sich der Abbé Gédoyn in sie verliebte. Sie hielt ihn hin, und als sie ihn endlich in ihrem berühmten gelben Boudoir empfing und der Abbé über ihre Grausamkeit seufzte, mit der sie ihn so lange diese Stunde habe erwarten lassen, sagte ihm Ninon: »Glaub mir, meine Sehnsucht war nicht geringer als wie deine, aber ich wollte – ein bißchen Eitelkeit noch und weil es doch ein seltener Fall ist – abwarten, bis ich achtzig Jahre habe, und achtzig bin ich seit heute morgen.« Ein Jahr dauerte diese letzte Liebe Ninons, dann ging Gédoyn auf Reisen und zeigte wenig Lust, zurückzukommen. So schrieb ihm Ninon: les plus courtes folies sont les meilleurs …

Am 17. Oktober 1705 starb Ninon.

Am Allerseelentage 1751 war es bei den Damen des Hofes Mode, vor einem Totenkopf die Andacht zu verrichten. Man schmückte ihn mit Bändern und Rosen. Die Königin hatte das Haupt der Ninon für ihre Zerknirschung und nannte es: ma belle mignonne.

Wollen wir nicht, liebe Freundinnen, da die Stunden noch schön sind, in süßen Worten von der großen Ninon reden, in Worten, die ihr Andenken wie Bänder und Rosen schmücken?

Madame Dubarry

Ihrer privaten Menschlichkeit war die Gottähnlichkeit der christlichen Könige, die sie sich selber gaben und geben ließen, nicht immer zum Vorteil. Es entstanden daraus Konflikte, weniger bei ihnen als bei ihren Untertanen, die sich nicht damit zurecht finden wollen, daß ihr vergottetes Idol nicht nur nicht Inbegriff aller Tugenden ist, sondern eher Träger ihrer Gegenteile. Nicht als ob die Masse des Volkes von sich aus etwas daran fand und findet, daß der König neben seiner legitimen, ihm ausgesuchten Königin eine Geliebte hat, so monogamisch versessen ist man da nicht; aber das Volk ist, haben ehrliche oder unehrliche Entrüstete ein Interesse daran, sofort geneigt, die Tatsache einer königlichen Geliebten skandalös zu finden. Und es gab immer solche Entrüstete, besonders in jenen Kreisen, die mit der von ihnen protegierten Mätresse beim Monarchen durchgefallen waren.

Die Staatsräson bestimmte dem Monarchen die Gattin, und dieselbe Staatsräson zog dabei auch schon die Geliebte als selbstverständliche Ergänzung dieser Ehe ins Kalkül. Die freie Wahl der königlichen Gattin war in der klassischen Zeit der europäischen Kabinettspolitik völlig dem Monarchen benommen. Aber auch in der Wahl seiner Geliebten war er nur insofern frei, als er die ihm dafür präsentierte Dame ablehnen konnte. Sich selber eine Geliebte suchen und finden, das hinderten Amt und Würde und Hof, dieser zumal. Dem Herrn die Geliebte zu verschaffen, ist ein Vorrecht des Höflings gewesen, dessen er sich nicht begab, denn durch die von ihm gestellte Mätresse herrschte er.

Der mehr vielliebende als vielgeliebte fünfzehnte Ludwig hatte, nicht mehr der Jüngste, nach dem Tode der Pompadour den Geschmack an den durch Haltung und Geist sich impostierenden Frauen verloren. Sie waren seinem trägen, nachgiebigen, ganz vom Sinnlichen bestimmten Wesen zu anstrengend und zu reizarm geworden. Es gab da bei der Geliebten ein Zeremoniell, fast schon so streng wie bei seiner Frau, der Königin. Man wird mit fünfzig vorbei bequemer und sieht in dem nichts als Galanten verschwendete Zeit. Es packt den alternden Mann, den die Sinnlichkeit bestimmt, eine Phrenesie des Genießenwollens, die bei bemerkter Abnahme des Genießenkönnens in Geist, Sitte und Haltung, die eine Frau diktiert, nur lästige Hemmnisse und Schranken sieht. Es werden nur mehr grobe, drastische Mittel als wirkend verspürt. Die feineren Mittel rufen keine Reagenz mehr hervor. Dieser Mann ist nah an der bettelnden Verblödung vor der Frau, die ihm von nichts sonst als vom Schoß bestimmt wird.

Die sterbende Pompadour hatte sich in die Wandlung ihres königlichen Freundes finden müssen, der ihr Herr noch, aber nicht mehr ihr Geliebter war. Mit ihrem von der Schwindsucht zerstörten Leibe konnte sie nicht mehr dienen, so wenig wie mit ihrem Geiste. Aber sie wollte den Herrn und ihre Macht nicht verlieren, so diente sie ihm mit schmerzender Gefälligkeit durch die Einrichtung jenes Hirschparkes, den sie mit jenen anonymen Mädchen bevölkerte, von denen sie wußte, daß sie ihr nicht gefährlich werden konnten. Sie wurde aus der Geliebten zur Maîtresse des plaisirs ihres Herrn. Dem dies so gefiel, daß er nach dem Tode der Pompadour das für jeden seiner Besuche erneuerte Bordell einer dauernden Geliebten vorzog. Aber damit hätte jede höfische Clique ihre Macht über den Gnaden austeilenden König verloren an den Kammerdiener Lebel, der für die Erneuerung im Hirschparke zu sorgen hatte. Der Kammerdiener konnte allenfalls ein subalterner Verbündeter sein, nicht ein Herr, bei dem man antichambriert. Als Richelieu in einer Gesellschaft, die, wie immer, nicht die beste war, vom

König sprechend, äußerte, daß es nicht mehr so weitergehen könne und man eine richtige Mätresse brauche, da war der Zufall dem Toulouser Abenteurer, Zuhälter und zweifelhaften Grafen Jean Dubarry günstiger als vor ein paar Jahren, wo ihm die Pompadour die Straßburgerin Dorothée, eines Wasserträgers Tochter, nach einigen Nächten wieder zurückschicken ließ, weil sie dem König allzu gut gefallen hatte. Der Graf Jean verstand sich darauf, aus talentierten Mädchen wahrhaft königliche Bissen zu machen, aber die Pompadour ließ dem König durch Lebel sagen, die Straßburgerin hätte eine ekelhafte Krankheit, und der erschreckte Ludwig wollte gleich nichts mehr von ihr wissen. Jean Dubarry hatte jetzt etwas auf seinem Lager, von dem er dem Herzog Richelieu versichern konnte, daß jene Straßburgerin eine lächerliche Vogelscheuche daneben sei. Die neue, die er habe, sei schon mehr wert, als daß man ihn für ihre Lieferung nur zum Gesandten in Köln mache, was der von ihm verlangte Preis für die Dorothée gewesen war.

Bei der ersten Einführung in Versailles sah nicht nur der König die Neue, sondern auch ein Graf Genlis, für den sie aber nicht mehr neu war, denn er erkannte in ihr ein Mädchen, das ihm vor Jahren sein Diener für ein Nacht zugeführt hatte. Damals war Anne Becus, Tochter eines Weibes Becus, von unbekanntem Vater, fünfzehn Jahre alt gewesen. 1743 geboren, war Anne dreiundzwanzig Jahre alt, als sie zum ersten Male in den Galerien Versailles' mit dem gierigen Näschen die Hofluft schnupperte. Als eine Gräfin Dubarry, Gattin des rasch von Jean herbeigerufenen und ebenso rasch nach der Trauung wieder in den Süden verschwundenen ausbezahlten Bruders Wilhelm Dubarry.

Mit Anne, Jeanne oder auch Jeannette, wie sie sich nannte, zog das Volk in Versailles ein. Diese andere Jeanne setzte keinem französischen Könige die Krone aufs Haupt wie die Jungfrau von Domremy. Diese Jeanne aus der Pariser Vorstadt brachte mit ihrer gutzielenden Fußspitze die Krone auf dem Haupte eines Königs ins Schwanken, so daß sie dem nächsten und letzten an der Reihe vom Haupte viel, zusamt diesem Haupte. Mit dem Einzug der Jeanne Becus in die königlichen Schlösser und Schlößchen begann der Bastillensturm. Der König vermählte sich seinem Volke, aber es war diesem keine richtige Ehe, und so kam es dann zu einer blutigen Scheidung.

Diesmal hatte der Graf Jean Dubarry auf das richtige Pferd seines exquisiten Stalles gesetzt: Jeanne war, was Kunst hier hinzutun konnte, ein Meisterstück der seinen, eine Frau für solche Karriere herzurichten. Aber hier hatte auch Natur ihr Äußerstes getan, und die erzieherische Kunst bestand wesentlich darin, die Natur natürlich erscheinen zu lassen, was, wie man weiß, nicht immer der Fall ist. Dieses silberblonde, zierlich-üppige Geschöpf mit den halb verdeckten, zerschmelzenden Augen, der nervösen Nase und dem süßesten Munde, dem das kindliche Lispeln bis ins Alter vortrefflich stand, dieses einfältig-schlaue Hirnchen, dieses gutmütige Herz, dieses gute Mädel war, so wie sie war, vollkommen. Ihre Kenntnisse, was man so nennt, waren gleich Null. Orthographisch schreiben hat sie nie gelernt. Aus Dichtern machte sie sich nur dann etwas, wenn sie Couplets verfassen und singen konnten. Maler interessierten sie nur als Handwerker für die Bemalung ihrer Dosen und Porzellane. Gelehrte und Philosophen interessierten sie gar nicht. Wie glücklich war La France, dem das alles durch die Pompadour, die »Schwätzerin«, zum Ekel geworden war in seiner zunehmenden geistigen Trägheit! Dafür nahm er die Ungezogenheiten der Dubarry lächelnd hin, wie wenn sie ihn vor allen Leuten anfuhr: »Sie sind ein Lügner, der allergrößte Lügner von der Welt!« Und das dafür, weil er einer von der Dubarry gewünschten Protektion nicht gleich willfahrt hatte, nicht aus guten Gründen, sondern aus Vergeßlichkeit. Denn er tat, was sie wollte. Nicht eigentlich, was sie wollte, sondern was ihre Partei durch sie wollte. Ihre eigenen Ansprüche waren weder vielfältig noch schwierig. Sie bekam jedes Geld, das sie verschwenden wollte. Sie verlangte, daß die Damen und Herren des Hofes sie respektieren, nicht bloß der und jene, sondern alle. Aber schon hier gehorchte sie weniger ihrem eigenen Wunsch als dem ihrer Hofclique, die an ihrer Stellung interessiert war. Die ahnungslose Person wurde Werkzeug: Jean, der rasch herbeieilende ständige Berater in schwierigen Fällen, und Chon, dessen bucklige Schwester, ihr als Jungfer beigegeben und Beraterin in verzwickteren Fragen der Etikette und Intrige, diese beiden zunächst machten es Jeannette, so gut sie es verstand, klar, daß ihre Stellung als Favoritin erst dann völlig sicher sei, wenn im Rate und der nächsten politischen Umgebung des Königs die Gegenpartei jener sei, die jetzt am Ruder. So kam es, daß die kleine Dubarry es war, die den bis dahin allmächtigen Herzog von Choiseul stürzte, und dabei mochte sie ihn gern leiden und war er ihr menschlich viel sympathischer als sein Gegner, der Klerikale. Denn so grotesk war die Situation, daß die Klerikalen die Partei waren, welche auf die Dubarry hielten, um den liberalen und atheistischen Herzog zu stürzen. Wie beim Tode des Königs die Klerikalen es waren, die alles daransetzten, daß der König nicht die heiligen Sterbesakramente bekam, und die Atheisten von einem Bischof zum anderen liefen, einen zu finden, der genug Mut hatte, dem König durch die letzte Ölung zu sagen, daß es mit ihm zu Ende ginge und damit auch mit der Dubarry und der klerikalen Herrschaft. Die Atheisten siegten: ihnen dankt es der König, daß er starb wie ein Christ, damit er auf dem Sterbebett den Abschied an die Favoritin diktierte, nur darum, nicht um sein Seelenheil bekümmert. Und daß die Dubarry nicht in die sie mitverschlingende Ungnade falle, nur deshalb, und nicht weil sie den König ungesalbt in die Hölle fahren lassen wollten, weigerten ihm die Klerikalen den Trost der christlichen Religion. In allen diesen Händeln der großen und der kleineren Politik ist die Dubarry wichtigste Figur, aber nicht nach ihrem eigenen Kopfe, sondern immer in den Händen anderer. Sie hatte keine eignen Ansichten, keine persönlichen Interessen. Sie regierte nicht, und in ihrer und durch ihre Person herrschte eine Partei. Denn sie war zu dem König nichts als ein Frau: er war ihr nicht ein König, sondern ein Mann. Das war ihre große Macht, rasch erkannt von jenen, die sich ihrer bedienen wollten und konnten gegen Dienste, der Frau erwiesen, geringe Dienste, aber ihrem in solchen Dingen schwachen Denken als höchst wichtige und bedeutende vorgestellt. Der Minister in der königlichen Antichambre oder beim Lever erreicht nichts. Die Geliebte, die mit dem verliebten Mann die Nacht und das Bett teilt, erreicht, was sie will.

Nun ist ihr König tot und sie ins Kloster verbannt, wo man lieb zu ihr ist und sie es charmant findet. Aber doch ein bißchen eingesperrt und die Gesellschaft von Mama ein bißchen lästig. Dann gönnt man ihr wieder das kostbarste Schlößchen, Luciennes bei Marly, voller schöner und lustiger Erinnerungen und, dies vor allem, voll der herrlichsten Schätze an Schmuck und Möbeln und Spitzen und Tapisserien und Porzellanen. Manches muß sie ja, die Einkünfte reichen nicht, verkaufen, und man bestiehlt sie, die immer noch verschwendet und gar nicht rechnen kann. Sie ist vierzig Jahre: schön wie mit zwanzig, aber die eingeborne Gutmütigkeit des Herzens gibt zunehmend dem Glanz dieser Schönheit eine süße Milde. Von ihren zwei Kammerzofen ist eine immer schwanger, die andere hat ein Magenleiden, und um sie beide nicht zu stören, versteckt sich diese entzückende Frau vor ihnen und nimmt eine dritte Zofe. Diener entläßt sie wütend, nicht weil sie sie bestehlen, sondern die Gaben unterschlagen, die sie täglich den Dorfbewohnern zuschicken läßt. Als junges Ding war sie, die durch hundert Männerhände ging, ein einziges Mal verliebt gewesen: es war ein armer Teufel. Nun, da sie vierzig vorbei ist, kommt die Liebe, die wirkliche Liebe mit allen ihren Torheiten des Schmerzes und der Sehnsucht, wieder in ihr Herz, und sie wird geliebt wie ein Mädchen, von einem Manne, keinem Toren, der seinen Kopf dafür unter dem Fallbeil ließ und den zu retten sie ihren eigenen in jede Gefahr brachte. Und Dienstleute verehren sie und kommen dadurch ums Leben, und ihre letzten Worte sind solche des Dankes an die gute Herrin. Der Königin Marie Antoinette, von der sie nur Schlimmes erfahren, läßt sie ins Gefängnis wissen, und bewußt, welche Gefahr das für sie bedeutet, daß sie alles, Hab und Gut, geben wolle, wenn es ihrer Befreiung nütze. Sie ist ganz ohne Rachsucht, gar keine Royalistin, nur eine Frau, die denen helfen will, die sie gekannt hat und die nun in Not geraten. Nur ein paar allzu schurkische Diener wirft sie hinaus. Und das kostete sie den Kopf.

Die entlassenen Diebe erkannten ihre Zeit: sie politisierten sich, um nicht als Räuberbande zu plündern, sondern als gut patriotische Partei und als tüchtige Schüler Rousseaus, wie sie sagten, zu konfiszieren. Die »Patrioten von Luciennes« brauchten einige Zeit, ihren Plan verwirklicht zu sehen, denn die von ihnen mit Eingaben gegen die »Royalistin Dubarry« bestürmten Behörden konnten nichts finden, das zur Gefangensetzung eine Handhabe bot. Aber endlich gelang es den unermüdlich patriotisch erregten Lucienner Rettern des Vaterlandes und Dieben, die sich hinter einem Rechtstitel sichern wollten: Jeannette wurde in die Conciergerie abgeholt und bekam denselben Raum, den die Habsburgerin vor ihrer letzten Fahrt bewohnt hatte.

Das arme, an den Haaren kurzgeschnittene Geschöpf schrie und heulte sinn- und fassungslos auf dem Karren, der sie zur Guillotine brachte. »Das Leben! Das Leben! Wenn mir das Leben geschenkt wird, geb' ich der Nation all mein Vermögen!« Ein Patriot rief ihr zu: »Du gibst mit deinem Vermögen der Nation nur, was ihr gehört.« Da drehte sich ein Kohlenträger nach dem Herrn um und gab ihm eine Ohrfeige. Der Mann aus dem Volke sah in der unglücklichen Frau nur das Weib aus dem Volke.

Die nichts als gelebt hatte, wie es sie ihre natürlichen guten Instinkte hießen, und der es den Verstand verwirrte, daß man sie um das Leben bringe, war fünfzig Jahre alt, als ihr Haupt fiel.

Marie Antoinette

Als Frau Geoffrin, die brave Bourgeoise mit dem noblen Tic, auf der Reise zu ihrem polnischen König in der Wiener Hofburg Station machte, da schob ihr die Kaiserin die zehnjährige Maria Antonia in die Arme: »Nehmen Sie sie mit! Nehmen Sie sie mit!« Fünf Jahre später, im April des Jahres 1770, nahm den durch Prokuration dem achtzehnjährigen Dauphin vermählten Backfisch der französische Geschäftsträger mit in den Glanz und das Elend ihres Schicksals. Damit war das letzte und wichtigste Feld im Spiele der politischen Sicherungen, wie es die große Mutter von zehn lebenden Kindern mit dem politisch überschätzten Einsatz dieser ihrer Kinder trieb, besetzt. Und ohne Ermüden mahnt und sorgt sich nun die Mutter, daß die im Innersten ihres Herzens vielleicht frevelhaft gefühlten Opfer sich rechtfertigen durch den guten Dienst, den ihre Töchter leisten dem Manne als unterworfene Gattin, dem Staatswohl durch kluges Verhalten, dem Volke durch gutes Beispiel eines tugendhaften, gottgefälligen Lebens.

Es muß Maria Theresia nicht leicht gewesen sein, Frau Pompadour mit »liebe Cousine« anzureden. Und schwer ringt es sich aus ihrem Herzen, verständig der Tochter zu raten, Frau Dubarry nicht zu brüskieren, wie es der von den Schwestern des Königs beratene Backfisch am liebsten täte, aus Übermut, nicht aus Selbstgefühl. Vielleicht hat es die Kaiserin als die ihr von Gott zugewiesene Aufgabe betrachtet, die Tradition der bourbonischen Könige, Nebenfrauen zu haben, zu brechen. Die Briefe an die Tochter, die ihr Gott als das Mittel gab, diese Aufgabe zu lösen, sind immer wiederkehrende Mahnung, sich dem Manne unentbehrlich zu

machen, indem man dem König nicht dreinredet. Nichts zu sein als Gattin und Mutter von möglichst vielen Kindern, rät die Mama in Wien, etwas altmodisch, wie die Kinder finden, zumal Marie Antoinette, die unbesorgt in den Tag hineinzuleben scheint, für kleinen Klatsch mehr übrig hat als für die immer wieder erinnerte ernste Lektüre, es lächerlich findet, daß Mama ein Aufhebens macht von einem Armband, das zweihunderttausend Livres gekostet hat, oder vom Reiten im Herrensitz oder von einer sechsunddreißig Zoll hohen Frisur. Die sorgende Mutter wird auf wienerisch, das den französischen Text unterbricht, grantig genannt.

»Ihre Schönheit«, schreibt ihr da die Kaiserin, »ist tatsächlich nicht so bemerkenswert. Ihre Talente und Kenntnisse – Sie wissen recht gut, daß das alles nicht existiert.« Was sie besitze, ist Charme, Lebhaftigkeit, Witz, Herzensgüte. Das sei alles ganz gut, aber damit allein komme man nicht durch ihr Leben. Sie möge sich doch auch mit ernsten Dingen beschäftigen. Aber sie sei faul und neugierig und affektiert. »Glauben Sie mir, der Franzose wird sie höher schätzen und Sie mehr in Betracht ziehen, wenn er in Ihnen Solidität und Aufrichtigkeit findet. Schämen Sie sich dessen nicht bis zur Linkischheit, eine Deutsche zu sein.«

Die Kaiserin fürchtete für das Frauenschicksal ihrer Tochter: wie üblich von einer Mätresse verdrängt zu werden in das stille Martyrium eines Lebens zwischen Kloster und Gruft. Das zu vermeiden, hatte man sie erzogen zu Anmut, Güte und auch zur Leichtigkeit, denn leichten Sinn verlangte eine in den Eleganzen verlorne Nation von der Frau, wenn sie deren Tugenden hinnehmen sollte. Wendete sich aber das Schicksal der Gattin gegen ihre Tochter, dann war auch der politische Wert des französischen Bundesgenossen für Österreich verloren und das Opfer vergeblich gewesen. So sind die Briefe der Kaiserin an Marie Antoinette ein Traktat über die Pflichten einer Königin von einem sublimen Machiavellismus, dem der Reinheit, und das Kind war eine bessere Schülerin als die Lehrerin glaubte. Sie verstand es, ihre Jugend und ihre Naivität bewußt in ihren Plan zu stellen, wenn sie älteste Obersthofmeisterinnen durch ihre Unbekümmertheit um das Zeremoniell zur Verzweiflung brachte, in Bauernkleid und Schürze durch Säle und Terrassen lief, den Erstbesten um den Arm bat. Die Achtzehnjährige hatte begriffen, daß sie, um die sieghafte Mätresse so zu bleiben, wie sie legitime Gattin und Königin war, zunächst die Etikette brechen und das Vergnügen vermenschlichen mußte. Sie bediente sich der Waffen ihrer Gegner, die den ermüdeten Sultanen den Gürtel lockerer gemacht hatten. Sie versuchte es, die Tugend so liebenswürdig zu machen wie das Laster, gefeit vor diesem durch ihre Unschuld. Sie gewann als Frau. Sie verlor als Königin, was mit solchem Mittel nicht mehr zu gewinnen war: Krone, Reich und Leben.

Sie hatte alle Welt gegen sich. Die Puritaner der Etikette zunächst. Ja sogar die Royalisten: das erste Pamphlet gegen die Österreicherin hat Champcenetz geschrieben. Aber vor allem alle Dubarrys des Hofes und der Stadt, die Rasse der Mätressen und ihrer Vermittler und alles, was von einer Mätresse lebte. Das sah die Gefahr, daß hier die Herrschaft *einer* bleiben sollte, die sie nicht usurpierte, und erhob sich erschreckt, verzweifelt und einer Wut verbunden, voll Grausamkeit und Perfidie, wie sie nur Frauen erfinden, die das Zepter verlieren. Und im Schrei der Tricoteusen, die den Kopf der Königin verlangten, wirkt diese Feindschaft noch sinnlos weiter, auf Trägerinnen dieses Hasses vererbt, die nicht wußten, warum sie haßten.

Madame du Deffand

Daß der Spruch: Gelangweilte Menschen sind langweilig, nur in der Region wahr ist, wo solch Sätze im Ansehen von Wahrheiten stehen, und gleichgültig dort, wo derlei nicht für einen Gedanken gilt, das zeigt auch Madame du Deffand, nicht nur die bedeutendste Frau eines Jahrhunderts, das sie mit ihrem achtzigjährigen Leben fast erfüllte, sondern der bedeutendste Ausdruck, den das Menschliche im Ancien Regime gefunden hat. Das Denken dieser Zeit steht in den Büchern der Philosophen; die Dichtung dieser Zeit steht nirgends, denn sie war nicht vorhanden; das Menschliche aber ist in den Briefen dieser vier, des Fürsten Ligne, des Abbé Galiani, Horace Walpoles und der du Deffand, und in den Briefen dieser gelangweilten großen Dame am ergreifendsten. Anderer Frauen dieser Zeit Briefe, wie die der L'Espinasse oder der d'Epinay oder der Herzogin von Choiseul sind Literatur ihrer Zeit, an deren Begrenzung sie nicht kommen und die sie nur mit füllen helfen; sind bei aller Echtheit doch Roman, bei allem Gefühl doch sehr empfindsam, bei allem Witz doch sehr le bel air, Ton der Welt, verflachend Talent, Seele und Denken. Die du Deffand konnte diesen Ton nicht ertragen und haßte ihn, aber sie hatte nichts, das sie ihm entgegenstellen, das sie ihm vorziehen konnte; denn die Einsamkeit hätte sie nicht vertragen. Sie brauchte Konversation und Briefe, diese fixierte Konversation.

Über ihren Gatten, den sie zeitgemäß ohne irgend persönliche Teilnahme heiratete, war sich die sehr schöne Frau sofort klar gewesen. Er degoutierte sie, und bald erfolgte die Trennung. Für kurze Zeit war sie die Geliebte des Regenten gewesen und einiger

anderer noch. In der Jugend füllte sie die Leere ihrer Langweile mit Liebhabern wie im Alter mit Freunden, denn kaum wohl etwas anders als ein respektabler Freund war ihr der eitle Präsident Henault, mit dem sie zusammen und den sie zwanzig Jahre überlebte. Mit achtundsechzig Jahren erblindete sie, aber sah, la clairvoyante aveugle, alles nur mit noch viel schärferen Augen als früher. Sie sah, Wahrheit und unverstellte Wirklichkeit mit Leidenschaft suchend, dieser Welt, die sie lebte, auf den Grund. Und daß sie den Grund zu deutlich sah, das ist ihre Langweile, diese passionierte Langweile. »Ist es nicht unerträglich, niemals die Wahrheit zu hören?« frägt sie und fand immer die Wahrheit, diese triste Wahrheit einer auf das Menschliche ganz beschränkten, einer auf das Menschliche verkümmerten Welt, die das Göttliche ausgeschlossen zu haben als ihren schönsten Titel ansah und bald die Vernunft zur öffentlichen Göttin erklären sollte.

Die Langweile ist, scheint es, eine Krankheit, nicht hohen Alters, der Glücklichen oder jener, die man dafür ansieht, die aber das Eigentümliche hat, dieses Glück in sein Gegenteil zu wenden, aus den Glücklichen arme Geschöpfe zu machen. Die Marquise sah aus einer, ach so beneideten Position die Menschen und Dinge dieser entgotteten Welt und erkannte sie für gewöhnlich, niedrig, dumm, gemein, ohne sich selber dabei zu schonen, denn sie hatte auch keinen Glauben an sich, sprach sich jedes Gefühl, jede Leidenschaft ab. »Möge«, schreibt sie einer Freundin, »Ihnen eine Erfahrung erspart bleiben: la privation du sentiment, avec la douleur de ne s'en pouvoir passer.« Sie ist ohnmächtig zum Gefühl, vermeint sich so, und voll Sehnsucht danach, und wieder nicht ganz sicher, ob die Mühe lohnt, es so zu begehren. Ja, nicht ganz sicher, ob überhaupt irgend etwas der Mühe wert ist. Sie ist indifferent, aber es ist für sie das keine Erleichterung, sondern ein Ekel. Sie mag das Leben nicht, aber findet, was davon heilt, noch widerlicher als die Krankheit selber. So fürchtet sie den Tod. Sie sucht wissend die Zerstreuung und den Verlust, aber sie ist immer bei sich und nie verloren. Ihr großer Geist hat nicht die Stärke zum Talent, nur dazu, seine Grenzen zu betasten. Sie zehrt sich auf in der Aktivität eines Lebens von »herkulischer Schwäche« wie ihr Freund Walpole sagt, der ihr zu dem späten Roman ihres Lebens verhalf, aber ihr zur Befreiung von der Langweile nicht mehr helfen konnte.

Die Marquise war siebzig Jahre alt, als sie den noch nicht fünfzigjährigen Horace Walpole kennen lernte. Eine debaucheé d'esprit, eine alte Blinde ist sie ihm zuerst; ein paar Monate später nennt er sie charmante. Und schließlich ist sie eine Freundin, die Walpole brutal anfährt, wenn sie verliebte Briefe schreibt. Er wußte, daß der König sich die aufgefangene Post zum Frühstück vorlesen ließ und er wollte durch eine Liaison mit einer Greisin nicht lächerlich werden.

Dieser Walpole war ein Amateur und ein Dilettant. Bei großer geistiger Regsamkeit gab er ihr kein Ziel, weil er an keines glaubte. Seine Langweile aber hat vor der tragischen der du Deffand den Vorteil, daß er zu vergessen versteht. Er glaubt an nichts, aber er nimmt lustig alles auf, was es ist. Er baut, er pflanzt, er sammelt, er schreibt, er druckt, affektiert den grand seigneur, indem er verachtet, was und daß er schreibt. Er hat Witz, eine pikante Phantasie und Menschenkenntnis. Seine Sorge gehört seinen Goldfischen, Stichen, Katzen, Bildern und Hunden. Er widerspricht sich, ist gesucht, kapriziös, paradox. Er möchte für einen bestimmten und entschlossenen Menschen gelten, ist aber nur eigensinnig. Seine Ängstlichkeit verbirgt er hinter Verachtung. Seine Feigheit läßt ihn lächerlich zu werden am meisten fürchten. Ihn zeichnete wie Ligne, Galiani und die Marquise aus, daß er so ganz in seiner Zeit ist, daß er über ihr steht. Er denkt wie die andern drei, die ich nannte, sein Denken bis an die Grenzen dieser in den Verstand so verliebten Zeit, die so ganz Kopf war, daß man ihn wohl später im Glauben abschlug, er könne für sich allein leben und der Rest sei wertlos. Diese vier waren Leidenschaftliche in einer Welt, der als Höchstes die Dezenz galt. Ihre Leidenschaft zu leben gab der enge Käfig dieses Ancien regîme keinen Raum, so schlug sie ganz in das Geistige um und verzehrte sich im Unfruchtbaren. Zum Talent brachte es keiner. Nur zur Einsicht über die Zeit. Galiani wurde melancholisch, der Fürst von Ligne verbarg sich hinter der Ironie, Walpole hatte den Spleen, die Marquise die Langweile.

Es ist unsäglich traurig zu sehen, wie diese blinde Greisin, die ihre schwere Einsicht so leicht und graziös trägt, in Liebe zu Walpole gerät und wie der sich das grob verbietet und sie ihm versichert, sie würde es unterdrücken. Er nennt sie verrückt, der Bruch scheint unvermeidlich, aber die Marquise trägt in Geduld alle diese, ja doch so erklärlichen Grobheiten. Er will auch von Freundschaft nichts wissen, und sie antwortet: »Also gut, seien wir Freunde, aber ohne Freundschaft. Das ist was Neues, aber im Grunde nicht unverständlicher als die Dreieinigkeit.«

Als der Achtzigjährigen der Sekretär den letzten Brief vorlesen wollte, den sie an Walpole diktiert hatte, versagte ihm die Stimme, und die Marquise fragte erstaunt betroffen: »Vous m'aimez donc?« Die räsonnable Kopfgesellschaft, die sie nur kannte, da keine andere war, hatte sie an sich selber so irre gemacht, daß sie nicht an ihr Gefühl und ihre Leidenschaft glauben konnte, und nicht daran, daß sie in andern Leidenschaft erwecken könnte. »Ja, ja«, sagte sie zu ihrer Freundin, der Herzogin von Choiseul, »Sie wissen, daß Sie mich lieben, aber Sie fühlen es nicht.«

Ist Liebe in einer Siebzigjährigen? In einem Brief bedauert die Marquise, daß Walpole nicht ihr Sohn sei. Aber die mütterliche Liebe drückt sich nicht sentimental aus. Siebenzig Jahre gelang es dieser Frau, gegen ihre Natur zu sein. Aber da brach es hervor, was Glaube und Passion in dem Herzen dieser Frau war, durch deren tragische Langweile der Witz noch stärker leuchtete, wie Diamanten aus schwarzem Crêpe ein lebhafteres Feuer schicken, brach es hervor zu diesem Mann hin, der sie, wenn auch nicht liebte, so doch nicht enttäuschte wie sonst die Welt, zu der sie sterbend – und die Welt lag ihr zu Füßen – dieses letzte verachtende Wort sagte: »Raca!«

Mrs. Cook

Vor einem Häuschen in Gateshead, der armen Vorstadt von New-Castle, steht Mistreß Cook, die glatte Stirn beschattet von dem weißen Häubchen, und schaut über den kleinen, so sauber geputzten Vorgarten weg die Straße hinunter, in die tiefe Sonne hinein. Sie zählt wieder einen vergangenen Tag zu. Und zählt die Wochen, die Monate, die Jahreszeiten von dem 30. Juli vergangenen Jahres ab, da er auf dem Endeavur sich zu Oxford einschiffte und die Themse hinab ins Meer fuhr. Nach drei Jahren erst kam James Cook zurück; braun und mager sah er aus wie ein anderer Mensch; mit Augen so voller Fremdem, daß Mistreß Cook sich darin nicht wiedersah. Aber er wußte noch genau, in welcher Ecke seine Pfeife stand und wo der Astrolab hingehörte. Er freute sich über die Stiefmütterchen im Garten und hatte die Palmen gesehen. Die Worte kamen karg: »Erinnerst du dich noch, Elisabeth, an Hicks, meinen ersten Leutnant? Ja, der ist gestorben.« »Drei Jahre, drei Jahre«, sagte die Frau, und: »die Zeit!« Zu Weihnachten kam der alte Vater Jack Cook herüber, und des Abends unter der Lampe wurde ein Erzählen. Von den Ländern und Inseln mit den sonderbaren Namen, von dem seltsamen Getier und den fremden Frauen, und was er gegessen hatte: Brotfrüchte und Bananen und neuseeländischen Pfeffer – »der ist besser als der Whisky da.« Der alte Jack Cook wurde lustig, James Cook träumte und in Mistreß Cook stieg eine Angst auf, daß sie schwankte. – – – Und eines Tages sagte James Cook – ach, sie wußte, was kommen mußte, als sie ihn so feierlich sah und weinte schon, bevor er ein Wort gesagt hatte –: »Der König befiehlt, und man wird nutzlos alt im Rasten ...« Es war Mai, da er auf der Resolution Befehl gab, die Anker zu lichten. Der Kanonenschuß fuhr in die Luft. Sir Hugh Palliser hielt Mistreß Cook am Arm fest, daß sie nicht hinsank.

Nun sitzt Mistreß Cook am Fenster in dem kleinen Hause von Gateshead und häkelt in ein endloses Zeug die Tage hinein, die sie zählt, und die Wochen und die Monate. Ganz voll ist das Zimmer von dem fremden Getier und den wilden Blüten und den Frauen, die sich ins Meer werfen und dem großen Schiff entgegenschwimmen ... Es ist lange her, daß er zum ersten Male sagte: »Elisabeth« – und gleich darauf ging er in den Krieg. Und dann nach den fremden Ländern. Und dann wieder ... Da knarrt die Gartentür. Er! Er! Sie kann ihm nicht entgegen, hält sich am Stuhl. Er kommt den schmalen Kiesweg und hinter ihm bringen Leute Papageien und Affen. Sein Gesicht sei noch dunkler und fremder geworden und sie spürt den Seegeruch, wie sie ihm an die Brust fällt: »Ich habe so lang gewartet ...« – Der König schickte dem Kapitän das Kreuz. Und des Abends war der alte Jack Cook von Redcar herübergekommen und die Schwestern sind da, die Brüder und alle Kinder Cooks. Und er erzählt stolz und lieb und gibt Antwort allen Fragern, den kleinen und den alten. Mistreß Cook ist hilflos vor Glück. Er erzählt von den Freundschaftsinseln, von den Neuhebriden, vom Feuerland, und erzählt rechte Räubergeschichten von Völkern, die den Honig mit samt den Bienen essen, von den Palmbäumen, die Milch geben wie Vetters Ziegen, und wie sie auf Juan Fernandez Schafe gefunden haben, mit Robinson Eisen gebrannt ... Mistreß Cook denkt an den kleinen armseligen Vorgarten. – Die Tage vergehen. James Cook wird schweigsamer. Er führt des Sonntags seine Kinder zur Kirche, besucht Freunde in London und sitzt mit der frohen Elisabeth unter dem Kirschbaum. Keiner merkte, wie viel diese lächelnde Frau geweint hat.

Eines Tages zeigt sie ihm rosafarbene Blüten in einem Beet, dem größten des Gartens.

– »Ich hab dir Tabak gepflanzt …«

– »Der hier bei uns taugt nichts. Ja, der da unten …!« Er sagte das ganz einfach, aber seine Augen glühten. Und in die Augen der alten Elisabeth schoß das Wasser aus dem Herzen. – Drei Monate später verließen die Schiffe Resolution und Decouverte unter dem Befehl der Kapitäne Cook und Clerke Spitehead und fuhren nach dem Süden. – –

Mistreß Cook sitzt im Armstuhl am Fenster, an das der Südwind rührt. »An einem solchen Tag kam er einmal zurück …« Draußen im Garten sagt die irische Magd: »Jetzt kommt bald Master Cook die Kirschen versuchen.« Mistreß Cook hat die müden Hände im Schoß; sie halten noch das Strickzeug, aber sie rühren sich selten mehr. Da läuft die Magd an die Gartentür.

»So kam er zurück vor drei Jahren«, fühlt Mistreß Cook; sie möchte aufstehen, ihm entgegengehen und kann nicht, als ob sie was auf dem Stuhl festhielte, daß sie nicht hinfalle. Denn sie ist auf einmal ganz bleich geworden, da sie den Leutnant King im Zimmer vor sich sah, den Dreispitz an die Brust gedrückt. Und bevor er ein Wort sprach, wußte sie alles. Und fragte doch: »Wo ist er?«

_ »Es war an der Küste von Owhyhée im Stillen Ozean …«, sagte der Leutnant und konnte nicht weitersprechen.

Lady Hamilton

Soweit es Frauen betrifft, sind Klugheit, Gesundheit, Sinnlichkeit und Schönheit unzertrennliche Begriffe – die Wahrheit dieses Wedekindschen Satzes bestätigen auch Ausnahmen. Die maskenhafte Schönheit der Lady Hamilton haben Romney und Gainsborough gemalt und Goethe hat sie beschrieben und die Zeit ihres Triumphzuges durch den Kontinent hat viele schwärmende Zeugen. Ihre Sinnlichkeit möchten alle Umstände ihres Lebens nicht bezweifeln lassen; aber diese Sinnlichkeit bleibt im Primitiven und steigert das Ganze des Lebens nicht. Und Klugheit war gar nicht in ihrem Leben, wenn auch Klugheiten genug. Dieses Leben der Hamilton ist wie ein Roman, in dem sie nicht die Heldin ist. Sie war eine jener Frauen, die wie die Edelsteine nur strahlen, wenn Licht auf sie fällt. Sie kam aus dem Dunkel, leuchtete eine Weile, da die Sonne der guten Zufälle hochstand, und verschwand wieder in eine trübe Nacht. Diese Frau, die einen scheuen Helden zum verliebten Narren machte, besaß nicht das Genie ihrer Schönheit, kaum deren Talent, sondern nur eine kaum geschickte kleine Witzigkeit, mit der sie die Zufälle zu nützen suchte, von denen ihr Leben die Bestimmung erfuhr. Wie sie bis an ihr Ende nicht orthographisch schreiben lernte, so erkannte sie auch dieses Allerwichtigste nicht: das Gesetz ihres Handelns aus der Schönheit ihres Körpers abzuleiten. Das Gebot der Schönheit heißt: du sollst keine andern Götter neben mir haben. Die Lady Hamilton führte ein abenteuerliches Leben, aber der elementare Satz des Abenteuers: die Welt ist für mich da, blieb ihr immer fremd. Sie gab ihre Schönheit aus, als ob sie nichts wäre und ließ nichts zu deuten. Sie konnte es nicht zu einer Steigerung bringen und war, wie sie die andern haben wollten. Die plastischen Posen und Mimen nach Skulpturen und Bildern, die sie bewundert in ihren Salons vorführte und die Goethe beschreibt, waren ihre armselige Natur, mit der sie sich zufrieden gab. Sie mimte eine Kleopatra und eine Agrippina, aber zu einer Lady Hamilton konnte sie es nicht bringen. Denn außer ihrer unfruchtbaren Schönheit besaß sie nichts, nicht einmal ihre Geliebten: keiner von all denen war eifersüchtig auf sie. Und dieses vielleicht, weil ihre Schönheit so über alles war, daß keiner, der sie liebte an ihr zum Dichter wurde. Denn dieses ist doch, wenn etwas, die Eifersucht, daß ich nicht will, ein anderer soll das Bild haben, das mein Werk ist, das ich mir von der Geliebten erdichtet habe. »Du machst dir nichts mehr aus mir«, klagt die Frau ihrem Geliebten, der es nicht mehr ist, da er aufhört, sich aus ihr »etwas zu machen«. Die Lady Hamilton war so schön, daß für den Traum nichts blieb, und ihre gleichzeitigen Liebesverhältnisse waren alle legitime Verhältnisse.

Emma Harte kam als ein Kindermädchen von Preston nach London, und es dauerte nicht lange, da hatte die Siebenzehnjährige ein Kind von einem Mann, der nicht einmal ihr Geliebter war. Den fand sie dann in einem andern, einem dritten, einem vierten, bis sie an Sir Greville kam, einen jungen Herrn von besserer Artung als der der kleinen Landedelleute, die in London ihr Erbe verschlemmten, und der trinkfrohen Seekapitäne, die seine Vorgänger waren. Sir Greville war ein Sammler von Münzen, Bildern und Raritäten aller Art; auch Emma liebte er mehr als Sammler denn als Verliebter, ließ sie in Tanzen und Singen unterrichten, zahlte für den Unterhalt ihrer Kinder, so lange sie lebten, und hätte diese Kostbarkeit gern dauernd in seiner Sammlung behalten, wären nicht seine Mittel beschränkt und Emma weniger verschwenderisch gewesen. Greville mußte sich um eine reiche Heirat kümmern und trat Emma, die ihm dabei nicht förderlich schien, an einen andern Sammler ab, der sich den Luxus dieses Stückes leisten konnte und außerdem sein Onkel war, den er einmal beerben sollte; welcher Umstand es ihm richtiger erscheinen ließ, seinen verwitweten Onkel mit einer Mätresse zu versehen, als ihn wieder heiraten zu lassen. Der reichere Sammler und Onkel war der Ritter Hamilton, Gesandter Englands am neapolitanischen Hof, wo er, trotz seiner fünfundfünfzig Jahre der beste Tänzer immer noch war, sehr beliebt bei Karoline, deren antifranzösische Politik er mit allen Ränken und Witzen der damaligen Diplomatie unterstützte, und nicht weniger beliebt beim eß- und jagdfrohen Ferdinand wegen seines vorzüglichen Magens und steter Bereitschaft zum fröhlichen Jagen auf Eulen, Knaben und allerlei Wildpret. Dabei ein Mann von Geist und Geschmack, als welchen ihn Casanova schätzte, und weiten Herzens genug, seiner geliebten Liebschaft mit der Königin zu ertragen, ja mehr als dies: Emma zu heiraten. William Beckford, dem niemand eine Spur von cant vorwerfen kann, lebte eine Zeit am neapolitanischen Hof und nennt ihn a hell of corruption. Ja, es war Andréa de Nerciat der Bibliothekar der Königin, die bei allem üppigen Blute intelligenter war als ihre Schwester Antoinette in Paris, die schon über einem Halsband den Kopf verlor. Karoline nahm ihre Revolution schon in eine festere Hand: man kennt aus der Geschichte, wie Bürger und Adel aus Neapel die Revolution machten, die königstreuen Lazzaroni sich von den Franzosen schlachten ließen und wie es mit der parthenopäischen Republik zu Ende ging. Der Name der Lady Hamilton ist in allen diesen Geschichten: Ihrer Schönheit danken Caraccioli und die andern republikanischen Männer und Frauen ihr Martyrium um die Freiheit, und der Lady Schönheit verdankte es der flüchtige Hof, daß er aus Palermo wieder nach Neapel auf den Thron konnte, über dem schon die Guillotine gestanden hatte. Für alle diese kleinen Geschäfte hatte die Hamilton einen Helden gewonnen, der sein Genie und alles dafür aufgab, sie zu besorgen.

Als Nelson nach der Schlacht auf dem Nil in den jubelnden Hafen von Neapel einlief, ein einäugiger, einarmiger, verwundeter Held, da kam die Lady Hamilton mit »ihrer Königin«, wie sie Karoline nannte, auf das Admiralschiff und ohnmachtete Nelson an die Brust – »Ist es möglich!« rief sie.

Man sagt, Nelson ging zur See, weil er zu schwach war, sich auf dem Lande fortzubewegen. Und bekam auf dem Wasser immer die Seekrankheit und Nervenkrämpfe bei jedem Kanonenschuß seines Schiffes. Dieser schwache Körper lebte nur durch den mächtigen Willen. In jungen Jahren heiratete er eine bescheidene gütige Frau und lebte mit ihr glücklich wie ein Landpfarrer, bis ihm das Abenteuer in den Weg kam und der Kampferhitzte sich ganz darin verlor, Ruhm und Pflicht, Frau und Reputation vergaß, in den sizilischen Gewässern den Interessen der Karoline diente, weil es die Lady Hamilton so wollte. Er ließ die verratenen Republikaner Männer und Frauen, auf Galgen und Rahen knüpfen, auf Wunsch der Damen, und ruderte die neugierigen Frauen um das Schiff herum, an dessen Bugspriet der Prinz Caraccioli hing, ruderte sie um das Schiff, damit sie den Gehängten »von allen Seiten sehen können«.

Das Interesse an Nelson ist stärker als an Hamilton, seine Art ist rätselvoller. He was her dupe, she could make him believe any thing – that the profligate queen was a Madonna, meint Beckford, aber womit Nelson alles glaubte, sagt er nicht. She affected sensibility, but felt none – was artfull, a devil in temper when set on edge, sagt Beckford von der Hamilton. Die »Sensibilité« war ein Modegefühl der Zeit oder vielmehr ein Modewort, das einen weiteren Begriff faßte als den der Empfindung oder des Gefühls. Beckford bestimmt ihn für die Hamilton deutlicher, indem er noch sagt, sie war gekünstelt, unecht. Sie scheint keine individuelle eigentümliche Bindung gefunden zu haben zwischen der kühlen englischen Dezenz ihrer Haltung und ihren etwas wilden Lüsten.

Man erzählte sich, wie sie den gefangenen Republikanern in die Forts Obst zur Erfrischung brachte, das sie vorher vergiftet hatte. Und mehr dieser Art, das man vielleicht erfunden hat, aber doch für sie erfinden konnte.

Um Nelson ist man versucht, die Lady Hamilton höher zu werten, und möchte glauben, daß ihr nicht nur die kleinen Seelen des Fleisches eigen waren, sondern was man eine starke Seele und den Willen nennt, mit dem sie den Helden zu dieser Liebe zwang, für die er alles vergaß. Aber was man von Nelson sieht, ist schüchterne Schwäche immer, wo es nicht Schlachten auf dem Meere gab. Vielleicht suchte er Erholung von den wilden Aufregungen seiner Siege in einer noch wilderen der Sinne. Es gibt Briefe von ihm an sie, in denen er sinnlich rast. Wenn überhaupt, dann hätte Lady Hamilton in diesem Verhältnis mit Nelson die Größe zeigen müssen; aber man findet nur die gewöhnlichen Klugheiten einer Frau, die anfängt, an ihre nächste Zukunft zu denken. Ritter Hamilton ist im Sterben und sie plagt ihn, ihr eine Pension zu erwirken. Und sie schafft ein Kind herbei, das sie Nelson als seiner Liebe Kind einredet, was er ehrlich und glücklich glaubt. Man sieht, sie war wenig um ihre Mittel besorgt und wählte sie wie die nächste beste. Es ist nicht zu wundern, daß sie die Fäden nicht halten konnte, mit denen sie immer ihr Schicksal an das anderer knüpfte, statt das Schicksal anderer an das ihre. Hamilton stirbt, und nicht viel später läßt Nelson bei Abukir das Leben. Und Emma Hamilton war fett und unförmlich geworden, dem Trunk und lächerlicher Gesellschaft ergeben. Sie gerät in Schulden, die sie ins Gefängnis bringen. Umsonst erinnert sie Karoline an ihre Dienste für Neapel, umsonst den König George an ihre Verdienste um England. In allen diesen Eingaben und Briefen spricht sie nur von ihren diplomatischen Kunststücken, kleinlich, lügenhaft und ohne Würde und Stolz. Sie erinnert Karoline nicht an ihre milesischen Nächte und England nicht daran, daß sie Nelsons Geliebte war. Sie konnte dafür keinen Schein vorweisen, denn ihre kühle, unbelebte Schönheit war wie ein Traum vergangen, an den sich keiner erinnern konnte, so wenig wie sie allen ihren Geliebten ein Erlebnis gewesen. So starb diese Frau, vor ihren Gläubigern auf der Flucht, arm und verlassen in Calais. Ein irischer Unteroffizier auf Halbsold las über dem Grab der katholisch Gewordenen die Gebete, und als Sargtuch hatte man in der Eile und weil das rechte nicht da war, einen schwarzen Seidenunterrock der Toten genommen.

Nicht um das Auf und Ab ihres Abenteuers ist diese Geschichte erzählt und hätte sie mit dieser Absicht wohl buntere Farben bekommen, aber an moralischer Deutlichkeit verloren, und auf diese war es abgesehen. Gewiß: es ist stärkeren Persönlichkeiten nicht gelungen, ihr Leben, das alles Bestimmende vor der Revolution bekommen hatte, in den Änderungen nach der Revolution so zu Ende zu führen, wie es die frühere Zeit angelegt hatte. Die Guillotine meinte es oft nicht gnädig mit jenen, die sie verschonte, und beschloß oft im rechten Augenblick ein Heldenleben und bewahrte es davor, daß es sich selber parodierte. Aber diese historische Einsicht nimmt von der Lady Hamilton nur ein kleines Teil ihrer Schuld. Es gibt keine andere Frauenklugheit als die der Liebesschönheit, von der die Hamilton den schlechtesten Gebrauch machte, indem sie sie zu kühlen Vorstellungen einer abstrakten Sache erniedrigte; sie wußte mit ihrer Schönheit nichts anderes anzufangen, als sie zu mimen. Das Leben beherrschte sie nicht damit, und so wurde sie das Opfer seiner guten und schlimmen Zufälle.

Angelika Kaufmann

Angelika Kaufmann, das vorarlbergische Wunderkind, fand den Frieden ihrer Seele, wenn auch nicht die Ruhe ihres Herzens in Ruinen, denen Roms und denen des alten Malers Zucchi, der seinerseits am liebsten Ruinen malte. Goethe war ihr ständiger Sonntagsgast während seines römischen Aufenthaltes und sie führte ihn, eine pädagogische Sybille, durch die römischen Kunstwerke, was, wie Goethe bemerkt, ein Vergnügen war, denn sie besaß ein geübtes Auge und verstand sich vortrefflich aufs Metier: Mit alldem war sie empfänglich für das Wahre, Gute, Schöne und von höchster Bescheidenheit. »Sie ist aber«, schreibt er nach Hause, »nicht glücklich, wie sie es zu sein verdiente bei dem wirklich großen Talent und bei dem Vermögen, das sich täglich mehrt. Sie ist müde, auf den Kauf zu malen, und doch findet ihr alter Gatte es gar zu schön, daß so schweres Geld für oft leichte Arbeit einkommt.« Als Goethe den deutschen Römern die Iphigenie der ersten Fassung vorlas, fehlte Madame Angelika nicht und auch ihr alter Gatte war da, und der allein wußte, warum ihr die Tränen flossen bei Iphigeniens Worten: »Dies ist's, warum mein blutend Herz nicht heilt. In erster Jugend, da sich kaum die Seele … So tiefe Narben bleiben von jenem alten Schaden in der Brust, daß weder Freud noch Hoffnung darin gedeihen kann.« Der Ruinenmaler war ein alter Mann voll Einsicht und Verstand für Stürme, die er selbst längst nicht mehr erlebte, und der Schmerz, der melancholische, stand einer Frau, die so gut verdiente, auch wenn seine Ursache so weit zurücklag.

Angelika Kaufmann, in Chur geboren, aber aus Bregenz am

Bodensee, war ein Wunderkind. Was ihr Vater, der ein Maler war, alsbald erkannte und Angelika einfach für den Ruhm erzog. Sie sang, und Freunde rieten zum Theater. Schwankend zwischen der Leier und dem Pinsel, der Musik und der Malerei, so hat sie sich selber in einer Allegorie gemalt und damit für den Pinsel entschieden. Dazu war sie ein schönes Mädchen nach dem Kanon Winckelmanns, groß, blond und blauäugig, – wie aus der Mythologie des Ritters Rafael Mengs entsprungen. So hat sie in London Reynolds gemalt, der sich in sie verliebte. Sie nicht in ihn. So sehr sie der Kunst ergeben war, blieb sie ein weibliches Wesen und brachte ihr nicht das Herz zum Opfer. Sie wartete, bis er sprach.

Sie war darüber immerhin siebenundzwanzig Jahre alt geworden, aber nur um so stürmischer brach aus ihr die Liebe hervor zu dem jungen über alle Maße schönen und eleganten Schweden Friedrich Grafen von Horn, unter dessen Blick ihr wie der Firnschnee reines alpines Herz hinschwand. Vielbeneidet heiratete sie den entzückenden Kavalier einer entzückten Gesellschaft, der sich aber schon ein paar Tage nach der Hochzeit als ein abgefeimter Schwindler und Hochstapler herausstellte und benahm. Er war weder ein Graf noch hieß er Horn. Er hieß auch nicht Friedrich. Und die Historiker haben festgestellt, daß er nicht einmal ein Schwede war. Sondern nur ein ehemaliger Lakai des Grafen und Spitzbube. Angelika dachte zunächst an den Tod. Dann aber daran, den Gatten mit 300 Pfund davonzujagen und London zu verlassen. Sie hätte ihn aber nicht davonjagen sollen, denn bis zur letzten Stunde ihres Lebens war es ihr großer Schmerz, diesen entzückenden jungen Mann verloren und es nicht vorgezogen zu haben, mit ihm zu leben und zu lieben, auch wenn er kein Schwede und kein Graf, sondern nur ein Lakai und ein Schelm war. Darüber konnte sie auch der Ruinenmaler Zucchi nicht trösten, der harmloseste ihrer vielen Verehrer und der älteste, von dem sie in ihren schwärmerischen Nachgedanken nicht gestört zu werden sicher war. Der gute alte Maler war der letzte, der imstande gewesen wäre, ihr den süß schmerzenden Pfeil aus dem Busen zu ziehen. Auch die viele Malerei, die sie nun trieb, konnte sie nicht darüber trösten, daß es vielleicht besser gewesen wäre, den schönen Lakaien bis ans Lebensende zu behalten, statt nun mit dem Herrn Dr. Goethe aus Weimar im Palazzo Barberini einen Lionardo erklärend zu bewundern, der, wie sich viel später herausstellte, so wenig ein Lionardo war wie jener junge reizende Bursch ein Graf.

Das vestalische Genre, in dem Madame Angelika malte, ihr verhimmelnder, auf große Gefühligkeit gestellter Stil findet heute keinerlei Beifall mehr. Aber auch ihre Zeitgenossen waren in der Anerkennung etwas zurückhaltend, schrieben etwa: »Angelika befand sich zuweilen in dem Fall, wegen ihrer Zeichnung kritisiert zu werden. Sie vermied es, Figuren in der Verkürzung zu zeigen. War sie dazu gezwungen, tat sie es mit Intelligenz.«

Sie starb, lange nach ihrem Gatten, in ziemlichem Elend, das sie aber mit heiterer Würde ertrug. An ihrem Tode nahm ganz Europa Anteil, soweit sie es porträtiert hatte. Und hinter ihrem Sarge trug man wie bei Raffaels Leiche zwei Gemälde von ihrer Hand.

Königin Luise von Preußen

Wenn die Historiographen des Hauses Hohenzollern zum Kapitel Friedrich Wilhelm III. kommen, haben sie Schwierigkeiten, die vorragende Bedeutung und die großen Verdienste dieses Monarchen aufzuzeigen. Denn was die Bedeutung betrifft, so könnte man sie nur daran merken, daß sie in einem Grade fehlte, dem die richtige Bezeichnung zu geben nur der Respekt vor einem Könige hindert. Und was die Verdienste betrifft, so wären sie nicht auf seine, sondern auf die Rechnung jener patriotischen Ratgeber zu setzen, die der König mit Widerwillen und nur aus dem Zwang einer überaus kritischen Situation anhörte. Da diesem so ist, läßt man von drei Seiten her ein starkes Licht auf ihn fallen, das seine wirkliche Gestalt so unsichtbar macht wie ein vollkommenes Dunkel diese Wirkung hervorbrächte. Und verläßt sich darauf, daß man aus solcher Fülle von Licht auf einen bedeutenden Personskern schließe, der Ursprung solchen Lichtes wäre. Die drei auf Friedrich Wilhelm gerichteten grandiosen Scheinwerfer sind zuerst die Befreiungskriege, die man auch die Freiheitskriege nennt, obzwar sie nicht eine Spur von Freiheit gebracht haben, sondern das Gegenteil. Das zweite Licht strahlt die Tatsache, daß durch den Wiener Kongreß Preußen einen beträchtlichen Zuwachs an Land und Leuten bekam, was im monarchischen Sinn, der ein bauernhafter ist, einen Gewinn bedeutet. Und das dritte Licht ist die charmante, reizvolle und rührende Gestalt der Königin Luise.

Was man bei vielen Männern beobachtet, daß sie sich ihre hübsche Frau als ihr Verdienst zuschreiben und sie sich gewissermaßen wie einen Orden ins stolze Knopfloch stecken, das tat Friedrich

Wilhelm nun nicht. Aber die Historiker des Hauses holten dieses Versäumnis nach, indem sie bemerkten, daß es nicht nur für den guten Geschmack, sondern auch für die mehr geistigen Fähigkeiten des Kronprinzen spreche, daß er sich gerade diese mecklenburgische Prinzessin zur Frau gewählt habe. Aber Friedrich Wilhelm hatte gar nicht gewählt, sondern die Staatsräson hatte entschieden, daß er eine dieser beiden Prinzessinnen zu heiraten habe, – welche, das war dem Vater als dem Vertreter der Staatsräson ganz gleichgültig, wenn es nur rasch geschah – »frische Fische, gute Fische«, mit solchem herzhaften Marktwort meinte der Vater den Sohn »aufzumuntern« zum raschen Zugreifen. Und da er bei dieser Gelegenheit auch gleich seinen anderen Sohn verheiraten wollte, der ihm allzusehr als Schürzenjäger nachzugeraten drohte, und diese zwei Schwestern da waren, sollten sie eben rasch eins darüber werden, welcher welche zur Frau nehme.

Wenn es sich um die zwei Fräulein von Barkhausen gehandelt hätte, die ihm vier Wochen zuvor im Frankfurter Theater ein Emigrant als die mecklenburgischen Prinzessinnen bezeichnet hatte, wäre er leicht imstande gewesen, die jüngere Lisette als jene anzugeben, die ihn »ungemein beschäftigte«. Die richtigen mecklenburgischen Schwestern »schienen recht hübsch zu sein. Beide gefielen mir recht wohl, ohne grade in sie was man so nennt verliebt zu seyn. Beide waren recht hübsch, hatten einen angenehmen Ton, und schienen dem Äußern nach sich nichts nachzugeben. Das übrige kannte ich eigentlich noch zu wenig.«

Etwas besser gefiel ihm die jüngere Prinzeß Friedrike, weil sie »mehr formiert« schien als die ältere Luise, die ihm etwas zu mager war. Er teilte dem Bruder den väterlichen Wunsch mit, sich in die Prinzessinnen zu teilen. Der nahm das »sehr lakonisch auf. Und wie dann der wählende Gegenstand aufs Tapet kam, sagte er mir, ihm gälte alles gleich.« Louis war noch zu sehr mit seiner Geliebten beschäftigt, als daß ihn die künftige Gattin interessiert hätte, zumal ja doch nach Staatsräson geheiratet werden mußte. Man machte es einfach: der ältere Prinz heiratete die ältere, der jüngere die jüngere Schwester. So kam der Liebe folgend Kronprinz Friedrich Wilhelm zu Luise.

Als junge Frau schreibt sie einmal, daß ihre »meckelnburgischen Knochen« schon was vertrügen, was Walzertanzen betreffe, ihre große Passion. Wenn sie in etwas großen Füßen und Händen diese Knochen auch vielleicht besaß, so sicher gar nichts von dem schwerflüssigen niederdeutschen Blute, wovon schon beim Vater, dem Neustrelitzer Prinzen Karl, kaum was zu merken. Er besaß eine etwas leichte Hand im Geldausgeben. Und da sein sehr bescheidenes Einkommen mit seinem Bedürfnis nach flottem Leben nicht in Einklang zu bringen war, nahm er in Hannover Dienste beim englischen Militär und avancierte da so rasch, wie es nicht seine militärischen Fähigkeiten, wohl aber sein Einkommen verlangte. Ohne Krieg und mitten im Frieden war er mit etlichen fünfundzwanzig Jahren General. Und heiratete eine hübsche Darmstädter Prinzeß. Als sie ihn nach vielen Kindern zum Witwer machte, heiratete er deren Schwester, die aber schon nach einem Jahre im Kindbett starb. Die fünf Kinder von der ersten Frau, vier Mädchen und ein Bub, kamen zur Großmutter nach Darmstadt als in ihre rheinfränkische Heimat. Die Mabuscha, wie man die Großmutter nannte, ist eine herzliche, frohmütige und lebhafte Frau gewesen, die von Bildung und Wissen nicht viel hielt und sich mehr auf die Frömmigkeit verließ, mit der man durch die Welt komme. Aber auch diese Frömmigkeit war nicht Frömmelei und hatte, was man einen familialen Charakter nennen könnte; die Kinder hatten es gut dabei, daß ihnen das Religiöse nicht im scharfen Gegensatz zur Sündhaftigkeit des weltlichen Lebens traktiert wurde, denn solches lag nicht in Mabuschas rheinischer Art. Als die Mädchen im Backfischalter die Frau Rat Goethe in Frankfurt besuchten, waren sie sofort eins mit Frau Aja, so vom ähnlichen

Stoffe wie die Großmutter ist sie gewesen, wenn auch von viel feinerem Gewebe.

Die mit den Geschwistern in innigster Liebe – sie blieb es ihr Leben lang und war ihr stärkstes durch nichts alteriertes Gefühl – am Rheine und im Reich verbrachten Jahre ließen Luise niemals eine »richtige Preußin« werden. Mit Jubel kündigt sie den Geschwistern im Süden und Westen immer ihren Besuch an, mit Jubel wird sie empfangen und nimmt schmerzlichen Abschied. Die Schwestern, das ist ihr »Zuhause«, das ihr weder Charlottenburg noch Potsdam oder gar Berlin ersetzen können, so lieb sie ihren Mann auch hat. Und gar Berlin, wo sie mit ihrer unbekümmerten Art so arge Verstöße gegen die höfische Etikette begeht, daß man fast von Skandal spricht. Es gab kritische Flittermonate für die kaum achtzehnjährige Kronprinzessin, die einlud, wenn es ihr beliebte, mit ihrer jüngeren Schwestern Ika ausfuhr, wann es ihr paßte, und das schrecklichste am Berliner Hofe verbrach: den Prinzen Louis Ferdinand besuchte, der ein offenes Verhältnis mit der verheirateten Frau eines Kriegsrats unterhielt. Daß in dieser kritischen Situation Friedrich Wilhelm gegen den empörten Hof zu ihr stand, gewann ihm Luisens Freundschaft. Sie rechnete es ihm hoch an, trotzdem sie wußte, daß es ihm kein Opfer bedeutete, da er sich aus Etikette gar nichts machte. Sie wollte sich ihm dafür dankbar zeigen, indem sie sich ihm anpaßte.

Freiherr vom Stein bemerkte bedauernd und erstaunt, daß Luise ihre Zeit und ihre Neigung dem König zu willig opferte. Da sie ihm an Intelligenz und Lebhaftigkeit des Geistes weit überlegen war, hat sie auch im Politischen einen besseren Blick besessen als Friedrich Wilhelm, dessen Verhalten 1805 Bismarck »eine ausgezeichnete Dummheit« nannte. Damit sie sich nicht wiederhole und die Befreiungskriege Preußen im deutschen Lager fanden, brachte Luise das Opfer von Zeit und Neigungen, den König zu gewinnen, denn bei ihm lag ja die Entscheidung, ob er nichts als partikulare preußische Politik friederizianischer, jetzt ganz unsinnig gewordener Tradition machen wolle oder deutsche Politik.

Man kann das Opfer von Zeit und Neigungen, das Luise dem Gatten und König brachte, in Betracht des Charakters dieses Mannes nicht groß genug einschätzen. Friedrich Wilhelm hat als trauernder Witwer wiederholt zur Feder gegriffen, um sich schmerzlichen Erinnerungen an die Hintergangene und was er an ihr verloren, zu überlassen, mit solchen Selbsttröstungen wie etwa »hin ist hin«. Man kann es bezweifeln, daß, wie der spätere Herausgeber dieser Denkwürdigkeiten meint, »der nüchtern-mürrische Mann ungeahnte Tiefen des Gemüts« mit solchen Ausrufen offenbare, nicht aber, daß sich hier »der König selbst ein Denkmal setzte«. Denn so genau der Tag Luisens und wie und womit sie ihn hinbrachte, in diesen Denkwürdigkeiten beschrieben ist, weit deutlicher zeichnete Friedrich Wilhelm, ohne es zu wollen, sein eigenes Bildnis.

Daß er zeitlebens ein fehlerhaftes Deutsch sprach und schrieb, war weniger, wie sein Historiker meint, eine »Folge der noch stark französischen Erziehung«, denn er konnte auch das Französische nie richtig sprechen. Es lag das vielmehr daran, daß er sowohl für den Umfang als das wenig Differenzierte seines Denkens durchaus mit solchem unsicheren Sprachwissen auskam, welche Unsicherheiten im Gebrauch der Zeitwörter zum Beispiel ihn oft auf die Konjugation verzichten machte, so daß er immer nur den Infinitiv gebrauchte. Was bei den jungen Offizieren dann eine schicke Mode wurde, über die sich der alte unverzierte Blücher nicht genug lächern konnte. Da Friedrich Wilhelm der Überzeugung war, daß einem Könige die überragende Intelligenz so selbstverständlich zugehöre wie die Krone, hatte er die Gewohnheit angenommen, zu jedem Rat zunächst einmal »nein« zu sagen, um mit solcher Kritik nicht nur dem Ratgeber, sondern sich selber den Eindruck des überlegenden und überlegenen Geistes zu machen. Er mißtraute wahrscheinlich nicht so sehr dem Rate, was Einsicht vorausgesetzt hätte, sondern dem Ratgeber als einer Intelligenz, die ihn in Verlegenheit setzte. Nur äußerst widerwillig berief er Stein in seine Regierung, widerwillig nicht nur um dessentwillen, was dieser Mann wollte, sondern weil hier eine geistige Potenz mit größeren Konzeptionen auftrat, als es sein simpler Hausverstand vertrug. Da die Zeitumstände unter dem Diktat eines mächtigeren Tyrannen einem absoluten Monarchen keinen Spielraum ließen, konzentrierte Friedrich Wilhelm alle seine dahingehenden Neigungen auf die Frau, die Familie, das Haus. Er erscheint als der Typus jenes Haustyrannen, der, trotzdem alles an seinem Schnürchen läuft, sich ständig beklagt, daß man ihm nicht folge und alles gegen ihn unternehme. Er spricht gewissermaßen ununterbrochen und klagt, sagt ein anderer zwei Worte, daß man ihn nie reden lasse. Er hat nicht die geringste Ahnung davon, wie egoistisch er ist und würde, sagte man ihm, daß er nur an sich denke, tief verletzt sein und in Klagen ausbrechen, daß man ihn schwer mißverstände. Sein naiver Egoismus ist ihm gar nicht merkbar, so festgelegt ist er und läuft er in den Scharnieren des Fleisches. Er ist wehleidig, empfindlich, mürrisch, launisch und weiß nie genau, was er will. Er versichert wohl, daß Luise sein »ganzes, einziges Glück auf Erden« gewesen sei, aber er erzieht und mäkelt an diesem Glück ohne Unterlaß herum. Bald ist sie ihm zu mager, bald zu dick; bald steht sie ihm zu spät, bald zu früh auf; macht ihm zu viel und wieder zu wenig Bewegung; er glaubt ihre Brust angegriffen und läßt sie dennoch hintereinander zehn Kindbetten durchmachen; findet sie »nach jedem Wochenbett verjüngt und verschönert«, während alle andern zeitgenössischen Zeugen ihre Schwäche und Kränklichkeit feststellen; findet ihre Bildung mangelhaft, will ihr aber die Weiterbildung nicht genehmigen und redet sich auf ihre Unbegabung aus, worüber die bessere Umgebung Luisens die gegenteilige Meinung hat; er fürchtet, daß ihr bei größerer Bildung und Erweiterung ihrer geistigen Interessen seine Unbildung auffallen und er darüber ihre Neigung verlieren würde; vor nichts hat ein Mann von seinem Typ mehr Angst als »unter den Pantoffel« zu kommen. König nur durch den Zufall der Geburt war er durchaus ein Kleinbürger, aber einer, der darunter litt, daß ihm seine besondere Stellung nicht immer erlaubte, so zu leben, wie es seiner Art paßte. Seine Friedensliebe hatte nichts mit politischen Einsichten zu tun, sondern nur mit seinem Bedürfnis nach Ruhe und Bequemlichkeit, für deren Erhaltung eine Armee da sei, die zudem in Exerzieren und Manövrieren einige Beschäftigung gab, die nach wichtiger Tätigkeit aussah. Man könnte sich vorstellen, daß er nach dem Zusammenbruch dieser Armee seinem Gedanken recht gegeben hätte, eine Armee sei eben nicht zum Kriegführen da. Wenn man ihm eine Passion nachsagen kann, so ist es die für ein ungestörtes Privatleben mit Frau und Kindern und Gleichgesinnten, möglichst fern von Menschen, die zu höfischer Etikette verpflichteten, am liebsten auf einem bescheidenen abgelegenen Landsitz, den Tag hingebracht, man weiß nicht wie, zu Stunden angenehm unterbrochen vom Soldatenspielen, damit ein Grund ist, sich von ernster Arbeit auszuruhen. Sich vorlesen lassen, ist nicht beliebt, denn eine nur sehr geringe Phantasie vermag sich das Gelesene weder in Situationen noch Personen vorstellen. Wie es alle solche Nichtleser tun, wird das Theater bevorzugt, wo Kulissen und Schauspieler der mangelnden Phantasie so sehr entgegenkommen, daß diese selber keinen Schritt zu tun braucht. Und selbstverständlich heitere Possen. Daß Luise in solchem »Schlaraffenleben« versinke und das nicht halte, was sich die geschwisterliche Liebe von ihr versprach, alarmierte die Schwestern, wenn sie zu Besuch kamen, und besonders den Bruder Georg in seinen hochfliegenden neunzehn Jahren. Und alarmierte Luisen selber, die die modischen Schundromane von August Lafontaine beiseite legte, aber mit dem von der Schwester Thurn und Taxis, der Postmeisterin, empfohlenen Kant so gar nichts anzufangen wußte und Wielands Agathon exzerpierte, den ihr ein geistlicher Herr empfahl; und zwei Freundinnen, denen sie sich sehr anschloß, ihr wieder aus der Hand nahmen, um ihr Schiller und Jean Paul zu empfehlen, die sie mit großem Entzücken las. Für den Gatten waren das alles »unverständliche Schriften deutscher Modeliteratoren, die ihr in die Hände fielen oder die vielmehr unberufene Personen, die hinter der Gardine würken wollten, ihr in die Hände zu spielen wußten … wodurch fast die einzigen und manchmal etwas lebhaften Auftritte entstanden, die zwischen uns stattfanden«. Vielleicht hat Luise nach einem solchen Auftritt den Gatten mit den folgenden gutmütig-ironischen Briefchen versöhnt:

»Allerdurchlauchtigster, Großmächtigster König und Herr! Unter den vielen Bittschriften, die ihre Königlichen Majestäten täglich bekommen, möge doch der Herr wollen, daß diese mit einem gnädigen Blick beleuchtet werde, damit meine alleruntertänigste, demütigste, wehmütigste Bitte nicht unbefriedigt bleibe. Hierbei liegende Strümpfe sollen als Probe meiner Geschücklichkeit in der Strickerkunst zum Beweise dienen und mir hoffentlich mein Gesuch zu erlangen helfen, es besteht nämlich darin: daß Ihro Majestät die Gnade für mich hätten und mir zukünftig alle dero Strümpfe stricken lassen und mir dabei den Titel als wirkliche Hofstrickerin allergnädigst erteilen ließen. Die hohe Gnade würde ich all mein Leben tiefster Untertänigkeit erkennen und mit dankbarem Herzen erstreben. Ew. Königl. Majestät als alleruntertänigste Magd und Untertan Luise.«

Nach den königlichen Aufzeichnungen verlief der Tag Luisens so: »Das spät aufstehen war meiner Frau besonders im Winter ordentlich zum Bedürfnis geworden, und selten geschah es vor 11 Uhr, sehr oft aber erst zwischen 12 und 1 Uhr. Ich sah diese Neigung natürlich nicht gern, und hielt auch dafür, daß es ihrer Gesundheit aus mehr als einer Ursache nicht zuträglich seyn könnte, vielmehr schädlich werden müßte. Sie hatte sich so daran seit Jahren gewöhnt, daß meine Bemerkungen selten Eingang fanden, nicht selten aber zu kleinen Verdrüßlichkeiten Anlaß gaben ... Wenn besondere Umstände es erforderlich machten, ließ sie sich schon zwischen 8 und 9 Uhr wecken, worauf sie nach ihren Kammerfrauen klingelte ... Das Mundwasser mußte sodann gebracht werden und, nach Verlauf einer halben Stunde, das Frühstück, das gemeiniglich aus drei Tassen Chokolade mit Sahne vermischt und einigen Zwiebacken bestand und im Bette genossen wurde ... auch wurde der Küchenzettel vorgelegt, wo sie denn ein oder das andere mal etwas abänderte, besonders wenn sie bemerkte, daß etwas da war, was ich nicht gerne mochte. Auch kamen bisweilen um diese Zeit Putzsachen der Kaufleute zum Vorschein, und einige Toilettenanordnungen wurden dann auch gemeiniglich getroffen, besonders wenn große Toilette für den Tag bevorstand. Öfter wurden in eben diese Zeit noch die jüngsten Kinder gerufen, die sie im Bett herzte und küßte und die hernach im Zimmer spielten. Waren meine täglichen Geschäfte geendigt, so trat ich auch hinzu, und ging ab und zu nachdem es meine ferneren Geschäfte zuließen. War gerade niemand im Zimmer, der sie stören konnte, so las sie entweder in den Zeitungen ... oder sonst in einem Buche. Etwa um 11 oder halb 12 brachte man einen sehmigen, sehr nahrhaften Gerstenschleim, den sie als eine Art von Kur gebrauchte ... Wenn keine besondere Beschäftigung meine Frau erwartete, so stand sie, wie schon erwähnt worden, im Winter zwischen 11 und 12 Uhr, manchmal auch noch später auf. Sehr öfter pflegte sie alsdann, sich den ganzen Leib, sowohl zur Reinlichkeit, als zur Stärkung mit kaltem Wasser zu waschen, worauf sie ihr Haar ordnete, und gewöhnlich eine Morgenmütze aufsetzte, und einen sogenannten Schlafrock oder anderes, meistenteils weißes Morgenkleid anzog. Öfter kamen dann während dem Anziehen allerlei Unterbrechungen, die, wenn keine Eile war, manche Zögerung verursachten. Gewöhnlich wurden auch noch die jüngsten Kinder besucht, der Arzt Geh. Rat Hufeland zugelassen und dergleichen mehr vorgenommen, auch fand sich wohl irgendein Besuch oder ein Lehrer ein, der bestellt war. Wenn nichts weiter vorfiel, so wurde die Zeit mit Lesen oder Schreiben hingebracht. Gegen 12 Uhr kamen dann meistens die übrigen älteren Kinder, blieben aber selten länger als eine Viertelstunde, um ihren Unterricht nicht zu versäumen. Alsdann wurde meistens eine Spazierfahrt nach dem Tiergarten gemacht, etwa zwischen 12 und 1 Uhr. Sie stieg selten aus, wenn das Wetter nicht vorzüglich schön und die Luft rein war. Nach der Hausekunft mußte die Mittagstoilette und gewöhnlich in größter Eile gemacht werden, da es nicht selten spät geworden war. Um 2 Uhr sollte gegessen werden, allein die Toilette, die öfter zu spät angefangen wurde und wohl manche Unterbrechung erlitt, war selten zur rechten Zeit beendigt, so daß es wohl etwas später zu werden pflegte, was ich denn nicht gerne sah, wo dann bisweilen ein wenig geschmollt wurde ... Bei Tische war das Gespräch selten sehr animirt, doch unterhielt sie sich mit einem jedem und insbesondere nach der Tafel. Sie liebte die Unterhaltung, nur mußten die Personen, mit die sie sich zu unterhalten hatte, selbst unterhaltend seyn ... Die Tafel dauerte wohl eine gute Stunde und das Ganze 1½ bis zwei Stunden nach Umständen. Hernach machte sie es sich gern bequem, und wenn ihr Anzug genierte, zog sie ein Negligé an und legte sich auf eine Chaise longue, um sich auszuruhn, und entweder zu lesen oder ein Mittagsschläfchen zu tun.«

Die Kirche besuchte Luise »seltener als es ihre Anhänglichkeit für Religion hätte erwarten lassen«. Aber sie fürchtete die Zugluft, die zumal im Winter in den Kirchen herrschte. Auch das Theater besuchte sie, so gern sie es mochte, nur selten; wahrscheinlich weil man da, auf Wunsch des Königs, meistens Possen spielte. Um acht wurde soupiert und »die Gesellschaft blieb bis ohngefähr ½ 11 zusammen, wo man sich wie vor dem Essen beschäftigte, worauf sie sich mit mir retirirte, entkleidete und zu Bette ging«.

Ob sie ihm schlank oder »formiert« besser gefiel, darüber war sich der König nie ganz im klaren und es hatte für Luise Schwierigkeiten, es ihm recht zu machen. Der Witwer schreibt: »Überhaupt hatte der Hang zur Gemächlichkeit, ich möchte sagen Trägheit, im täglichen Leben von Jahr zu Jahr zugenommen, so daß sie sich selten Körperliche Bewegung machte, ein Umstand, den ich oft mißbilligte, und der bey ihrem guten Appetit Nahrhaften Nahrungsmitteln durchaus schädlichen Einfluß haben mußte. Sie hatte überhaupt das Bestreben Stark zu werden, und wählte deshalb sehr Nahrhafte Speisen und Getränke, auch mogte sie glauben, daß ihr die Bewegung an jenem Vorsatze hinderlich seyn könnte. Ich glaube immer, daß die in letzten Jahren zunehmenden öfteren Unpäßlichkeiten hierdurch ihre Entstehung erhielten, und daß hierdurch der Keim zu dem Übel frühzeitig gelegt wurde, das ihrem Leben ein so frühes Ziel setzte.« Daß Luise ihren frühen Tod durch ihre eigene Bequemlichkeit verschuldet habe – wie paßt das zu dem Manne und seiner naiven Eigensüchtigkeit, sich das exkulpierende Zeugnis auszustellen, daß er alles getan habe, die Frau von solcher Neigung zur Bequemlichkeit abzubringen! Daß sie von den vielen Kindbetten, die sie ihm zuliebe ertrug, bei durchaus nicht robuster Gesundheit erschöpft gewesen sie könnte, kommt ihm gar nicht in den Sinn. Auch dieses nicht, daß sie ihre Kraft verbraucht haben könnte damit, daß sie in der kritischsten Situation der preußischen Krone die Arbeit auf sich nehmen hatte müssen, die zu tun er teils unfähig, teils unwillig gewesen war.

Mehr als je hatte Luise nach den vergeblichen Tilsiter Unterredungen mit Napoleon es nötig, sich der Antwort zu erinnern, die sie dem alten Kriegsrat Scheffer auf dessen Mahnungen zu stärkerer geistiger Betätigung gegeben hatte: »Es ist die Pflicht einer Ehefrau, sich ganz dem Geschmack ihres Mannes zu fügen und selbst Dinge, die ihr vieles und wahres Vergnügen machten, dem aufzuopfern, was sie ihm zu seiner Beruhigung, Erholung Zeitkürzung für nützlich und nötig hält.« Nach den Tilsiter Tagen zeigten sich bei Friedrich Wilhelm »Abspannung und Niedergeschlagenheit, Schwäche und Sorglosigkeit und das alte Mißtrauen in sich selbst«, wie Luise schreibt, die »aus der Haut fahren möchte, wenn man das so sieht und nicht helfen darf«. Der König ist froh, daß alles vorbei ist. Unangenehm ist ihm der Gedanke an die Rückkehr nach Berlin »bei Nacht und Nebel«. Er schämt sich; zuweilen möchte er abdanken. Luise braucht ihre ganze Kraft, ihn nicht in ein Stilleben erstarren zu lassen. Während er an ein Privatleben in England denkt, versucht sich Luise in politischen Gedanken. Während sich des Königs Umgebung auf Frankreich und Napoleon einrichtet, schreibt Luise an ihre Freundin, die Frau von Berg: »Wo bleibt denn Stein? Großer Kopf, umfassender Geist, weiß er vielleicht Auswege, die uns jetzt verborgen liegen. Wenn er nur käme!«

Um die gleiche Zeit schreibt Luisens Bruder George an dieselbe Freundin seiner Schwester: »Wie oft habe ich gesagt, daß eigentlich noch nichts an diesem Engel verloren ist, wenigstens nichts verloren wäre, wenn nur jetzt endlich an der trefflichen Ausbildung ihrer trefflichen Eigenschaften gearbeitet werden könnte. Dabei fällt mir auch wieder ein, was wir gleichfalls so oft sagten, nämlich in welchem hohem Maße Eigenschaften vorhanden sein müssen, die sechs Jahre so hingebracht sich nicht haben verwischen können.« Luisens Geschwister wußten, was sie von den geistigen Fähigkeiten Friedrichs Wilhelms zu halten hatten: nichts.

Aber des Witwers Urteil über die geistigen Fähigkeiten Luisens ist dieses: »Ihr ging die Gründlichkeit ab, um in Details gehen zu können! Bey ihrem vortrefflichen Willen und Liebe für alles Gute und Edle war es schade, daß ihr diese abging. Was hätte sie sonst leisten können! So groß in meiner Frau auch das Bedürfnis nach höherer Bildung lag, so fehlte es ihr doch an dem dazu erforderlichen ausdauernden Fleiß, um mit eigentlichem Nutzen und mehr als nur oberflächlich etwas zu lernen, daher sie denn auch in keiner Art von Studium in ihrem reiferen Alter was man sagen kann Fortschritte gemacht hat … Aber ihre herrlichen Naturanlagen in allen Dingen gaben ihr einen seltenen Takt, wenn nicht andere hineingepfuschert hätten, wie dies besonders in den letzten fünf Jahren mehr als sonst der Fall war … Sie haben manches Übel gestiftet und hätten noch mehr stiften können, wenn der gute Genius meiner Frau nicht stets über sie gewacht hätte. Meine Frau strebte immer nach höherer Bildung und Vollkommenheit, dazu aber war leider die Wahl der Mittel und der Personen gewöhnlich verfehlt, und sie bei ihrer himmlischen Seelenreinheit verfehlte dennoch ihren Zweck. Sie fühlte das Bedürfnis einer großen edlen Seele, die sie leiten könnte in dem Gebiete des Wissens und der Bildung, aber sie fand dergleichen nicht, alle waren ihr unwürdig. Sie über alle erhaben und reiner. Wohl wäre ihr, und welchem Edlen wäre es nicht, zu wünschen gewesen, daß sie das seltene Glück gehabt hätte, eine solche zu finden. Allein man tappt im Finstern herum, sucht, wählt und wählt gewöhnlich unrecht … Wenn man von ihren wissenschaftlichen Kenntnissen sagen muß, daß sie nur oberflächlich genannt werden konnten, so war dies nicht der Fall in der Religion … Mein Glück, meine Zufriedenheit zu befördern, dahin ging ihr Bestreben, bis in die kleinsten häuslichen Details erstreckte sich diese Fürsorge, meine Wünsche zu befördern und für meine Bequemlichkeit und Gesundheit zu sorgen. Da war keine Art von Dienst, dem sie sich nicht unterzog, um mir Hilfe zu leisten.«

Luise hat Friedrich Wilhelm so geliebt, wie er es verstand, vertrug und auch wünschte: als einen biedern braven Mann, der, nüchtern bis ins Mark, weder in Worten noch in Gefühlen für das Überschwängliche war und dem keines von den viereinhalb Büchern, die er seiner Lebtage las, besser gefiel als eine triviale

Parodie auf die Empfindsamkeit. Was die Liebe betraf, so meinte er, sie bestünde in der Erfüllung der ehelichen Pflichten. Eine andere hatte er weder vor, noch in, noch nach seiner Ehe gekannt. Mangels Phantasie konnte er die verzaubernde Illusion, welche die Liebe bedeutet; nicht aufbringen. Luise hatte diese Entrückung erlebt, als sie Alexander sah.

Auch darüber gibt es eine Niederschrift des Witwers, der sich übrigens vierzehn Jahre nach dem Tode Luisens mit einer vierundzwanzigjährigen Gräfin Harrach verheiratet hat.

»Teils aus Grundsatz, teils aus Zufall und einer mir bisweilen eigenen Schüchternheit, habe ich nie im ganzen Sinne des Wortes gegen ihr eine eheliche Untreue begangen. Weder vor unserer Ehe noch während derselben hab ich eine andere als Sie gehabt. Aus dem vorigen ergibt sich aber, daß ich mir eigentlich kein Verdienst daraus machen darf, wenn gleich mein guter Genius über mich gewacht hat. Ich bin jederzeit sehr empfänglich für weibliche Anmuth und Reize gewesen, so daß ich selten ein hübsches und reizendes Frauenzimmer unbemerkt vorübergehen lasse. Also etwas Verdienst könnte ich mir dennoch beymessen, da man nicht leicht, was diesen Punkt betrift, reizbarer seyn kann, als ich es bin ... Ihr Herz blieb stets edel und rein, ohne dabei empfänglich zu sein für Männerschönheit und Würde. Von einer Person nur könnte vielleicht gesagt werden, daß sie einen mehr als gewöhnlichen Eindruck machte und auch einen mehr als gewöhnlichen hinterließ, der nur im letzten Jahre etwas nachgelassen haben kann.«

Luise hatte zu jung geheiratet und war gleich mit vielen aufeinanderfolgenden Kindbetten mütterlich beschäftigt worden. So kam sie erst gegen dreißig zu dem Erlebnis der schwärmerischen Mädchenjahre, dem heldischen Ritter, in dem sie nicht nur den Retter aus der Verwirrtheit ihres Herzens sah, sondern auch den Retter ihrer Krone vor dem »korsischen Räuber«. Als sie Napoleon zum erstenmal sah bei jener Zusammenkunft in Tilsit, wo sich der

Gatte und die Männer im Hintergrund hielten, weil sie sich nach der Erfahrung mit Alexander eine starke Wirkung auf den Kaiser mehr von Luisen als von sich selber erwarteten, da war sie enttäuscht: vom Manne angenehm, indem sie sich ein großes Ungeheuer vorgestellt hatte, vom Kaiser unangenehm, als er sich dem, um was sie bat, als eben ein solches Ungeheuer entgegenstellte. Es gibt darüber kein Zeugnis Napoleons, aber man könnte annehmen, daß es die bebende weiße Gestalt der Königin war, die ihn bewegte, Alexanders Fürsprache zugunsten der hohenzollernschen Dynastie sein Ohr zu schenken, mit der er durch Absetzung nicht kurzen Prozeß gemacht zu haben 1817 als einen groben Fehler bedauerte. Für Friedrich Wilhelm hatte er nur Verachtung. Vielleicht auch deswegen, weil er ihm die Frau geschickt hatte. Er fragte ihn nichts als, wozu er die vielen Knöpfe an seiner Uniform hätte. Er war genau über ihn unterrichtet und wußte, daß Friedrich Wilhelm weder ein König noch ein Herr war und als ein Spießbürger darunter litt, sowohl das eine als das andere vorgeben zu müssen.

Das Opfer war nicht gering, das Luise brachte, als sie sich zur Unterredung mit Napoleon stellte. Auch wenn ihr das Materiale dessen, was sie ihm zu sagen hatte, nicht von Stein und den andern aufgesetzt worden wäre, wußte sie, daß sie das Sprachrohr für Männerwünsche sein würde und daß es darauf ankam, sie ins Weibliche zu übersetzen und die Wirkung der gesprochenen Worte ganz auf die Wirkung einer jungen, hübschen und unglücklichen Frau zu stellen. Daß sie als Frau eine Niederlage erlitten, wird ihr Schamgefühl stärker berührt haben, als daß sie als politisch redende Königin von Preußen nichts erreichte. Dem Bruder schreibt sie: »Ich sprach nicht zu einem Menschen, sondern zu einem – zu einem Wesen ohne menschlich Herz.« Die Feder stockt ihr; vor Tilsit hätte sie geschrieben »zu einem Ungeheuer«. Jetzt nicht mehr so. Sie denkt daran, selber nach Paris zu gehen, aber Stein setzt der Absicht ein »Noch nicht« entgegen.

Sie muß sich mit einem Schreiben an den Kaiser begnügen, das eine Reise des Schwagers Wilhelm nach Paris unterstützen soll. Beides vergeblich. Preußen war eine Angelegenheit und nicht mal eine sehr wichtige der russisch-französischen Politik geworden, ein Stein im Spiel zwischen Napoleon und Alexander, kaum gemildert von menschlichem Anteil am privaten Schicksal der königlichen Familie. »Mit uns ist es aus«, schreibt Luise im Frühjahr 1808 an den Vater, »wenn auch nicht für immer, doch für jetzt. Für mein Leben hoffe ich nichts mehr. Ich habe mich ergeben, und in dieser Ergebung bin ich jetzt ruhig und in solcher Ruhe, wenn auch nicht irdisch glücklich, doch was mehr sagen will, geistig glückselig. Es wird mir immer klarer, daß Alles so kommen mußte, wie es gekommen ist. Die göttliche Vorsehung leitet unverkennbar neue Weltzustände ein, und es soll eine andere Ordnung der Dinge werden, da die alte sich überlebt hat und in sich selbst als abgestorben zusammenstürzt. Wir sind eingeschlafen auf den Lorbeeren Friedrichs. Wir sind mit der neuen Zeit nicht fortgeschritten, deshalb überflügelt sie uns ... Es wäre Lästerung, zu sagen, Gott sei mit Napoleon, aber offenbar ist er ein Werkzeug in des Allmächtigen Hand, um das Alte, welches kein Leben mehr hat, das aber mit den Außendingen fest verwachsen ist, zu begraben ... Ganz unverkennbar ist Alles, was geschehen ist und was geschieht, nicht das Letzte und Gute, wie es werden und bleiben soll, sondern nur die Bahnung des Weges zu einem bessern Ziel hin. Dieses Ziel scheint aber in weiter Entfernung zu liegen, wir werden es wahrscheinlich nicht erreicht sehen und darüber hinsterben ...« Dieser Vater war zwar der Bruder und Nachfolger des Reuterschen »Dorchläuchting«, aber nicht dessen Ebenbild, sondern ein Mann von liberalen Gesinnungen. Wenn Luise ihrem Vater im gleichen Briefe schreibt, daß Friedrich Wilhelm ihren Anschauungen mit den Worten: »das muß auch bei uns anders werden«, zugenickt habe, dürfte sie geahnt haben, was davon zu halten, denn anders wäre ihr auf dem Sterbelager nicht eingefallen, den Gatten und Monarchen an den Freiherrn vom Stein zu erinnern. Der Name Stein ist fast ihr letztes Wort gewesen. Daß Friedrich Wilhelm mit dem frühen Hingang Luisens auch sein guter politischer Genius verließ, von dem er sich ungern, aber doch leiten ließ in seinem Unverstande, da sich dieser Genius in einer liebenden Frau inkarnierte, das bestätigt die Geschichte seiner Regierungszeit ohne diese Frau an seiner Seite, von deren liebenswürdigen und anmutigen Bilde man am Grabe nicht scheiden möchte ohne einigen Glauben, daß sie besser weitblickender regiert hätte als der enge und so überaus gedankenarme Mann.

Caroline Schelling

Des Göttinger Orientalisten Michaelis Tochter schreibt einer Freundin: »Ich bin nicht romanhaft genug zu sagen, daß ich nie einen andern heiraten wolle wie ihn, nein, ich überlasse mich so ganz, mit so ruhiger Seele der Führung Gottes, daß ich ohnmöglich unglücklich werden kann. Ich will meinen Frühling genießen, erst sechzehn Jahre, und mir vor Sorgen und Kummer graue Haare wachsen lassen, das ist meine Sache nicht.« Als diese im Zeitalter der Empfindsamkeit so unempfindsame, im Alter der Schwärmerei so gar nicht schwärmende Sechzehnjährige vierzig Jahre später und immer noch im Frühling ihres Lebens dahingeht, »sanfter und lieblicher als je und ihr ganzes Wesen in Süßigkeit aufgelöst«, wie Schelling, ihr letzter Mann, derselben Luise Gotter schreibt, da glänzt im Gold ihres Haares auch ein wenig Silber, aber es war ihr nicht aus Sorge und Kummer gekommen. Und war ihr Leben doch ein solches gewesen, daß jeder anderen Frau früh darüber das Haar ergraut wäre.

Alle diese anderen Frauen, deren Leben sich mit dem der Caroline kreuzten, haben sie – bis auf die aus den Kindheitstagen in die Freundschaft der späteren Tage mitgeschleppte gutmütige Luise Gotter und die von ihr bewunderte Therese Heyne – aufs schärfste verurteilt und abgelehnt, von Charlotte Schiller an, die sie »Madame Luzifer« nannte. Es ist immer das Los der hetärischen Frauen, die sich nur in der Gesellschaft der Männer wohlfühlen, gewesen, von jenen andern ihrer Gefühle so sicheren Frauen als unweiblich verurteilt zu werden, die sich in Kränzchen zusammensetzten, um über die Dienstboten, die Kinder, den Putz, den Mann

und seine Aussichten einen interessierten Tratsch zu machen. Caroline hatte für diese in ihren kleinen Aufgeregtheiten so ruhige Frauenwelt gar nichts übrig. Es reizte sie, sich dem männlichen Gegner zu stellen und sich zu riskieren. Schon mit sechzehn Jahren beschäftigt sie der Mann, aber weder sentimental noch empfindsam, sondern schicksalhaft. In ihren Erlebnissen mit den Männern spielen jene Voreingenommenheiten aus dem undeutlichen Gefühligen, wie ein Mann zu sein habe, damit er dem entspreche, wie sich die Frau zu sein glaubt, gar keine Rolle. Weder enttäuschte Sinne noch eine unbefriedigte Intelligenz sondern jene Substanz des Gefühligen geht ihr ab, mit der sich die Frauen nach den durch den Mann erfahrenen Schicksalsschlägen recht und schlecht zu heilen versuchen. Ihre Natur war in diesen sie bestimmenden Bereichen des sinnlichen und intelligenten Lebens von einer solchen Dichtigkeit, daß sie nicht nur aus jedem Erlebnis unbeschädigt hervorging, sondern das es ihr den leichten Sinn mehrte, durch den sie mit jedem Schicksal fertig wurde. Sie besaß in ihren Sinnen und in ihrer Intelligenz so starke und intensiv gelebte Wirklichkeiten, daß jene romanhafte Traumwelt, in welche die weniger begabten Frauen, um sich zu retten, abgedrängt werden, ihre Spottsucht reizte. Sie galt bei diesen Frauen für herzlos.

Als ihr der Bruder seinen Freund als Bräutigam zuführt, ist das einundzwanzigjährige Mädchen auf der Vedette gegen jene allgemeinen Gefühle, die zu haben eine Braut verpflichtet ist. »Nur keine Minute der Schwärmerei«, ruft sie sich zu, »denn ich fühlte nur, was ich sah.« Und immer wieder kommt das Wort in ihren Briefen an Frauen und an Geliebte. »Wie wenig uns idealistische Tugend kostet, weiß ein jeder. Es ist ein schönes unnützes Rauchwerk, das in glänzendem Feuer zum Himmel lodert. Aber wenn die Stunde der Versuchung wieder kommt …« Oder: »… mit meinem von entzückter Schwärmerei entfernten Gefühlen …« Oder: »… den letzten Wahn der Liebe: Zärtlichkeit.« Aus dem Gefängnis in Königstein: »Ich bin nur eine gute Frau und keine Heldin.« Was sie das größte und hilfloseste aller Leiden nennt, nicht eins mit sich zu sein – dieses Leiden sah sie nur bei andern. Selber hat sie es nie erlebt. Auch in ihren bedrängtesten Stunden nicht. Die so vergeblich so romantisierende Dorothea Schlegel schreibt über sie nach Berlin: »Sie ist eine Wunderfrau, und dabei kann sie noch Strümpfe stricken.« Daß eins zusammen mit dem andern ginge, kann Dorothea nur erstaunt wahrnehmen; unfaßbar war ihr ein solcher Sinn für das Wirkliche einer nicht romantisch geteilten Welt. Die als Intelligenz ihre Bildung vom 18. Jahrhundert bekommen hatte und ihren romantischen Freunden die Lektüre Condorcets dringend empfiehlt, Caroline fragt den Novalis: »Ist das Irdische nicht auch wahrhaft himmlisch?«

Ihren ersten Mann, den Bergarzt Böhmer, verlor sie nach vierjähriger Ehe durch den Tod. Wenn man, was Caroline betrifft, von einem Verlust sprechen kann. Denn der in einem Provinznest wie Klausthal vielbeschäftigte Mann war ihr wohl nicht mehr als der Vater zweier Kinder, die sie ihm geboren hatte. Er muß ein wenig mitteilsamer und sich rasch nach ersten Liebeswochen in den Trott des Alltags findender Mann gewesen sein, der die Phantasie Carolins gar nicht beschäftigte. Anders hätte sie ihre Freunde nicht so oft um Bücher gebeten. Sie verspürte nicht mehr als das, was man einen schmerzlichen Chok nennt. Wäre sie vom Tode des Mannes tiefer bewegt gewesen, dann könnte sie an Luise Gotter, ihr als willig aufnehmende Freundin viel zu ergeben und zu unwichtig, als daß sie ihr was vormachen sollte, nicht schreiben: »Sanft zu leiden ist die größte Anstrengung, deren ich jetzt fähig sein kann, die notwendigste; denn die Ausbrüche meines Kummers schaden mir unmittelbar. Man gewinnt doch viel, wenn man sie unterdrückt, man gerät in eine traumähnliche Betäubung.« Daß sie nichts fühlt als eben diese traumähnliche Betäubung, diesen Chok, erstaunt die darin ja unerfahrene Witwe so sehr, daß sie meint, sie unterdrücke heftigere Ausbrüche des Schmerzes als unbekömmlich – aber diese heftigen Ausbrüche waren eben gar nicht da.

Nach Göttingen zurückgekehrt, sieht sie jenen Meyer wieder, der ein unbegabter Lyriker war, aber als ein sonst begabter Mann bei den Göttinger jungen Mädchen und Frauen eine faszinierende Rolle gespielt hat – einen »sehr gefährlichen Menschen« nennt ihn Caroline. Sie bemüht sich um so mehr um ihn, als sie weiß, daß er auch auf Therese Heyne großen Eindruck gemacht hat, das einzige Mädchen, das sie wie ein Naturschauspiel bewunderte. Daß sie gerade jetzt den Förster geheiratet hat – warum nicht, wie man erwarten mußte, den Meyer? Vielleicht war es die Neugierde nach der bestaunten Therese, daß sie sich jetzt lebhafter Meyer zuwandte, wie später in Mainz Georg Forster. Hetärische Frauen kommen zu dem Erlebnis der Frauen nur über den Umweg von deren Männern.

Meyer, der Freund, versagte übrigens, als Caroline unter den schwierigsten Umständen nach der Eroberung von Mainz auf dem Königstein als Clubistin gefangen saß. Auch ein anderer, in den sie sich nach Meyer verliebte, welche Liebe sie ihm brieflich mitteilte. Wie sie auch sonst alles, was ihr innerstes Leben betrifft, diesem Manne anvertraut, der weder hübsch noch romantisch war, aber ein männischer Mann gewesen sein dürfte und damit für Caroline den Wert eines Erlebnisses besaß.

Auch August Schlegel war nicht romantisch und war es seiner Natur nach nie gewesen. Die Verbindung mit der Romantik war ganz äußerlich durch seinen Bruder Friedrich und durch seine gelehrten Interessen gegeben, die innerhalb des Kreises dessen lagen, was sich die Romantiker aus der Literaturgeschichte als Ahnentafel arrogierten. Aber wenn er auch nicht romantisch war, so war dieser das Romantische so ausdauernd wie vergeblich in seinem Leben zu verwirklichen bemühte pedantische, etwas dünnbeinige Gelehrte mit der starken kritischen Intelligenz so wenig das, was

Caroline gerade an Meyer erlebt hatte, ein Mann nämlich, daß sie der Schwester aus Marburg, wohin sie sich aus Göttingen zu ihrem geliebten Bruder begeben hatte, eine insinuierte Verbindung mit August ablehnend schrieb: »Schlegel und ich! Ich lache, indem ich schreibe! Nein, das ist sicher – aus uns wird nichts.« Es wurde auch nichts, trotzdem sie August Wilhelm auf Drängen der Mutter Michaelis heiratete; aber auch, um ihm für seine Ritterlichkeit zu danken, mit der er ihr aus der schlimmsten Situation ihres Lebens half, wo alle anderen Männer, die sie geliebt hatte, versagten. Daß und bis es dazu kam, tat das Schicksal alles, um diese unzerbrechliche Frau auf ihre Dichte zu prüfen und sie aus dem Gleichgewicht zu werfen.

Das Verhältnis zu dem über alles geliebten Bruder erkaltete bis zum Bruch jeder Beziehung. Und als sie deshalb Marburg verlassen wollte, starb ihre jüngere Tochter nach ganz kurzer Krankheit; drei Jahre war sie alt geworden. »... Gegen das Gefühl des Verlustes arbeitete meine Brust entgegen mit der Gewalt, die ich wohl kenne, allein ganz so noch nicht übte«, notiert sie fast mit denselben Worten wie beim Tode Böhmers ihren Widerstand gegen das Schicksal, die Abwehr der Betäubung, in der man sich selber in Verlust gerät, in den gnädigsten Fällen im Glauben, es geschähe zugunsten Gottes. Aber diese auflösende Substanz des Religiösen enthielt nicht, was Caroline hieß, die Wohlgeformte, und um derentwillen, weil sie sie besaß, sie Dorothea, die Mißgestaltete, so sehr verachtete und besonders ingrimmig dann, als sie an dem von ihr sehr geschätzten Friedrich Schlegel merkte, daß jene Substanz ansteckend war.

Caroline ging nach Mainz, »wo ich unbekannt leben und neben einer gewissen Einsamkeit Vergnügungen des Geistes und der Sinne genießen kann«. Sie dachte an Therese Heyne, die in dieser Stadt die letzten verzweifelten Jahre ihrer Ehe mit Georg Forster zu Ende lebte. Über Therese schreibt sie im gleichen Brief an Meyer, dem sie ihren Entschluß, Mainz zum Aufenthalt zu nehmen, mitteilt: »Auf ihre Freundschaft habe ich nie gerechnet – es gibt keine unter Weibern – ich zweifele selbst daran, daß sie mir recht aufrichtig gut ist; doch muß sie mich achten, und das tut das nämliche. Ich bin eine Art von Nebenbuhlerin, ohne meine Rechte geltend zu machen; das ist heilsam; und ich liebe sie, weil sie mir merkwürdig ist.« Sie wird dabei nicht nur an die verwandte seelisch-geistige Struktur gedacht haben, sondern auch daran, daß eben diese die beiden Frauen zu den gleichen Männern geführt hatte, wenn auch nicht im gewöhnlichen Sinne als Nebenbuhlerinnen.

Kurz nach Carolinens Ankunft verließ Therese das belagerte Mainz mit einem anderen Mann. Forster und die Kinder, jenen zu trösten, diese zu warten, überließ sie Carolinen, die bei ihnen wohnte. Forsters Enthusiasmus für die Neuordnung aller Dinge, die er von der Revolution erwartete, dürfte ihn des Trostes nicht sehr bedürftig gemacht haben. Das bedeutungshafte öffentliche Geschehen, an dem er, davon hingerissen, Anteil nahm, wird den Schmerz über das persönliche Mißgeschick des Verlustes einer Frau an einen anderen unwichtig gemacht haben. Das französisch gewordene Mainz unter Custine war Therese sympathisch gewesen, nicht die Revolution. Wie es bei Caroline der Fall war. Aber darin irrte sich Forster, der Enthusiast. Das Allgemeine war der erotischen Natur Carolinens ganz gleichgültig, weil es ihr fremd war. Nur das Besondere zog sie an, das Formierte, das in einer Person deutlich Gewordene. Die Hingerissenheit Forsters bezauberte sie, nicht das, was ihn hinriß. »Ich bin nur eine gute Frau und keine Heldin.«

Aber da war dieser Tatter, der Nachfolger Meyers in ihrer Leidenschaft. Mit ihm war es eigentlich schon in Göttingen zu Ende gewesen und dann doch wieder nicht zu Ende, als er über ein paar Tage nach Marburg kam. Und jetzt war er kurz vor der Eroberung durch die Franzosen nach Mainz gekommen, um ihre Liebe betteln, wie Forster es auch tat. Wäre es nicht besser, man entzöge sich der Liebe, dieser »Abhängigkeit, die das Herz auferlegt«, ganz? Wie ernsthaft, wie gründlich, wie schwerfällig und kompliziert sind doch diese deutschen Männer selbst in der Liebe! Wie heiter, wie unbeschwert, wie einfach diese französischen Offiziere, die der Liebe keine längere Dauer geben als eine Ballnacht, ihr keine schwerer schreitenden Füße machen als die tänzerischen, die allein zu ihr passen! Und in dieser Qual, zwischen zwei verliebten Männern wie wählend stehen zu müssen, tut sie, was sehr oft eine Frau in einer solchen Situation tut: sie gibt sich einem nicht geliebten Dritten hin, der ihr und dem sie für eine Nacht gefällt. Und die unerträgliche Spannung ist gelöst.

Das wiedereroberte Mainz wird von den Franzosen geräumt. Forster begibt sich nach Paris. Als Caroline sich anschickt, Mainz zu verlassen, wird sie von der kurfürstlichen Regierung verhaftet und als Gefangene auf den Königstein im Taunus gesetzt. Ihr Verkehr mit Forster hatte sie als Clubistin verdächtig gemacht. Aber nicht diese Unterschiebung einer politischen Gesinnung und daß sie schuldlos daran eingesperrt ist, macht sie verzweifeln. Auch nicht, daß die Freunde Meyer und Tatter, an die sie sich um Hilfe wendet, stumm bleiben. Aber jene Nacht mit dem französischen Offizier ist nicht ohne Folgen geblieben. Sie wird ein Kind bekommen. Und sie will es nicht in der Öffentlichkeit des Gefängnisses bekommen. Es ist genug, daß die Aufmerksamkeit auf die aus politischen Gründen Gefangene gelenkt wurde. Nicht auszudenken, wenn es öffentlich würde, daß sie von einem unbekannten Vater schwanger sei. Nach zwei Monaten endlich gelingt es dem jüngeren Bruder, daß sie von der Haft befreit wird. Wie sie es gedacht hatte in ihrer Not, so geschah es: wie erwacht war sie aus einem bedrückenden Traum und lächelnd. »Gib mir morgen Ruhe und Verborgenheit«, schreibt sie Meyer aus dem Gefängnis, »so bin ich wieder glücklich.«

Aber der ihr Ruhe und Verborgenheit gab, war nicht der ehemals geliebte Meyer, sondern der verschmähte, verlachte August Schlegel, der eiligst aus Holland kam und sie nach Leipzig brachte. Vielleicht glaubte er seinen psychologischen Moment gekommen. Daß er sie, als er wieder nach Holland zurückkehren mußte, in der Obhut seines Bruders Friedrich ließ, könnte dafür sprechen. Aber vielleicht reizte den aus Pedanterie und Weltmännischkeit, Gründlichkeit und Eleganz merkwürdig gemischten Schlegel diese Geste der Ritterlichkeit um ihrer selbst willen. Daß ihm Ritterlichkeit natürlich war, dagegen spricht die Unerbittlichkeit, mit der er als ein vermögender Mann bei der verwitweten und armen Schwägerin Dorothea einmal eine Schuld eintreiben wollte, die sein Bruder Friedrich gemacht hatte.

Der Friedrich Schlegel, den die dreißigjährige Caroline zum erstenmal sah, war der immer bis zu Gedanken an den Selbstmord gedrängte, übermäßig gespannte und aufgewühlte junge Mensch von einundzwanzig Jahren vor dem Aufbruch. Nach Abenteuern, denen er weder dem Gegenstand nach, noch aus seinem lauen Blute irgendeine Bedeutung geben konnte, war Caroline die erste Frau, die er aus solcher Nähe sah, das erste weibliche Wesen, das sich ihm nicht damit definierte, in einer ihm zugewiesenen, für den Geist nichts bedeutenden Situation wie beiderseits erwünscht zu funktionieren und sich damit zufrieden zu geben. Literarische Vorstellungen von einer Diotima erfüllten sich hier in dieser Frau, die mit Intelligenz und stundenlang zuhören konnte, was für jeden Jüngling, auch wenn er nicht Schlegel heißt, von großer Wichtigkeit. Und mehr als das: Sie verstand, was man dachte, wie sich aus ihren Entgegnungen ergab. Und das Wunder: Sie verlor darüber nicht ihre anziehende sinnliche Weiblichkeit, nicht in der unbewußten Wirkung ihres Wesens und nicht in deren bewußt spielerischer, kokettischer, übermütiger Äußerung. Auch wenn sie ihm nicht von seinem über alles verehrten Bruder zugeführt worden wäre, auch wenn sie nicht so leichten Sinnes sich über die sittlichen Vorurteile hinweggesetzt hätte, mußte sie ihm um so stärker als das schlechthin Wunderbare erscheinen, als sie, vom Schicksal auf die schwersten Proben gestellt, gerade das bewahrt hatte, was ihm fehlte: das Gleichgewicht. Und nicht etwa das Gleichgewicht der Erstarrung aus Resignation besaß diese geprüft Frau, sondern jenes lebendige, das sich unentmutigt riskiert, wie man an den bebenden Schalen der Waage sah. Caroline riskierte sich mit »einem ordentlichen göttlichen Sinn für Wahrheit«, wie Friedrich dem Bruder schreibt, einem ihr innewohnenden und auch gegen sich selbst gerichteten Wahrheitssinn, den die romantische Doktrin einige Jahre später als den Sinn für das Unendliche statuieren wird.

Caroline wurde für Friedrichs Geist »ein fester Boden und Mittelpunkt einer neuen Welt«, wie er in der Lucinde aussagen wird. Fast auch mehr für Friedrichs Leib und Seele, dem er aber um des Bruders willen Widerstand von dem Augenblicke an leistet, in dem er merkt, daß dieses nicht mehr Carolinens Widerstand finden könnte. Der bei ihm und bei ihr kürzer und heißer gewordener Atem wird wieder ruhiger, ohne die schwesterlich-brüderliche Wärme zu verlieren.

Da waren ja auch Tribulationen mit der Schwangerschaft und der Geburt eines Knaben, von dem nach einem halben Jahre dessen Tod befreite, wie schon einmal der Tod der Befreier gewesen war in ihrem Leben und der Erbarmer mit ihrem Schicksal dann, wo es sich erfüllt hatte und der Rest nur Wirrnis bedeutete und Verlust. Friedrichs maßlose Geistigkeit, die allein ihm das Leben bedeutete, wird Caroline sicher gereizt haben, eine Belastungsprobe solcher überheblicher Haltung des jungen Mannes zu versuchen, aber mehr aus innerm Widerspruch als aus einem Gefühl. Wahrscheinlich ließ auch Caroline sofort davon ab, als sie eine Neigung Friedrichs merkte, auf solche Probe einzugehen.

Die an Erleben überreichen und wie sich zeigte fatalen vergangenen zwei Jahre ließen sie an Friedrichs extremer Geistigkeit, so unnatürlich sie ihr auch vorkommen mochte, mehr Gefallen finden, als wenn sie es weniger gewesen wäre.

Mit August Schlegel als Gatten und Auguste, ihrer Tochter von Böhmer, zog sie nach Jena. Daß sie Schlegel heiratete, gehörte zu dem Wenigen ihres Lebens, das sie nur aus dem überlegend-vernünftigen Teil ihrer Gesamtperson getan hat. Daß Menschen, die sie früher bewunderten, sie jetzt als ein verworfenes Geschöpf verachteten, hatte sie erfahren müssen, und daß es, wie sie schreibt, »das Härteste sei, die gewohnte Achtung zu verlieren«. Diese wiederzugewinnen, bot sich die Heirat mit August Wilhelm. Was ihr noch dazu an Einsicht fehlte, gab der zusprechende Zwang der Mutter in Göttingen, der Rat der »Götter« schon in Gotha. Noch war ja die streitbare Burg der Romantik in Jena erst im Bau, von der die Scharen ausziehen sollten, das dritte Reich zu gründen, in dem eine Art hetärisierter Ehe die bisherige bürgerliche ersetzen sollte. Wie das viele Berliner, insbesondere jüdische Frauen mit der großen Regsamkeit ihres Geistes erwarteten, die mit so ungeistigen, aber tüchtigen braven Männern verheiratet waren, wie die Rahel mit dem Varnhagen, die Henriette mit dem Markus Herz, die Dorothea mit dem Simon Veit, dieses »erste Muster einer Gehirnjüdin«, wie sie Gundolf treffend charakterisiert. Sie paßte außerordentlich zu Friedrich Schlegel, der sie als seine Geliebte mit nach Jena brachte: ihr geistbegieriges, fast zum Freßorgan ausgebildetes Hirn fand an ihm reichste Nahrung, der geistgierig wie sie das All in Geist verwandelte, um es zu fressen, zu schmecken und zu genießen.

Alle diese Frauen trieben vom andern Ufer her an dieses Ufer der Romantik als einem Lande, wo ihre ungestillte Sehnsucht, aus bürgerlicher Enge in die individuelle Freiheit zu kommen, sich Verwirklichung nicht zuletzt deshalb versprach, weil dieses romantische Land auch das der Jugend war. Alle diese Frauen waren älter als die Männer, die sie hier trafen. In den Salons, welche sich diese Berliner Frauen für ihre Geistigkeit schaffen mußten, empfingen sie weniger ihre arbeitsmüden und nüchternen Gatten, als vielmehr die jungen Leute, die nichts oder wenig zu tun und daher Zeit hatten, sich um das geistige Leben der Nation zu kümmern, die Dichter zu lesen, die Philosophen zu diskutieren. Die leidenschaftliche Rahel war stark genug, unter Schmerzen mit sich selber fertig zu werden. Die grüblerische Henriette Herz brauchte Schleiermacher, den Genießer des Religiösen, dazu und seinen salbungsvollen Zuspruch, daß sie »ein religiöses Recht auf Individualität« besitze, um in Ordnung zu kommen. Dorothea brauchte den Genuß der Denkvirtuosität eines Friedrich Schlegel. Nur Caroline brauchte gar nichts. Kein Mann hatte sie je enttäuscht. Nie war sie eine Schwärmerin gewesen und keinerlei Schwarmbild hatte für sie jenen Grad von Dichtigkeit bekommen, daß es sich an den Realitäten stieß. Da sie nie geträumt hat, konnte sie auch nie diese immer enttäuschenden Verwirklichungen von Träumen erleben. Sie war im Goetheschen Sinne eine Natur. Sie lebte nicht von der Romantik. Eher könnte man sagen, sie belebte sie. Sie war in diesem Kreise von Mystikern und Mystagogen, Kritikern und Universalgelehrten, Literaturpolitikern und Umwertern der Moral und deren weiblichem Zulauf das einzige Beispiel des lebendigen Lebens einer Frau. Sie verlor nichts, als sie Jena verließ, aber die Jenaer Romantik löste sich in alle Winde.

Man war in Weimar bei Goethe zu Besuch gewesen. August Schlegel kann noch nicht zurückfahren und bittet Schelling, seine Frau nach Jena zu bringen. Es war ein Oktobertag des Jahres 1798, wo sie sich zum erstenmal sahen.

Schelling ist ein schwerblütiger, schwerfälliger junger Mensch von dreiundzwanzig Jahren, der seiner wachsenden Verliebtheit in diese heitere, lebhafte und spielsüchtige Frau von fünfunddreißig Jahren keinen andern Ausdruck zu geben versteht, als daß er ein noch trotzigeres Gesicht macht, als es ihm die Natur schon gegeben, und mit ihr zankt. Ein paar Monate später faßt sie in einem Briefe an Hardenberg ihre Meinung über diesen Menschen: »Es hat nie eine sprödere Natur gegeben. Aber ungeachtet ich nicht drei Minuten mit ihm zusammen bin ohne Zank, ist er weit und breit das Interessanteste, was ich kenne ... Er ist beständig auf der Wache gegen mich und die Ironie in der Schlegelschen Familie; weil es ihm an aller Fröhlichkeit mangelt, gewinnt er ihr auch so leicht die fröhliche Seite nicht ab. Er ist in einer Art von Spannung, die ich noch nicht das Geheimnis gefunden habe zu lösen. Wir haben seinen vierundzwanzigsten Geburtstag gefeiert. Er hat noch Zeit, milder zu werden.« Selber ohne jeden Witz, wird er um so mißtrauischer gegen ihn, wenn er ihn so falsch gebraucht sieht wie in der »Schlegelschen Familie«, wo er als Brücke zwischen den Gedanken dient, die gar keine Wege miteinander verbinden können. Der Solidität seines Denkens wie der Steuerlosigkeit seiner Natur ist dieses ganze improvisatorische Wesen des romantischen Kreises und diese Reduktion des Alls auf ein denkerisches Genießen durchaus zuwider. Und Caroline lebt in dieser Atmosphäre, die ihm den Atem verschlägt. Er findet keinen Weg zu ihr, und es ist nicht ihr Mann, der ihn verstellt. Auch ihr nicht. Denn sie kommt ihm entgehen. Er ist nur nicht sicher, ob das Ernst oder Spiel ist. Seine Leidenschaft findet ihr gegenüber keine Worte. Er versucht es, und es ist sein erster Versuch im Leben mit der Galanterie: er läßt ihr heimlich, natürlich heimlich, für ihren Hut schwarze Federn schicken. Caroline berichtet das an ihre Tochter Auguste, das von allen umschwärmte fünfzehnjährige Kind: »Ich war ganz verblüfft.« Dieser »Granit« – den Spitznamen hat sie ihm erfunden – schickt Federn!

Carolinens Tochter Auguste –: als Schelling sie zum erstenmal sah, dieses verjüngte Abbild ihrer Mutter, das sich ihm sofort mit der leidenschaftlichen Zärtlichkeit des frühreifen Mädchens zuwandte, war er der Geliebte Carolinens, und diese noch in einer neben-, aber nicht miteinander gelebten Ehe August Schlegels Frau. Nun kam dieser intensive Bärenhäuter – rauh und edel findet ihn Caroline – in die zu seinem Wesen gar nicht passende, weil überaus verstrickte Situation, nicht nur von zwei Frauen geliebt zu werden, sondern auch zwei Frauen zu lieben, und es waren Mutter und Tochter. Beide schreiben ihm, mußte er für längere Zeit abwesend sein, die sehnsuchtsvollsten Briefe, oft Mutter und Tochter auf dem gleichen Blatt, denn mit ihrer Liebe zu demselben Manne machten sie kein Geheimnis voreinander. Aber in die Liebe zu ihrer Tochter schloß Caroline die Liebe zu dem jungen Schelling als zu ihrem Sohne ein. Denn so dachte sie sich die Lösung daß die beiden ein Paar würden. Aber das lag noch in einiger Zukunft und mochte da bleiben. Man fixierte diese künftige Lösung nicht in Worten. Nur daß sie jeder der drei jetzt glaubte, war die einzige Möglichkeit, die augenblickliche Situation größter Spannung der Gefühle zu ertragen. Caroline schreibt unter den verliebten Brief ihrer Tochter an den Freund: »Du weißt, ich folge Dir, wohin Du willst, denn Dein Tun und Lassen ist mir heilig, und im Heiligtum dienen – in des Gottes Heiligtum – heißt herrschen auf Erden.« So schreibt keine Verliebte, aber eine Liebende. In die Stärke des Gefühles mischt sich nicht die leiseste Spur einer es abschwächenden Resignation zugunsten der Tochter. Eine Verliebte verlangt, eine Liebende gibt sich hin. Und die schwere Art Schellings fühlt das im Tiefsten. Er ist in der Situation des Grafen von Gleichen, kompliziert davon, daß die beiden Frauen, die ihn lieben und die er liebt, Mutter und Tochter sind. Die frivole Lösung schloß die Art der Beteiligten bis hinein in ihre Denkbarkeit aus; die unausgesprochene Lösung, daß Schelling und Auguste ein Paar würden, schloß für Caroline und Schelling eine tragische Komplikation ein, die ihnen im Augenblick unvermeidlich erscheinen mußte. Da nahm sich, zum dritten Male in Carolinens

Leben, der Tod der Wirrnisse ihres Schicksals an, aber er forderte jetzt von ihr, als ob er um ein Geringeres nicht helfen könnte, ein weit grausameres Opfer für seinen Dienst als die beiden anderen Male.

Auguste erkrankte an der Ruhr und starb in wenigen Tagen. Und starb unter den Händen Schellings, der eine neue Heilmethode an ihr versuchte. August Schlegel, der an Tieck schreibt: »auf die erste Nachricht habe ich geglaubt, wahnsinnig zu werden«, gibt unter dem unmittelbaren Eindruck des Todes »ohne alle Schonung und die unglückliche Mutter durch die höchste Feindseligkeit ängstigend« Schelling die Schuld. Auch ein Artikel in der Jenaischen Literaturzeitung bezichtigt Schelling. Zur Besinnung gekommen, veröffentlicht Schlegel einen Brief an das Publikum, die »Rüge einer in der Jenaischen A. L. Z. begangenen Ehrenschändung«.

Zum erstenmal in ihrem Leben war Caroline verzweifelt. Der Schwerthieb des Lösers dieser engsten Verworrenheit hatte auch ihr Herz getroffen. Aber ihre Rettung war, daß sie es mit beiden Händen zusammenhalten mußte, um dem völlig verstörten Freund zu helfen. Sie brauchte es, um den Niedergebrochenen daran aufzurichten. Sich selber überlassen, wäre sie, unfähig, sich in die grausame Wollust des Schmerzes zu versenken, in der diesmal ungeheuren Anstrengung der Abwehr versteint. Davor bewahrte sie Schelling. Was er in dieser Selbstmordperiode seines Lebens an Caroline schrieb, ist verlorengegangen. Nicht die Antwort Carolinens, aus denen wir die Zerrüttung Schellings ahnen können, deren sich anzunehmen Caroline Goethe, als den einzigen Helfer, bittet. Schelling muß sich Untreue an Auguste oder an Caroline vorgeworfen haben – sie redet ihm das als sinnlos aus. Sie muß aufkommenden Haß gegen sie in seinen Briefen gemerkt haben – sie erlöst ihn davon. »Ach, störe mich nicht in meinem sanften Trauern, lieber Schelling, dadurch, daß ich bitterlich über Dich weinen muß. Das sollte nicht sein. Hättest Du Dir vorzuwerfen, dann ich tausendmal mehr; aber Gott weiß, es will nicht Raum in meiner Seele finden und haften. Ich habe Dich geliebt – es war kein frevelhafter Scherz, das spricht mich frei, dünkt mich.« Und drei Monate nach dem Tode Augustens: »Mein Herz, mein Leben, ich lieb Dich mit meinem ganzen Wesen. Zweifle nur daran nicht.« Und: »Verlaß mich nicht, ich liebe Dich, ich wollte, ich könnte Dir sagen, wie sehr!« Und vielleicht als Antwort auf ein Entsetzen Schellings, solche Liebe Carolinens auf dem Grabe der geliebten Tochter blühen zu sehen, diese Einlenkende und die Liebe Bezirkende: »… als Deine Mutter begrüße ich Dich, keine Erinnerung soll uns zerrütten. Du bist nun meines Kindes Bruder, ich gebe Dir diesen heiligen Segen. Es ist fortan Verbrechen, wenn wir uns etwas anderes sein wollten.« Und einen Monat darauf in der festgehaltenen Vorstellung solcher mütterlichen Liebe vielleicht gegen Schellings Zweifel an sich selber, daß er sich solcher Liebe finden könnte: »Du hast bloß das Recht, Gefallen an mir zu finden, nicht Gefallen an mir zu üben, … Nimm unser wunderbares Bündnis, wie es ist, jammere nicht mehr über das, was es nicht sein könnte … Ich weiß wohl, daß mir dies nach meiner Natur und schon als Weib viel leichter wird.« Auf Anspielungen Schellings, nicht sehr taktvolle, läßt diese Antwort schließen: »Spotte nur nicht, Du Lieber, ich war doch zur Treue geboren, ich wäre treu gewesen mein Leben lang, wenn es die Götter gewollt hätten, und ungeachtet der Ahndung von Ungebundenheit, die immer in mir war, hat es mir die schmerzlichste Mühe gekostet, untreu zu werden, wenn man das so nennen will, denn innerlich bin ich es niemals gewesen. Dieses Bewußtsein eben von innerlicher Treue hat mich oft böse gemacht, hat mir erlaubt, mir wagend zu erlauben; ich kannte das ewige Gleichgewicht in meinem Herzen. … Das ist mein unmittelbares Wissen, daß diese Sicherheit sicher ist, und könnte sie in mir gebrochen werden, so müßte sogleich die Vernichtung für mich eintreten. Denn eine Lehre ist das nicht und kann nicht mitgeteilt werden. ... Du siehst, ich nehme es mit der Treue im großen, aber nicht um Dir zu entschlüpfen, nur weil mir das so naheliegt. Insofern ich mir treu bin, bin ich es auch Dir. ... Die Sünde liegt nicht in den Handlungen, und so erscheint mir die Treulosigkeit auch nicht in den Untreuen.« Wie gut sagte es Schelling über diese Frau: »Man müßte sie ganz oder gar nicht lieben.«

Mit dem Verzicht auf ihre Liebe war es Caroline durchaus ernst, wenigstens soweit man in diesen nicht von Entschließungen der Vernunft und eines vernünftigen Wollens allein abhängigen Bereichen ein Gelübde, auch wenn man es ein heiliges nennt, ernst meinen kann. Um den Freund zu retten und sich ihn als Freund zu erhalten, entsagt Caroline dem Geliebten. »Ich scheide nicht von Dir, mein Alles auf Erden, das Mittel, das die Seele ergreift, um sich der Entweihung des Bundes zu entziehen, stellt alles her, ihn selbst in seiner ganzen Schöne und die Zärtlichkeit, die ihn unterhält. Als Deine Mutter begrüße ich Dich, keine Erinnerung soll uns zerrütten.« Und da sie einsichtig genug ist, sich selber nicht die Kraft zuzutrauen, dieses Gelübde zu halten, schreibt sie darunter: »Ich bete zu Gott, daß er diese Blätter segnen wolle.« Es war aber ein anderer Gott, der das Gebet hörte, und er hat es nicht erhört. Mit gutem Bewußtsein, aber nicht ganz so gutem Gewissen konnte sie dem drängenden Gatten schreiben: »Ich kann niemals Schelling als Freund verleugnen, aber auch in keinem Falle eine Grenze überschreiten, über die wir einverstanden sind. Dies ist das erste und einzige Gelübde meines Lebens, und ich werde es halten, denn ich habe ihn angenommen in meiner Seele als den Bruder meines Kindes.«

August Schlegel hat Caroline besser gekannt als sie sich selber im Glauben an dieses Gelübde. Er drang auf die Scheidung der Ehe; ihr wurde der Entschluß dazu nicht leicht. Wohl in der Befürchtung, daß sie als geschiedene Frau es schwerer haben würde, jenes Gelübde zu halten.

Sieben Jahre nur waren dem ehelichen Leben mit Schelling gegeben, sieben Jahre ruhig verfließenden Lebens. Es war wie das kaum zu merkende Hinfließen eines Flusses kurz vor seiner Mündung ins Meer. Beim letzten Erscheinen des rettenden Todesengels hatte er auch den Dämon dieses Leben mitgenommen.

Dorothea Schlegel

So aufgeklärt der Moses Mendelssohn auch war – was seine Familie betraf, hielt er es durchaus mit der jüdischen Tradition. Zu ihr gehörte, daß der Vater den Eidam aussuche und die Tochter ihn zu nehmen habe. Ihn nicht zu lieben sei kein Grund, ihn nicht zu heiraten. Die Liebe komme in der Ehe ganz von selber, denn der Simon Veit sei ein gesunder junger Mann, und auch als solider Bankier garantiere er alles, was zu einer glücklichen Ehe gehöre. Auf was wolle sie warten als vieler Schwestern Älteste mit ihren fünfundzwanzig Jahren? Bis auf die großen funkelnden Augen, die sie von der Mutter habe, sei sie sonst doch dem Vater nachgeraten, also keine Schönheit, wenn sie auch dessen gutes Köpfchen habe. Und Mitgift sei auch keine da, das wisse sie doch. Eine bessere Partie als den Simon Veit könne sie nicht machen.

Dorothea heiratete den Veit, aber die Liebe kam nicht. Sie gebar ihm drei Söhne, von denen einer im zarten Alter starb. Aber auch die Mutterschaft, und was war sie für eine liebende Mutter!, brachte nicht dieses Trugbild der Liebe zum Aufblühen, jene zum Vater der geliebten Kinder.

Dorothea war in einem lebhaften geistigen Milieu aufgewachsen, und der tüchtige simple Kaufmann Veit las nichts als seine Geschäftsbücher. Er war durchaus für das Reelle des Gelderwerbes auch sonst ein solider Mensch, der nicht größere und tiefere Interessen für die spirituelle Welt seiner jungen Frau heucheln mochte als er, auch darin gewissenhaft, mit einiger noch zu erwerbender Bildung verantworten konnte. Er war kein Snob. Und gab sich Mühe, die wenigen Stunden seiner Muße auf die Lektüre zu

verwenden, die ihm nicht leicht wurde. Als es mit seiner Ehe zu Ende ging, war er ein ganz gut gebildeter Mann. Aber da war es eben zu spät. Sechs Jahre vor ihrer Scheidung schrieb Dorothea an die Rahel, ihre Freundin: »Das Reelle, damit mögen sich Kaufleute erfreuen.« Der reelle Simon Veit saß in seinem Kontor; manchmal fiel ihm ein, daß seine Frau von ihrer Sklaverei gesprochen hat, und er schüttelte den Kopf.

In ihres Vaters Haus, des kleinen buckligen Mendelssohn mehr als bescheidende Wohnung, kam die geistige Welt seiner Zeit, teils persönlich, teils brieflich. Als er die Lektüre der Kritik der reinen Vernunft einer quälenden Verstopfung wegen unterbrechen mußte, schickte ihm Kant einen Brief voller Rezepte von Abführmitteln, so viel lag ihm daran, daß dieser gescheute Berliner rasch zu Ende lese und ihm sein Urteil schreibe. Die Zeitgenossen haben den Moses Mendelssohn für den Philosophen gehalten, was er nicht war. Das verringert nicht sein Verdienst um die Judenschaft, wenn man dieses auch dahin einschränken muß, daß die Emanzipation der Juden die zeitliche Gegebenheit war und nicht eine originäre Leistung Mendelssohns. Er glaubte auch, Lessing gegen Jacobi verteidigen zu müssen, der ihn ganz richtig einen Spinozisten genannt hat. Mendelssohn hielt ihn für einen – Mendelssohnianer.

Das vom Vater ererbte Köpfchen war ein nüchterner Kopf. Die einzige ihrem mutterhaften Wesen entsprechende Wirklichkeit, die sie in der Ehe erlebte, waren die Kinder. Ohne eigentliche Phantasie wurde in dieser Ehe aus einem geliebten Mädchen eine Schwärmerin, mehr als die anderen jungen jüdischen Mädchen des Kreises, die alle »für irgendeinen Helden oder eine Heldin aus den Romanen der Zeit schwärmten, obenan die geistreiche Dorothee. Aber auch an Wissen und geistiger Fähigkeit stand sie obenan«, erinnert sich Henriette Herz. Daß Veit das merkte und anerkannte, als ein einsichtiger Mann – was lag ihr daran? Wer war schon Veit? Ein Kaufmann und kein Schöngeist. Jahrzehnte später sagt

Dorothee: »Ich bin von Natur aus ziemlich eifersüchtig auf Ruhm, Größe, Reichtum aller Art usw.« Sie war es im geringsten auf Geldreichtum, den einzigen, den Veit schaffen konnte. Für alle anderen Wünsche und Ehrgeize seiner Frau war er nicht einmal ein schwaches Echo. Sie schreibt 1803 an Schleichermacher, daß es von je ihr Schicksal war, sich quälen zu müssen, und spricht von der Disharmonie, die mit ihr geboren ward und die sie nie verlassen würde. Mit der schwärmerischen Seele abenteuernd in Himmel ausfliegen, um heimgekehrt solcher Seele häßliches Haus zu finden, muß auch eine glücklicher verheiratete Frau als Dorothee Mendelssohn war disharmonisch machen. Daß sie bis auf die Augen ganz reizlos, unweiblich und ohne eine Spur von Grazie klein, nach der Breite gerichtet und etwas watschelnden Ganges war, das wußte sie und litt darunter. Das nahm ihr von frühester Jugend her die Unmittelbarkeit und Freiheit im Wesen und Gehaben, fast die Natürlichkeit. Sie konnte immer nur versuchen, ihre Häßlichkeit unbemerkt zu machen, indem sie sich durch gescheite Bemerkungen bemerklich machte. Aber was vermag eine junge Frau schon das zu trösten, wenn man von ihr sagt: häßlich aber gescheit? Wie oft wäre ihr das nicht weniger fatale Gegenteil lieber gewesen!

In ihr kleines Tagebuch schreibt sie den Satz: »In einer schönen Ehe ist es notwendig, daß die Frau gerade soviel verstand besitze, um den des Mannes zu verstehen – was darüber ist, ist vom Übel.« Die dreizehn Jahre Ehe mit Veit waren keine schöne Ehe. Denn sie besaß mehr Verstand als der Gatte oder was sie darunter verstehen mochte. Als sie es in ihr Büchel schrieb, war sie geschieden und zwei Jahre mit Friedrich Schlegel zusammen. Denn ein nicht mehr erwartetes Wunder war eingetroffen: Sie hatte den Mann gefunden, der sie liebte und den sie liebte. Sie war mit achtunddreißig um neun Jahre älter als er und hatte zwei erwachsene Kinder. Und er ein Genie.

Friedrich Schlegel war in großer Form. Mit der »Geschichte der Poesie der Griechen und Römer« war ihm die Romantisierung der Antike gelungen, die bis auf Nietzsche weiter wirken sollte. Daß sie das erste große Beispiel ist, wie Literaergeschichte zu schreiben, haben die nachfolgenden Zeiten festgestellt. Ohne die Kantische Kategorienlehre fallen zu lassen, hatte sich der Wechsel zu Fichte hin reibungslos, wenn auch nicht ohne Fälschung – Schlegel hielt die von der Ironie aufzuhebende ich-gesetzte Welt für eine Weiterführung –, vollzogen. Durch den endgültigen Bruch mit dem früher verehrten Schiller hatte die neue Lehre einen ihrer würdigen Gegner gefunden und mußte sich nicht nur mehr mit dem kleinen Kroppzeug der Aufklärung herumschlagen. Mit den ergebenen Freunden Novalis und Schleiermacher war großer Staat zu machen. Und seit dem »Sternbald« konnte man Tieck die Rolle des großen romantischen Romanciers übertragen. Im Athenäum hatte man endlich eine eigene Zeitschrift. Das romantische Zeitalter war inauguriert, und dem neuen Reiche fehlten auch die neuen Frauen nicht. Schleiermacher lag in Schmerzen um eine, Novalis hatte das Kind Sophie. Der Bruder August gar besaß in Caroline den inkarnierten Genius der Romantik. Die Berliner Salons waren voll von Frauen, aufgewühlt durch die Pariser Ereignisse, abtrünnig den nichts als aufgeklärten Eltern oder in ständiger Bereitschaft, den nichts als einfach-nüchternen Gatten zu verlassen.

Über gleichgültigen Liebeleien war Friedrich dreißig geworden. Als das andere Haupt einer Schule, die Pforte in ein neues Zeitalter zu sein beanspruchte, das der Universalmonarchie des Geistes, mußte er seine die Frau betreffenden Akten revidieren. Was er darin fand, war so bedeutungslos, wie es seiner gar nicht von der Frau als sinnlicher Lockung bestimmten Natur entsprach. Er stilisiert das auf einen erotischen Dändysmus: »Alles konnte ihn reizen, nichts mochte ihm genügen. Daher kam es, daß ihm eine Ausschweifung nur so lange interessant war, bis er sie versucht hatte und näher kannte. Keine Art derselben konnte ihm ausschließend zur Gewohnheit werden: denn er hatte ebenso viel Verachtung als Leichtsinn. Er konnte mit Besonnenheit schwelgen und sich in den Genuß gleichsam vertiefen ... Die Frauen kannte er eigentlich gar nicht, ungeachtet er schon früh gewohnt war, mit ihnen zu sein. Sie erschienen ihm wunderbar fremd, oft ganz unbegreiflich und kaum wie Wesen seiner Gattung ... Er ward sinnlich aus Verzweiflung am Geistigen und war wirklich mit einer Art von Treuherzigkeit unsittlich.« An den älteren Bruder schreibt, Jahre bevor er Dorothea kennenlernte, Friedrich, der sich in der Lucinde als solchen spirituellen Wüstling stilisiert, diesen für einen Sechsundzwanzigjährigen etwas banalen Satz: »Eine Verbindung mit mir, die lange bestehen soll, muß auf gegenseitiger Anregung der Sittlichkeit beruhen, denn eine solche Verbindung nimmt ewig zu. Vor allem aber dieselbe Stärke der Liebe, die nur aus der Sehnsucht nach dem Unendlichen herrühren kann.« Dieser etwas vagen Beschreibung einer Liebe entsprach Dorothea durchaus, als sie nach dem Verlust ihrer immer wohl geringen, weil von keinem Körpergefühl genährten Sinnlichkeit in einer langen Ehe mit einem Manne, den sie nicht liebte und dessen Wärme sie deshalb auch nicht spürte, Friedrich zum erstenmal gegenübertrat und in ihm den Mann sah, der die Schlüssel in eine ihr fremde und neue, aber alle die Zeit her ersehnte Welt hielt. Kopfüber und geschlossenen Auges stürzte sie sich in diese andere Welt und verschwand darin als die Frau eines Romantikers, die unter allen diesen Frauen am wenigsten romantisch war, so sehr sie sich auch bemühte, den romantischen Jargon zu reden.

Der Athenäumsbrief über die Philosophie ist an Dorothea gerichtet; er ist die erste Schrift über die Frauenemanzipation. Nicht als ob Schlegel den geschlechtlichen Naturunterschied leugnete. Aber es komme darauf an, welche Wichtigkeit und welche Grenzen man ihm gebe. Der antike Nomos nahm als Vollstrecker des Naturgewollten die Frau anders als den Mann, Sklavin oder Göttin machte er aus ihr. Der christliche Nomos, der die Natur dem Geiste unterstellt, sah im Weibe den Abfall vom Geiste, der als das Böse zu bekämpfen, als das Schwache zu schonen war, diabolus in lumbis oder Madonna. Die romantische Urschöpfung hob die Natur auf, indem sie das Natürliche zu Zeichen des unbedingten Geistes machte, zu dessen Allegorien und Arabesken. Zur Natur gehört das Geschlecht. »Die Geschlechtsverschiedenheit ist nur eine Äußerlichkeit des menschlichen Daseins, und am Ende doch nichts weiter als eine recht gute Einrichtung der Natur, die man freilich nicht willkürlich vertilgen oder verkehren, aber allerdings der Vernunft unterordnen und nach ihren höheren Gesetzen bilden darf.« Das Geschlecht hat sozusagen eine »natürliche Profession« Wie Schuster und Schneider braucht die Gesellschaft auch Zeuger und Gebärerinnen. Aber diese »natürliche Profession« geht das geistige, unendliche, göttliche Menschtum nichts an. So wenig wie die nichts als ökonomische zweckhafte Literatur mit der Poesie etwas zu tun habe, die romantisch sei. Zuzugeben, daß das Weib durch Natur häuslich sei und mütterlich. Aber diesen erdlichen Rest habe die Vernunft durch die Philosophie zu überwinden. Sie muß durch Abstraktion die Vorstellungen von ihrem irdischen Anteil reinigen und sie unter die Götter versetzen. Leben um des Lebens willen führe immer wieder zu einem Ausgang zurück, der nichts als tierisch und zweckhaft, also nichts als Natur sei. »Nur durch Abstraktion sind alle Götter aus Menschen geworden«. Gerade für die Frau sei Philosophie wichtig. Denn der Mann habe noch andere Wege, die ihn aus der eingeschränkten Natur in das Unendliche des Geistes führen: den Staat, die Wissenschaften. Aber die Frau habe keine andere Tugend als die Religion, die sie nur durch die Philosophie erlangen könne. Philosophie ist »die Stimme, Sprache und Grammatik für den Instinkt des Göttlichen im Weibe.«

So hatte Veit nie zu ihr gesprochen. Nie hatte er sie auf das so hohe Podest solcher Anschauungen und Dafürhaltungen gesetzt, was Aufgabe und Bedeutung der Frau betreffe. Da war nichts als das Reelle der Wirtschaft, des Lagers, des Kinderkriegens und -aufziehens gewesen. Immer nur ein Schneckenweg irdischer Gebundenheit, nie was Dorothea als das ihr Zukommende ahnte: Höhenflug des reinen Geistes. Und wie einfach war das, wie mühelos! Denn was sagte doch Friedrich darüber? Philosophie sei kein Fachstudium, sondern eine Lebensangelegenheit, und daher von jedem Punkte aus anzugreifen. Sei nicht ein endliches Haben, sondern ein unendliches Streben. Davor verschwinde der Unterschied zwischen dem künstlerischen Denker und dem schlichten Frauenverstand. Der unendliche Geistmensch philosophiere aus sich selber. Und der Geist kennt kein Geschlecht. Die Frauen werden zu philosophieren entboten, um sie zu denaturieren, zu entsinnlichen, der »Siele zu entwinden«. Nicht daß sich das Fleisch emanzipiere, werden sie eingeladen, sondern daß sie sich vom Fleische emanzipieren. Fleisch, Natur, Sinne, Ungeist: das waren die Männer, welche diese Frauen vor ihren romantischen Männern hatten. Der Wechsel vollzog sich beiderseits nicht aus Sinnlichkeit, die man gar nicht besaß und ablehnte. Daß die Romantiker anderen Männern deren Frauen wegnahmen, das deuteten nur die Außenstehenden auf Sinnlichkeit und deuteten falsch. Was immer nur in den Sinnen als in der Natur begründet gewesen war, dies war im anbrechenden dritten Reiche, im romantischen Zeitalter, als aus dem Geiste und vom Geiste her aufgehoben.

Dorotheas Nähe brachte die Lucinde, die nach der romantischen Anschauung über diese Gattung das Musterbeispiel eines Romanes sein sollte, also mittelbare und gesteigerte Reflexion. An der schlagenden Richtigkeit des Schillerschen Wortes darüber, daß sie »hohles Gerede« sei, ändert nichts, daß in diesem Gerede einige stoffliche Bröckchen herumschwimmen, als Reste eigenen Erlebens angedeutet und aufgeweicht in einer halb lyrizistischen, halb philosophierenden Brühe. Nichts als die Absicht geht darauf aus, einen Bildungs-, einen Künstler- und einen Liebesroman zu schreiben. Aber es kommt da weder die Bildung, noch der Künstler, noch der Liebende in dem vor, was auch sonst kein Roman ist. Dem vorzüglich kritischen Denken Schlegels war als einer ganz phantasielosen, weder im Fühlbaren, noch im Sinnlichen starken, sondern darin ganz schwächlichen Natur, zu schauen und zu formen gar nicht gegeben. Wenn die Lucinde die Behauptung beweisen wollte, daß man aus dem Geiste durch einen bloßen Willensakt Dichtungen erzeugen könnte, so bewies die Mißgeburt nichts als die Unrichtigkeit dieser Behauptung, die aus dem romantischen Irrtum entsprang, daß der Geist der Welt gleichzusetzen und die Welt eben der Geist wäre. Aber es mußte eben eine Doktrin geben, welche die Unfähigkeit als Fähigkeit inthronisierte und dem gänzlich Mißlungenen den rechtlichen Anspruch gab, daß gerade dieses das Gelungene sei. Der große Hymnus auf die Sinnlichkeit als eines nicht bedingten Wertes war schon von dem ganz anders daran beteiligten Heinse im Ardighello gesungen worden, und die kleinen Lüsternheiten, die man in der Lucinde las, blieben weit hinter der momentanen Lieblingslektüre, dem Crébillon, zurück und wirkten schamlos, weil sie zerdacht und zerschwatzt wurden. Bei den Fernstehenden erweckte das die entsetzte Vorstellung, die Romantiker feierten sinnliche Orgien, und der sanfte Schleiermacher mußte mit einer Apologie einspringen, den »Vertrauten Briefen«, in denen er ausführte, daß die Lucinde eine nichts als zu lobende Zurückweisung einer Verleugnung der Sinne sei. Aber Schlegel wollte weit mehr als solchen Bürgerschreck; den Mediokristen und Bornisten gelten nur die Frechheiten, mit denen er die Fragmente des fragmentarischen Buches vernietete. Manchmal auch die Ironie, mit der die Romantiker nichts verschonten als sich selber. Gegen sich waren sie alle von einem tödlichen Ernst.

Schleiermachers Briefe über die Lucinde haben das, was dem kommentierenden Buche fehlt: die Substanz. Auch dieser Romantiker hat Liebessorgen um eines anderen Mannes Frau und spricht von »Eheleuten, die in gegenseitiger Verachtung voreinander leben, wo er in ihr nur ihr Geschlecht, sie ihm seine bürgerliche Stellung und beide in den Kindern ihr Machwerk und Eigentum erblicken«. Aber man hatte sich da etwas zuviel vorgenommen, indem man in zwei Jahren ein versäumtes Jahrhundert nachholen zu können glaubte, und daß einige Beispiele freier Frauen, wie der Pauline Wiesel – Alexander von Humboldt ging zwölf Meilen zu Fuß, um sie zu sehen –, wie der Caroline Schlegel, weniger schön, aber brillanter, wie der Rahel Varnhagen, zusammen mit einem kleinen mißratenen Buche genügen, der Nation klarzumachen, daß sie keine erotische Erziehung besitze, weil »ihre Männer von den Frauen Unschuld und Mangel an Bildung verlangten, wodurch die Frauen zur lächerlichsten Prüderie, zur Pretension der Unschuld ohne Unschuld gezwungen würden«. Des romantischen Predigers Rat, viele Versuche zu machen, und daß, »wenn man drei, vier Paare zusammennähme, recht gute Ehen zustande kämen, falls man sie tauschen ließe«, das blieb praktisch auf den kleinen Kreis der Romantiker beschränkt, deren Beispiel die Nation nicht folgte.

Die Lucinde muß auf den kleinen Kreis der romantischen Koterie weit indiskreter und realer gewirkt haben, weil ihr Verfasser und seine Freunde im ausführenden Gespräch darüber nachgeholfen haben werden, daß in die leere Nuß ein Kern schwelle, das Skelett sich mit Fisch bedecke. Nur so kann man, was Dorothea darüber sagt, verstehen, und ihr Erschrecken über einen vermeinten Realismus des Mitgeteilten. Sie schrieb: »Oft wird es mir heiß und wieder kalt ums Herz, daß das Innerste so herausgewendet werden soll – was mir so heilig war, so heimlich.« Das ihrer einfachen, ernsthaft gerichteten Natur Wesensfremde dieser brillierenden, ironisierenden, künstelnden, romantischen Welt mußte sie als eine interessante Form der Lebensgestaltung schon deshalb entzücken, weil sie anders war als jene ihrer Ehe mit Simon Veit, deren Auflösung um diese Zeit betrieben wurde. Dorothea schreibt an einen Freund am 2. Februar 1799: »Nach vielen Contestationen, Scenen und manchem Schaudern und Zweifeln endlich von Veit geschieden ... Von einer langen Sklaverei befreit habe ich nichts gerettet als eine keine Revenue, von der ich nur äußerst sparsam leben kann ... das erstemal, daß ich von der Furcht frei bin, eine unangenehme Unterhaltung, eine lästige Gegenwart oder gar eine demütigende Grobheit ertragen zu müssen.« Wenn Frauen einen Mann nicht lieben, irren sie sich in der Unterschätzung des Mannes genau so wie in der Überschätzung des Mannes, den sie lieben. Wenn Dorothea in der gleichen Zeit von Friedrich Schlegel sagt: »Dieses reiche üppige Fühlen von Geist, Seele und Leben«, stimmt es nur mit dem Geist – Seele und Leben bekommt er von der liebenden Dorothea geschenkt.

Es sind Geschenke einer dankbaren Liebe, nicht solche einer exaltierten Verliebtheit. Rausch und Trunkenheit der Sinne gab es da auf keiner Seite. Aber bedingungslose und immer bewundernde Hingabe auf seiten der Frau, die um diese Zeit an ihre Freundin Rahel Varnhagen schreibt, daß es keinen Mann gäbe, dem man so seine Seele und Seligkeit anvertrauen könne wie Friedrich. Und auf seiten des Mannes dankbare Hinnahme einer zu jedem Opfer jederzeit bereiten, mütterlich gerichteten Frau, die seine aus Not, aus Arbeit, aus innerer Vereinsamung und zunehmender Erschlaffung entstehenden Launen wie niemand sonst erträgt. Oder ertragen lernte, wie man vorsichtiger sagen muß, wenn man in einem Briefe Dorotheens an Friedrich liest, 1808 nach ihrer Konversion zum Katholizismus geschrieben: »Jene alte Eifersucht hat der große Weihe weichen müssen. Für mich sei nicht bange. Was die himmlische Ruhe einmal gewonnen hat, sich selber, alle seine Gedanken, Worte und Werke in jedem Augenblick der heiligsten

Dreifaltigkeit aufzuopfern, der ist in einem Hafen, wo kein Sturm ihn trifft. Trennen kann uns nichts in der Welt, wir sind in Gott vereinigt. Seelen, die Dich zu finden und zu lieben wissen und Deiner würdig sind, können mir nicht hinderlich sein, ich begrüße sie schwesterlich.« Sie ist fünfundvierzig Jahre alt und hat an der Hand des in diesem Alter der Frau um vieles mehr als neun Jahre jüngeren Mannes, leitend und geleitet, jene Ruhe im Glauben gefunden, die Menschliches nicht mehr stören kann. Aber Friedrich wurde nach 1800 alle drei Monate um ein Jahr älter und immer weniger romantisch in dem Sinn, wie es als etwas Zauberhaftes, aber Beunruhigendes Dorothea nur erleben und erleiden konnte. Nach ihrer ersten Ehe, die sie als eine Sklaverei empfand und ständig zum Übermut, der ihr fremd war, verlockte, erlebte sie bei den Romantikern ihre Schule der Demut, die ihr entsprach. Auch von hier aus nach rückwärts zu ihrer Ehe hin erlebte sie diese Demut, als sie die wortlose, aber immer hilfreiche sorgende Liebe des Simon Veit zu spüren bekam und mit Rührung hörte und erfuhr, wie dieser Mann alles tat, um auf eine geistige Höhe zu kommen, die nicht zu besitzen sie ihm zum schwersten Vorwurf gemacht hatte.

Die Lucinde hat die beiden gesellschaftlich verfemt. Als Schlegel 1801 in Jena für die Erlangung des Doktorgrades disputierte, nannte einer seiner Opponenten das Buch ein Tractatum eroticum. Es gab einen Skandal, denn Schlegel warf dem Gegner einen Narren an den Kopf, der er auch war. Zu dem schlechten Ruf, den ihm die Lucinde eintrug, kamen die inneren Schwierigkeiten seiner nicht in den gebräuchlichen und brauchbaren Denk-Rahmen abgesteckten Produktion, die zu den äußeren Schwierigkeiten eines im Jahre 1804 ehelich verbundenen Haushaltes führte, der nie ohne Geldsorgen war und den immer Schulden begleiteten. In Paris, wohin sie für zwei Jahre übersiedelten, mußte Dorothea Pensionäre, Friedrich Privatschüler halten. Sie mußte ihr Klavier, er sein Sofa verkaufen, aus Nahrungssorgen. »Wir lassen uns«, schreibt Dorothea an Schleiermacher, »herzlich sauer werden. Mir reißt oft die Geduld, wenn es mit aller Anstrengung nicht gehen will. Friedrich hat große Geduld mit mir und weiß immer einen Trost zu finden, der mich beruhigen muß.« Ein Jahr darauf: »Es hat sich in mir die Überzeugung festgesetzt, daß ich Friedrich am Fortkommen hindere, nämlich mein Schicksal war es von jeher, mich quälen zu müssen, und nun muß er unter der Disharmonie, die mit mir geboren ward und mich nie verlassen wird, nun muß er auch darunter leiden … Entsetzlich, daß er von Kunstwerken leben soll, die wie Handwerksarbeit bezahlt wird.« Um dem darob tief bedauerten und weil geliebten so bewunderten Manne von solchen Sorgen zu helfen, aus keinem anderen Anlaß beginnt sie zu schreiben. Sie hat keinerlei Angst, damit unweiblich zu erscheinen, was die dafür wirklich begabte Caroline abhält, so daß sie diese erfinderische und gestaltende Begabung nur in ihren Privatbriefen ausgibt. Es ist die Sorge einer Mutter um das Kind, was sie eine Arbeit aufnehmen läßt, die ihr gar nicht eine innere Notwendigkeit ist. Sie übersetzt, sie verfaßt einen kleinen Roman, nicht in ihres Mannes, sondern in Goethes Spuren, und charakterisiert diesen Florentin ganz richtig mit dem vorgesetzten Sancha als nüchternes Gegenspiel zur donquichotischen Lucinde.

Die Loslösung von der erst bewunderten, dann kaum mehr geteilten und schließlich abgelehnten romantischen Welt wurde ihr nicht nur von Friedrich Schlegels nachlassender romantischer Exzentrizität erleichtert, sondern auch von der Jenenser Hochburg der Schule, den Eifersüchteleien und Klatschereien der kleinen Universitätsstadt, an der zu viele romantische Genies wohnten, um sich vertragen zu können. Da haust Caroline, die ehemals bewunderte Freundin, als Gattin von August Wilhelm Schlegel in einem bereits mehr als sympathischen Verhältnis zu Schelling, und Dorothea klatscht nach Berlin und frägt, ob August rassasié, occupé ou aveugle ist, um sich gleich die Antwort zu geben: tous les trois. Und als Caroline mit Schelling Jena und die Brüder verläßt, berichtet sie an die Rahel das freudige Ereignis: »Sie sollen sich aber nach allem, was ich Ihnen mündlich erzählen werde, mehr darüber freuen, sie nicht zu finden, als grämen.« Caroline hat recht, wenn sie Schelling schreibt: »Die Veit hat über das Innere unseres Hauses geschwatzt und gelogen.« Die Veit beschwert sich bei der Rahel, daß Caroline Friedrich nicht mehr liebevoll behandle. »Sie ist übermütig gegen ihn und ist dadurch nicht imstande, ihn zu begreifen. Und dies ist der Punkt, worin ich keinen Scherz verstehe.« Aber Caroline hat nur das gegen Friedrich, daß er mit Dorothea lebt, »an sie geschmiedet ist«, wie sie schreibt – »aber wie soll er sie loswerden? Er ist in ihrer Hand von der ökonomischen Seite. Friedrich hat sich doch rettungslos hineingestürzt. In Dépensen hat sie ihn und sich auch, über der Wut, gesellige Verhältnisse zu unterhalten, verwickelt.« Und beide wünschen einander lieber tot als lebendig zu sehen. »Wenn die Veit doch jemand totschlüge, ehe ich stürbe!« ist der aufrichtige Wunsch eines noch nicht ganz entbürgerlichten Frauenherzens, dem Dorothea nichts schuldig bleibt, nicht ihret-, sondern Friedrichs willen.

Um über den Freund keine Zweifel aufkommen zu lassen, bezweifelt sie sich selber. Damit niemandem einfalle, dem Freunde eine Schuld zu geben, gibt sie sich selber Schuld, indem sie sich einen disharmonischen eigenwilligen Charakter zuschreibt, wo sie nichts als opferfreudige Dienerin ist. Zum Schutze des Freundes gibt sie sich selber preis. Es ist die mütterliche, die einzige blinde Liebe zu dem geliebten Kinde Friedrich. Drei Jahre lebt sie als Freundin und Jüdin mit Friedrich zusammen. Das Verhältnis durch eine Ehe und die dadurch nötige Taufe zu legalisieren, das scheint mehr ihre Berliner Freunde beschäftigt zu haben als sie selber. »Die Berliner, scheint es, können ebensowenig ein Leben als einen Roman sich ohne Schluß denken!« Und bald darauf: »Ihr alle würdet Euch doch besser in uns finden, wenn wir getraut wären.« Daß sich in Jena alles nur ihretwegen gegen Friedrich ungünstig wandte, bekam sie damals zu hören. In dieser ersten Pariser Zeit größter materieller Sorgen wurde es ihr zur Gewißheit, daß sie Friedrichs Verhängnis sei, und sie wollte ihn um seinetwillen als sein Unstern verlassen. Da kam, daß sie ihm mit Pensionären helfen konnte. Damit kamen auch die Brüder Boisserée aus Köln als gutzahlende Privatschüler und die von ihnen eröffnete Aussicht auf eine ehrenvolle Stellung in Köln. Daß sich das leichter für einen verheirateten Schlegel als den in einer wilden Ehe mit einer geschiedenen Jüdin machen lasse, dürfte ein einleuchtender Anlaß gewesen sein, sich zu Heirat und Taufe Dorotheens zu entschließen. Aber nicht nur ein Anlaß war es, daß Dorothea von einem protestantischen Geistlichen getauft und mit Friedrich getraut wurde. Es gab auch Gründe. Ich möchte dafür nicht so etwas wie eine behauptete originär-religiöse Natur weder bei Dorothea noch bei Schlegel ansprechen, die nun durchbrochen sei. Die Quellen des Gefühles, aus dem sich das Religiöse speist, waren bei Schlegel sicher gar nicht, bei Dorothea nur gering vorhanden. Was bei dem jungen Romantiker der kritischen Schriften und der Lucinde brannte, war das kalte Feuer eines starken Intellektes. Die fehlende Wärme wird Dorothea bald genug oder doch jetzt gemerkt haben, wo Schlegel die quietistische Asche seiner indischen Studien, die er in Paris eifrig betrieb, über das ausgebrannte Feuerwerk seines Geistes breitete. Nicht damit eine heiße Seele beruhigte, von der er nie bedrängt war. Es dürfte so gewesen sein, daß man das Gefühl, das man aus Eigenem füreinander nicht nur produziert, sondern auch an diesem Eigenen als einzigem Maß gemessen hatte – daß dieses Gefühl seine bescheiden fließende Quelle und damit auch sein Maß erschöpft hatte. Man merkte keine Steigerung, sondern eine Minderung. Und jenes Weniger-Lieben ist ja schon ein Nichtmehr-Lieben.

Eine dem Glauben nicht mehr so unmittelbar verbundene Zeit, daß er die Menschen umgibt und einhüllt wie die zu atmende Luft, weist diesen Glauben zu suchen und finden den einzelnen immer auf den nichts als individuellen als einen schicksalshaften Weg, der wahrhaft ein Kreuzweg auch darin ist, daß er sich mit Weisern nach mehreren christlichen Glaubensmöglichkeiten zerteilt. Der sich zum Christentum konvertieren will, steht vor Kirchen, die sich relativieren, mit der Last, eine wählen und verabsolutieren zu müssen. Schon daß er wie vor einer Musterkarte wählen muß, ist ein dem Glauben ganz konträrer Zustand, den alte Zeiten nur mit der Einführung des wunderbaren Erlebnisses lösen konnten, das die von Natur aus christliche Seele zurückbringt in ihre Heimat. Aber die ins Heidnische nur verirrte Seele hatte damals nur die eine christliche Heimat der katholischen Kirche. Sie war das absolute Antagon. Und das Wunder erlebt heute nur, wer vom Leben dahin gebracht ist, nichts mehr von ihm, aber alles von einem Wunder zu erwarten, wie den Haupttreffer von einem Lotterielos, das er sich von seinem letzten Gelde gekauft hat. Daß sich Gott oft unbegreiflicher und merkwürdiger Mittel und Wege bediene, den Menschen zu sich zurückzubringen, ist nichts als ein geheimnisvoll tuender Satz mit der therapeutischen Absicht, dem Menschen Ruhe und Beruhigung zu geben, und den Konvertierten zu überreden, daß er nicht gewählt habe, sondern daß er gewählt wurde; daß er nicht ging, sondern am unsichtbaren Finger des Gottes gegängelt wurde zu seinem Heile; und daß nicht er es war, der mit seinen unzulänglichen Mitteln innerhalb der Relativitäten sich für ein Absolutes entschieden, sondern daß das Absolute eben über ihn entschieden habe.

Bei Schlegels Konversion lag der Fall anders als bei Dorothea. Auch er hatte solche Anlässe wie die helfenden katholischen Freunde und die Mißgunst und die Schädigung, die er immer nur von den protestantischen Kameraden und Stellen gefunden hat. Er schreibt das ausdrücklich und wörtlich so in einem Briefe an Schleiermacher. Aber er hatte auch Gründe. Das Unbedingte nur im Denken und nicht im Gedachten zu sehen, nur jedem die Wirklichkeit, diesem aber nur den Charakter des Spieles und Scheines zu geben: solche Verabsolutierung des Relativen ist denkbar, aber nicht lebbar. Das Ich hat das Bedürfnis, sich auch einmal niederzusetzen und da tut es kein relativer Stuhl, sondern nur ein wirklicher. Nicht als ob Schlegel in seinen besten kritischen Arbeiten, wie denen über Forster, über Jacobi, über Lessing ein romantischer Relativist ohne festen Standpunkt gewesen wäre. Er schmäht und schimpft da ohne irgendeinen romantischen Ironismus, und Schmähworte wie Mediokristen, Moderantisten und Bornisten sind sehr positiv bestimmt von einem unbedingten Wert her, den er der Persönlichkeit und dem schöpferischen Akt gibt. Aber Schlegel wurde schlaff, er wurde dick, er wurde bequem, und er hatte kein Glück. In jüngeren lebhafteren Jahren trug die schwache Brücke der romantischen Ironie, die man über Unzulänglichkeiten seines Lebens wie seiner Kunst schlug, leidlich. Ehrlich gab Schlegel den Schlachtruf des dritten romantischen Reiches In philistros auf, als er nicht nur in seiner wachsenden Leibesfülle, sondern auch sonst Neigungen zum Philister in sich verspürte, wenigstens was die Kommoditäten des Lebens betraf. Aus den Inkommoditäten seines ihn entleerenden Denkens begab er sich in der höchsten Bedrohung, daß die Dauben des Fasses auseinanderfielen, nachdem er ihm die Reifen genommen, in die Kirche, wie später in den Polizeistaat: beides ein ihm übergeordnetes Absolutes, das ihm die innere Beruhigung gab, die seine nach Ruhe bedürftige Körperlichkeit verlangte.

Bei Dorotheas Konversion lag der Fall so, daß sie im Unvermögen Friedrichs und auch in ihrem eignen, die siegenden Quellen des Gefühls zu speisen – vielleicht auch aus einem richtigen Zweifel heraus, ob der Mensch solches überhaupt vermöge –, sich in den mystischen Ort des Religiösen begab, an dem man sich immer mit dem darin verabredeten Freunde trifft und die eigne kleiner und schwächer werdende Liebe, diese Liebe, die Zueinander heißt, in der Liebe zu einem großen Dritten wiederfindet. Im gemeinsamen Kirchgang sucht das sonst tribulierte Paar den guten Ort seiner Liebe auf und findet ihn. Die göttliche Nähe verscheucht den verwirrenden enttäuschenden Tag, macht nicht nur das Gelebte, sondern die Lebenden selber unwichtig. Was Leben hat, muß auch Gestalt haben. Das Vielfache, was man so Leben nennt, ist gestaltlos. Einzig gestaltet ist die Kirche. Also ist Gott das, was man allein Leben nennen kann. So formulierte Schlegel die ihn rettende Einsicht, die Dorothea hinnahm, indem die erst protestantisch Getaufte gemeinsam mit ihrem Manne vier Jahre später zur katholischen Kirche übertrat. Wer das denkende Ich als die Welt auszeichnet, wie es Schlegel tat, dem ist in der »tiefen Unersättlichkeit« seiner Intelligenz nichts wahr ober nichts wahr genug. Er zerstäubt die Welt in formlose Nichtse und damit sich selber. Rettung ist das Hinnehmen einer denkunmöglichen und nur glaubbaren Wahrheit: das Religiöse, dem sich alles Denken unterzuordnen habe. Für Dorothea begab sich diese rettende Erkenntnis Schlegels aus dessen Allgemeinem in ihr Besonderes, aus dem heraus sie wieder auf den christlich-indisch gerichteten Schlegel so wirkte, daß er die katholische Taufe nahm.

Das Paar ist nach Köln übersiedelt. Aber Schlegel ist immer unterwegs nach Arbeit. Oder er verbringt Monate in Coppet bei Frau von Staël, der Geliebten seines Bruders August. Er schreibt selten, Dorothea um so häufiger. Einmal kommt zu Weihnachten und Neujahr kein Wort von ihm, und Dorothea macht ihm bittere Vorwürfe. Und wie viel Arbeit tut sie für ihn unter seinem Namen, wie viel Arbeit, um ihm etwas Geld schicken zu können. Die Freunde helfen ihr in ihrer Einsamkeit, die Brüder Boisserée, der Kanonikus Wallraff, die frommen alten Bilder, welche die Brüder sammeln, der Dom hilft. »1806 am Tage Allerheiligen in dem Dom zu Köln ist mir während der Messe die Liebe zu Gott und Gottes Liebe zu mir zuerst deutlich und lebhaft geworden, und daß ich ihn mit derselben Liebe lieben kann, wie ich Friedrich liebe und meine Kinder. Und so ist Friedrichs Liebe mir auch ein Bild, ein Zeugnis, der Abglanz der Liebe Gottes zu mir.« Fast war ihr Friedrich durch sein menschlich Unzulängliches, zur Liebe nicht Fähiges verloren – da rettete sich Dorothea damit, daß sie ihn in die göttliche Wirtschaft einbezog. Sie ließen sich nochmals katholisch trauen. »Nun kann uns nichts mehr in der Welt trennen.« Bald darauf verlassen sie das französische Köln und siedeln nach Wien.

Schlegel glaubte, es würde sich ihm hier das Feld für eine große politische Tätigkeit auftun. Er erwartete, daß ihm als einem Autor mit interessanter Vergangenheit und einer interessierenden Gegenwart als katholischer Konvertit eine große politische Rolle zugehörte. Dem war aber nicht so. Aus seinen nichts als allgemeinen Ideen kam er dazu, die Bedeutung des Politischen zu überschätzen, also vom Politischen nichts zu verstehen. Das System Metternich wies ihm nur ganz subalterne Aufgaben zu, wie man sie von den Literaten verlangt: etwa Anfertigung von patriotischen Gedichten, wenn solche gebraucht werden. Oder die Abfassung eines Aufrufes, in dem nichts gesagt und deshalb wichtig ist, dieses bedeutungshaft zu sagen. Er hielt, von solchen politischen Aufgaben wenig in Anspruch genommen, Vorlesungen über Philosophie und Literatur, die gut, aber nicht so gut besucht waren, als daß mit ihrem Geldertrage auskömmlich zu leben war. Man mußte immer Schulden machen – noch die Witwe Dorothea hatte daran zu zahlen, als Friedrich Schlegel ganz unerwartet im Jahre 1823 starb.

Schon 1813 schreibt sie: »Ich bin in Wien erschrecklich alt geworden. Das hat man vom leben.« Und sechsundzwanzig Jahre später an ihre Jugendfreundin Henriette Herz: »Alles was wir Weltkinder sonst Poesie des Lebens genannt haben, das ist weit, weit …

Ich könnte sagen wie Du, ich hab es satt.« Einziger Trost in ihrem Alter sind ihre beiden Söhne, die sie mit großem Eifer zur Kirche bekehrt hat, fast Häupter einer frommen Malerschule, die sich die Nazarener nennt. Sie ist nicht wahrhaft fromm geworden, weil sie es nie war. Für die wahre Frömmigkeit ist sie zu laut damit, zu sehr bekümmert um den objektiven Wahrheitsgrund, nach Gott und Teufel fragend, nach dem Erlöser und seiner Mutter. Sie blieb immer und bis ans Ende, was sie sagte: ein Weltkind. Und fügte es in eine Gotteskindschaft ein, um als davon besser gewordener Mensch Menschliches leichter zu tragen. Sie starb im Jahre 1839, eine des Lebens müde Greisin.

Pauline Wiesel

Als das jüngste von den vielen Mädeln des Geheimen Rates Cäsar in das Alter kam, wo nach einem Vorurteil der Eltern die Bildung als der wichtigste Faktor des Erziehungswerkes auf das Kind losgelassen wird, hatte die kleine Pauline das Glück, ihren Vater zu verlieren und in ihm den, der gebildet und pedantisch wie er war sie in diese Zucht genommen hätte. Die Mutter, eine französische Emigrantin leichten Sinnes und wenig von Vorurteilen belastet, tat nichts, die großen natürlichen Anlagen und Gaben der kleinen Pauline durch den Zusatz gleichgültiger Kenntnisse zu verschneiden. Zur Not, daß man französisch und deutsch schreiben lernte, wobei die orthographischen Fehler um so weniger zählten, als Pauline das was sie zu schreiben hatte immer höchst eindringlich und präzis ausdrückte. Ob im Dativ oder im Akkusativ kam dabei gar nicht in Betracht.

Mama Cäsar besaß Vermögen, eine Pension und ihre guten Beziehungen zur Hofgesellschaft vom Verstorbenen her. Das Haus war voll hübscher Mädchen, und der Gäste waren nicht wenig. Ab und zu heiratete eines der Mädchen, und kam es einmal bei einer Liebschaft nicht zu solchem Abschluß, so machte sich Mama auch keine Sorgen. Wenn es nur lustig herging. Die lustigste war Pauline. Noch nicht fünfzehn war sie, als das Feuer in ihren Augen aufblitzte. Und mit siebzehn hatte sie ihre erste Liebe. Das war der junge Domherr Graf Hugo von Hatzfeld. Er wollte Pauline heiraten, konnte aber seine Säkularisation nicht erlangen. Er wird sie nicht sehr ernsthaft betrieben haben. Er wird gefürchtet haben, daß das Feuer der unbändigen Person nicht taugen würde, ihm den

ehelichen Kochtopf linde zu wärmen. Pauline dachte noch mit siebenundvierzig Jahren an ihn – er war ja der erste gewesen! –, der ihr so viel Leid zugefügt habe »durch Liebe, durch Schwäche, durch Mangel an Mut«.

Der nächste war ein Narr. Oder doch ein Mensch, qui frise la folie, wie Gentz von dem reichen und melancholischen Russen Schuwalow sagte, der für das kurze Glück, das er bei ihr genießen sollte, Paulinen eine lebenslängliche Pension auswarf, die später öfter als einmal wichtig wurde als einzige Ressource im Auf und Ab eines abenteuerlichen Lebens. Es war ein kurzes Glück, denn dieser Schuwalow war ein Melancholiker mit der Angst verrückt zu werden im Nacken, und Pauline war ganz eingestellt auf das Glück des Augenblickes. »Ich bin nie ganz unglücklich, und nie lange«, schreibt sie einer Freundin, die wiederholt: »Zum Leiden ist ihr starkes Herz nicht gemacht.«

Mit zwanzig verfehlte Pauline nicht, den richtigen Mann zum Gatten zu nehmen. Mama vertrat nach den zwei Liebesaffären die Wahrung der gesellschaftlichen Dehors, und Pauline weigerte sich nicht, ihre Hand dem Kriegsrat Wiesel zu reichen. Er galt mit seinen libertären Allüren für ein Original. Kluge Frauen wie Rahel Varnhagen, die ihn Humboldt ähnlich fand, haben alles Lob für ihn. Nur seinen Heiratsantrag schlug die Rahel aus. Der Kriegsrat war in seiner geistigen Unrast sicher ein amüsanter Herr, aber kaum ein Gatte, wie sich ihn diese romantischen Frauen trotz aller Schwärmerei der Titaniden wünschten. Dafür war er nicht brav genug. Er eignete sich gar nicht dafür, die geistvollen Aussprüche einer Gattin bewundernd zu Papier zu bringen und der Welt mitzuteilen. Er war imstande, das was man sagte mit dem wie man lebte zu konfrontieren und eine polygame Äußerung, die man modisch tat, mit der Tatsache eines brav monogamen Daseins abzulehnen. Er hatte das Unangenehme, beim Wort zu nehmen. Er war kein schöner Geist. Er war der richtige Geist für Pauline, die in dem was sie sagte nie über das hinausging, was sie lebte. Gerade der richtige für Pauline, das enfant terrible dieses Berliner Bureau d'esprit. Der Moralist jener Zeit stellt fest, daß Wiesels »nihilistische Betrachtungsweise der irdischen Dinge die letzten Moral- und Idealbegriffe der jungen Frau zu ertöten vermochte«. Die zwanzigjährige Pauline hatte noch keine Minute ihres Lebens daran gegeben, sich Moral- und Idealbegriffe zurecht zu legen. Sie war zu intelligent, um intellektuell zu sein. Sie war zu lebendig, um trübe Bodensätze des Lebens begrifflich zusammenzukratzen und zu deuten. Was und wie sie lebte, das mußte sie sich mit ihrem eigenen Leben zeigen, nicht mit allgemeinen Vorstellungen vom Leben überhaupt. Man möchte hier die Erzählung ihres Lebens unterbrechen und von der alten Pauline sprechen, der zurückschauenden. Aber es sei nur dies vorweggenommen: der Genuß des Augenblickes ist schön gewesen und die Weisheit eines erreichten Alters desavouiert ihn nicht. Jedes ihrer späten Worte ist Essenz des erinnerten Genusses, nicht bitterer Rückstand eines à quoi bon. »Die Jugend und die Leidenschaften verklären alles. Im Alter kehren wir wieder zu den simpelsten Dingen zurück, wir beginnen uns um Rat zu fragen über unser wahres Glück«, heißt es einmal in ein paar Notizen, die sie sich im Alter über das macht, das ihre Jugend nicht verleugnet.

Die Ehe mit Wiesel hatte wie alle Ehen mehr schlimme als gute Tage. Aber weder Tiefen noch Höhen. Für den häßlichen von Blatternarben entstellten Mann, dessen boshaften Geist man bewunderte und fürchtete, auch Pauline tat es, war das eheliche Besitzrecht an diese schöne vielbegehrte Frau ein Titel, der ihm mehr schmeichelte als der andre seiner geistigen Brillanz. Denn er ließ eine erotische Magie vermuten, die er sicher nicht besaß, sondern nur deren verständige Stratageme. Pauline lernte eine Menge bei ihm, aber mit Schmerzen. Doch übertreibt sie, einer Korrespondentin zu Gefallen, wenn sie schreibt, daß Wiesel der Urheber aller ihrer Leiden war und: »eine Hausfrau, eine Mutter hätte ich werden sollen, dazu war ich geboren, aber nicht zu einer Kokette, ich war weich, mein Herz liebend, aber die Welt, die Menschen drückten mich, ein jeder machte seine Frau aus mir, wie er sie liebte und verlangte.«

Der letzte Satz sagt die Wahrheit über Paulinens Natur – nur der protestierende Akzent ist zufällig und falsch –: in der Verzauberung, die sie dem Manne antut, indem sie liebt, als Eigenwesen mit einer gleichgültigen Geschichte zu verschwinden, und nichts sonst zu sein als Liebe, die sich gibt. Das höchste Glück des liebenden Erdenkindes ist nicht Persönlichkeit. Im agonischen Moment sind bei stärkster physiologischer Gegensätzlichkeit Mann und Frau seelisch identisch.

Den Kriegsrat zu betrügen lag nahe. Seine Eitelkeit, wohl auch eine gewisse Verwegenheit seines flackrigen Geistes, vielleicht auch ein sinnliches Moment, das man errät, kamen dem, was man Betrug oder Hintergehen nennen könnte, damit zuvor, daß er seine Frau nicht geradezu an ihre Liebhaber hinschenkte, aber sie vorwissend duldete. Auf den Reisen, welche das Ehepaar vier Jahre lang durch ganz Europa führte, war man nicht allein. Ein Schweif von Anbetern begleitete. Modische junge Herren, die Gelegenheit suchten und wohl auch fanden, aus dem eben gepredigten Evangelium von der Emanzipation des Fleisches so viele und so schöne Vorteile zu ziehen, als dieser köstliche Anlaß Pauline bot. Und bei solcher Bequemlichkeit! Denn hier war alles schon vor dem modischen Schwatz entschieden nach Gefallen oder Nicht-Gefallen und weder das eine noch das andere tat sich mit den romantischen Redensarten irgendeinen Zwang an, einem neuen Evangelium zu dienen. Pauline traf ihre Wahl wie eine Frau. Sie hatte keinerlei Theorie darüber, um hinter deren kokettischer Aufmachung so zu tun, als ob sie wohl könnte, um schließlich angenehm vom Spiel erregt zu ihrem Gatten ins Bett zu schlüpfen.

Ihre impulsive Natürlichkeit, die sich nicht in den neuen Stil finden konnte und wollte, verblüffte ihre Berliner schöngeistige Umgebung, und das drückt sich in deren widerspruchsvollen Urteilen über diese Frau aus, deren Simplizität in Liebesdingen ungewöhnlich dort erscheinen mußte, wo man nichts als einen Stil der Liebe, aber keinerlei Liebe hatte, nur vieles Gerede darüber, was die Ehen problematisierte, die sich, soweit sie sich nicht lösten, in einer falschen Ekstase erhitzten. Aber auch die trockensten Urteiler, die am liebsten von moralischer Verkommenheit gesprochen hätten, mußten sich vor der starken Natur dieser Frau, die ein Elementargeist unter Esprits war, in ein wohlwollendes Verzeihen begeben. Und nicht wenige weibliche Snobs dieser romantischen Erotik waren nur deshalb zufrieden mit dem Falle Wiesel, weil sie mit dem Namen Pauline die erotischen Wechsel, die sie wohl ausstellten, aber nicht einzulösen dachten, signieren konnten. Hier war und in ihrem Kreise eine, welche bar bezahlte,– das gab diesen vernünftig Glühenden, Frauen wie Männern, das schöne Recht, in gesprochnen und geschriebenen großen Worten zu schwelgen ohne Verpflichtung, wie dem schwedischen Legationssekretär Brinckmann, der »liebte, der Briefe wegen« und an eine pseudonyme Freundin Stella an tausend Stück schrieb, darunter welche von 114 Quartseiten.

»Pauline, diese alle lieben dich doch nicht! Alle diese Menschen, auch dein ekliger Gentz, sind so kalt überspannt. Exaltation ist zuweilen die Folge eines heftigen Gefühls, und diese Menschen exaltieren sich, um sich oder andern den Beweis ihres Gefühles zu geben, kein Ausdruck ist wahr, keiner einfach an ihnen«, so schrieb ihr – man hatte sich gesehen und auf den ersten Blick geliebt – aus der Tiefe eines starken Gefühles sehr klarsichtig der »Alkibiades des preußischen Heeres«, wie man den Prinzen Louis Ferdinand von Preußen nannte oder einen »verlorenen Menschen«, wie ihn die Prüden am Hofe fanden, kaum wegen seiner Zechgelage und

Weibergeschichten, deren er die ersten mit siebzehn Jahren hatte. Aber er lebte in freier Ehe zusammen mit dieser Henriette Fromm und hatte sogar zwei Kinder von ihr. Und jetzt zeigte er sich auch noch mit dieser Wiesel, über deren Lebensführung selbst ihre Freunde den Kopf schüttelten.

Wenn der lange Nostitz, des Prinzen Adjutant, Louis Ferdinand einen Titanen nennt, so ist das Stil der Zeit, aber er hat recht mit dem Satz, daß er »den Adel der Empfindung neben allen Frivolitäten in den Ausbrüchen des Temperamentes wahrte«. Louis Ferdinands körperliche Kraft – »mein Körper versagt mir keine meiner Phantasien« konnte er sagen – bewahrte ihn vor der erotischen Schöngeisterei, wie sie Mode war, ebensosehr wie sein wohlerzogener guter Geschmack. Er brauchte den Glühenden nicht zu spielen in den modischen Übertreibungen, weder nach der Richtung des Sentimentalischen, noch nach der andern des Roués. Er hatte da und dort ein gutes Gewissen. Aber keine militärische Aufgabe, wie sie seinem draufgängerischen Temperamente entsprochen hätte. Als er sie bekam, war es, als ob ein Stauwehr aufgezogen würde. Er stürmte in die Schlacht wie ein Rasender, und fiel.

Er wollte sich gerade etwas bürgerlich mit der Fromm und seinen zwei Kindern einrichten, als er Pauline sah. »Mit Zärtlichkeit und Innigkeit hänge ich an der himmlischen guten lieben Henriette«, schreibt er seiner Freundin, der Rahel, umschreibt damit, daß es mit dieser Liebe schon so weit war, daß sie in die Tyrannei der Gewöhnung überging, die eine Ehe maskieren sollte. Da war es eine Lust, sich in die Liebe und alle ihre Qualen zu werfen. Denn Pauline war keine bequeme Frau. Auf gar kein System ihres Verhaltens eingestellt und ohne gesellschaftliche Ambition – die ihr auch nicht mehr geholfen hätte – überließ sie sich wie immer sinnlich-melancholische Frauen ganz der Laune des Augenblickes. Das Herrische des Prinzen schüchterte sie gar nicht ein; sie tat was sie wollte; betrog ihn auch, wenn es sich so gab. »Du lachtest«, schreibt er ihr, »und aßest, und mit der andern Hand stießest Du mir den Dolch ins Herz.« Und: »... verliere Dich nicht für mich ... es ist auf einen Punkt gekommen, der nicht steigen darf.« Pauline hatte die Erfahrung: die Passion der Männer ist so ephemär. Aber wenn es sie packt, im Affekte kann sie aufschreien: »Du hast alles in mir getötet«, und ruft ihm, der an die Saale dem Tode entgegenzieht nach: »Du Krieger, du Jäger, du Musikus.« Er war ein hinreißender Geliebter gewesen, denn alle Leidenschaftlichkeit dieses starken, tatdurstigen Mannes schoß aus diesem einzigen offnen Ventil der Liebe, überstürzte die gar nicht so einseitig bedingte Frau mit einer Hitze, die sie verbrannte und aufschreien ließ.

Der Gefallene trug das Bildnis Paulinens an einem silbernen Kettchen auf der Brust.

Pauline zieht das mütterliche Blut nach Paris. Gentz wird ihr Liebhaber, nicht unangenehmer Ersatz wohltemperierter Liebeskunst für das stürmische Auf und Ab der letzten Liebe, die zu viel Zeit für sich hatte und einem damit die Luft aus der Brust nahm. Gentz, der sonst was zu tun hat, liebt die Liebe als den Genuß mit allen reizvollen Garnierungen, und dabei bleibt die Frau, als die weniger leicht erschöpfte, die stärkere. Das ist ja nicht ganz so schön, wie das andere in seinen großen Momenten, aber ... »wir armen Frauen« sagt sie. Auch in dem banalen Sinn des Wortes ist das gemeint, denn man hat kleine Geldsorgen, und Gentz hilft aus. Louis Ferdinand hatte nur Schulden hinterlassen, und die Pension von Schuwalow verzögert oft ihr Eintreffen beängstigend. Die Geschicklichkeit Paulinens in Geldsachen ist nicht der Rede wert. Sie lebt da gänzlich unbekümmert in den Tag. Sie nimmt als Geschenk, was man ihr gibt. Aber sie gibt nichts für ein Geschenk. Wiesel, ihr Mann, kümmert sich nicht um sie. 1826 schreibt sie der Rahel: »Also Wiesel ist auch tot, der hat es auch überstanden; ich beneide ihn.« Schon seit dem Prinzen lebt sie getrennt von ihm.

Ist sie glücklich? Ganz unglücklich, schreibt sie, könne sie nie werden, außer durch körperliche Schmerzen, Gefängnis oder Blindheit. Und wenn sie einmal ganz verarme, bliebe ihr immer noch übrig, zu betteln oder Orangen zu stehlen in Rom. Die gute Gesellschaft in Paris kennt sie, schätzt sie, aber sie macht sich nichts daraus. Blumen, Wagenfahrten, Reisen, die Sonne, ein Duft, das entzückt sie. Ihre »grünen Gedanken«, wie sie das nennt. Menschen und Bücher schätzt sie nur, wenn sie ihr Lebensgefühl steigern. Die Wahlverwandtschaften findet sie weitläufig und ennuyant, weil keine Liebe darin ist, »nichts als Tugend, Entsagen auf alles«. Voltaires Pensées in der Schweiz für zehn Rappen gefunden zu haben und zu lesen macht ihr weit größeres Vergnügen als der ganze Schiller. »Sie leben alles, weil Sie Mut haben – ich denke mir das meiste«, schreibt ihr die arme Rahel, Gattin des Varnhagen, der jedes Bonmot seiner Frau, kaum gesprochen, für die Nachwelt aufzeichnet und der Pauline die Briefe der Rahel an sie abkauft, das Stück für einen Dukaten.

»Hat mich denn der Tod vergessen? Was ist Leben wert, wenn man nicht mehr geliebt wird und nicht mehr lieben kann?« schreibt die Zweiundsechszigjährige. Sie hat nun das Alter, um das zu tun, was sie nie getan hat: über das Leben nachzudenken, wie ihre Berliner romantischen Freundinnen, die damit schon im zwanzigsten Jahr begannen. So sagt sie jetzt: »Das Nichtwissen ist das Leben, das schöne goldne Rosenleben.« Oder: »Nur Schönheit und Jugend allein bringen uns glückliche Augenblicke … und ist nicht die große Leidenschaft das einzige auf Erden?« Drei Jahre nach dem Tode ihres Mannes hatte sie, mit neunundvierzig Jahren, einen pensionierten Hauptmann in der Schweizer Garde Karls X. geheiratet, noch immer eine schöne Frau, über deren jugendliches Aussehen sich Frau von Staël wunderte. Der Mann war, wie sie schreibt, schön, groß, gutmütig und unbedeutend, aber jeden Tag bemüht, ihr zu beweisen, daß er ohne sie nicht glücklich wäre. Ihr

Körper, der nicht altert, freut sich dessen, aber ihr Geist, über den die Reife des Alters kommt, wird nachdenklich, ihr Wesen sonderlich. Sie überlebt ihren schönen aber unbedeutenden Mann um Jahre, eine vergessene Greisin. »Wenn die Leidenschaften früher sterben als wir, das heißt man das Leben vor dem Tode beenden«, sagte sie.

Und starb, siebzig Jahre alt, im September 1848 in Saint-Germain en Laye. Die Totenfrau, die sie wusch, erzählte, nie einen schöneren Frauenkörper gesehen zu haben.

Dorothea von Kurland

Talleyrands Geliebte, die zu heiraten ihn Josephine zwang – er rächte sich dafür, indem er die Scheidung Napoleons von ihr betrieb –, diese Mrs. Grand, die er ihrem Gatten, dem Kaufmann Grand aus Genf, abkaufte, war ebenso sehr für ihre blonde Schönheit wie für ihre Dummheit berühmt. Aber Talleyrand machte sich aus der Dummheit so wenig, daß es ihm nicht einmal einfiel, sie über das Lächeln aufzuklären, wenn die in Ostindien geborne Tochter eines französischen Offiziers in Gesellschaft sagte: »Je suis dinde.« Weil man es ihr lieber glaubte, daß sie dinde sei als d'Inde. Sie gefiel ihm, dumm wie sie war, wie sie einem andern, höchst geistvollen Manne gefallen hatte, mit dem sie ihre erste Ehe brach, dem Sir Philipp Francis, dem wahrscheinlichen Verfasser der Junius-Briefe. »Eine geistvolle Frau kompromittiert zuweilen ihren Gatten; eine dumme Frau kompromittiert nur sich selber«, meinte Talleyrand, aber seine Nichte, die Herzogin von Kurland, brachte ihn von dieser Maxime ab. Denn die besaß politisches Genie. Solche Anerkennung durch ihren angeheirateten Onkel, der das stärkste politische Ingenium dieser letzten zweihundert Jahre besaß, von Richelieu ab gerechnet, bedeutet etwas. Er lernte von ihr. Sie war oft talleyrandischer als Talleyrand selber. Sie tat viel, damit der ehemalige Bischof von Autun den christlichen Kniefall mache. Jeden Tag zeigte sie ihm das Fläschchen mit dem Öl des letzten Sakramentes. Das verlangte sie selber einmal für sich, als sie – einen Schnupfen hatte. Und als es den Onkel wunderte, aus so geringem Anlaß so Ernstes zu unternehmen, sagte die Nichte: »Was wollen Sie, Onkel, das macht Eindruck auf die Die-

nerschaft«. Des Wortes erinnerte er sich auf dem Sterbebett. Und nach der letzten Ölung Talleyrands verließ sie Frankreich, das diese Kosmopolitin nicht leiden mochte, denn es hatte ihr in Talleyrand einen Streich gespielt. Mit ihrem Streich, den Onkel in die Kirche zurückzuführen, machte sie ihn quitt. Die kleine Dorothea war mit ihren siebenzehn Jahren kein Kind mehr, als sie sich in den Kopf setzte, den Fürsten Czartoryski zu heiraten Sie kannte ihn kaum, und er war fünfundzwanzig Jahre älter als sie, aber er stammte in direkter Linie von den Jagellonen ab. Da lernte sie Talleyrand kennen. Der war an den Petersburger Hof geschickt in Mission, dem Kaiser der Franzosen eine Frau zu suchen. Aber seinen Neffen Edmond zu verheiraten, beschäftigte ihn mehr als die eheliche Versorgung des Kaisers. Reich, jung und schön sollte die Frau des Neffen sein, denn an diesen drei Tugenden war der Onkel lebhaft interessiert. Er belagerte Dorothea mit aller Kunst. Ließ sie zum Beispiel wissen, das Adam Czartoryski sich verheirate. Und erreichte es, daß Dorothea Comtesse von Talleyrand-Périgord wurde. Sie sagte ihrem Bräutigam: »Ich hoffe, mein Herr, daß Sie in der Heirat, die man für uns arrangiert hat, das Glück finden werden. Aber ich muß Ihnen sagen, daß ich dem Wunsche meiner Mutter mit der größten Gleichgültigkeit gegen Sie nachgebe.« Der Bräutigam sagte seiner Braut: »Mein Gott, das erscheint mir durchaus natürlich. Ich verheirate mich ja auch nur, weil mein Onkel es wünscht, denn in meinem Alter liebt man weit mehr sein Junggesellenleben.«

Im Ancien Régime wäre dieser Dialog eines Brautpaares als üblich nicht zu notieren gewesen. Auch für die Zeit um 1910 ist er entsprechend. Aber um das Jahr 1809 tauchte im Gefolge einer katholischen Reaktion der höchst fremdartige Gedanke auf, daß die Ehe sich auch auf die Liebe gründe. Das brachte viele Komplikationen in diese Institution. Man erinnere sich, wie die deutschen romantischen Ehepaare sich lösten, anders verbanden, sich wieder lösten, immer auf der Suche nach dieser Liebe in der Ehe. Im achtzehnten Jahrhundert steckte der geschiedene Mann seine geschiedene Frau in ein Kloster, in dem sie vor der Ehe ihre Zeit abgewartet hatte. Jetzt steckte sie sich in eine andere Ehe. Im Ancien Régime wählte das junge Mädchen fast nie ihren Gatten, jetzt glaubte sie ein Recht der Liebe darauf zu haben. Da gibt es ein Buch aus dem Jahr 1798: »Lettres à Emilie sur la mythologie«; kurz vor dem Schluß unterrichtet darin der Verfasser die jungen Mädchen des 18. Jahrhunderts von der Liebe, die nichts sei als sinnliche Lust. Im Jahre 1809 erschien ein Buch: »Contes à ma fille«, dessen Verfasser das junge Mädchen in einer grauslichen Mischung von Vernünftigkeit und Sentimentalität auf die Pflichten vorbereitet. Das heißt dann für das aufgehende Jahrhundert die Liebe. Erst gegen das Ende des 19. Jahrhunderts zerfiel dieses Idol in Staub; nur in der entlegensten Provinz wird es noch verehrt. Als Talleyrand die kleine Dorothea für seinen Neffen Edmond belagerte, bediente er sich eines polnischen Grafen Batowski als Intermédiaire. Von ihrer Mutter, der verwitweten letzten Herzogin von Kurland, auf Schloß Löbikau gerufen, findet sie den Polen wie aus den Wolken gefallen vor. Er unterhält sie des langen über die Verdienste von Onkel und Neffen Talleyrand. Nicht mehr als das erzählt die Comtesse de Dino in ihren Erinnerungen. Mehr als die Erinnerungen des Barons Vitrolles, eines eben so kühnen wie glücklichen politischen Amateurs der Emigration. Er wartete in Europa seine Restauration ab. Ein Zufall machte ihn zum Nachbar der Herzogin von Kurland, der künftigen Mutter Dorotheas. Und er versäumte nicht die Annehmlichkeiten solcher Nachbarschaft. Jenem Batowski war die Herzogin sehr verpflichtet. Er war es, der als Abgeordneter des polnischen Reichstages günstige Entscheidungen für die Ansprüche der kurländischen Herzöge durchsetzte. Der Reichstag hatte schon entgegengesetzt entschieden, aber Batowski erzwang eine neuerliche Abstimmung. Zwischen der ersten und der zweiten fiel die Herzogin in Ohnmacht und »erwachte«, wie Vitrolles sagt, »sozusagen in den Armen ihres polnischen Freundes. Ihr Dank war ebenso lebhaft wie natürlich«. Die Dankbarkeit hielt an. Vitrolles sah, nicht ohne Neid, die beiden im Parke von Löbikau lustwandeln. Er wäre gern an des Polen Stelle gewesen. Als die ehelichen Pflichten die Herzogin nach Sagan zurückriefen, empfahl sie ihren Polen der Freundschaft Vitrolles, an dessen Busen sich eines Abends Batowski wertherisch gefiel. »Worüber beklagen Sie sich, mein lieber Graf?« Und der antwortete: »Eben weil ich nichts mehr zu begehren habe, bin ich so unglücklich.«

Als nach dem Hingang des Herzogs von Kurland die Herzoginwitwe sich mit einem Baron Arnfeld verheiraten wollte, protestierte Batowski. Er besaß von seiner Freundin ein Papier, in dem sie ihm die Ehe versprach ein Jahr nach dem Tode ihres Mannes und ein Abstandsgeld von eineinhalb Millionen Francs, falls sie keine Lust mehr haben sollte, ihn zu heiraten. Batowski zeigte Seelengröße. Er verduftete vor dem Baron Arnfeld. Und die Herzogin setzte ihm eine Pension von dreitausend jährlichen Dukaten aus »als eine kleine Entschädigung für das große Opfer, das der Graf auf so generöse Weise gebracht hatte«. Das Jahr darauf heiratete Batowski eine reiche Bankierstochter. Aber er blieb seiner Freundin von ehemals ergeben, indem er ihr half, die Tochter an Talleyrands Neffen Edmond zu verheiraten, der so gern ein Junggeselle geblieben wäre. Und der heiratete, damit sein Onkel im Alter nicht entbehre, was er immer nötig gehabt hatte: die Jugend, die Schönheit und den Reichtum einer Frau. Auch diesen; denn es war die Nichte, die den Onkel aus dem Konkurs rettete.

Mathilde Heine

Crescence Eugénie Mirat, Mathilde, wie Heine seine Frau-Geliebte nannte, hat erst zum 75. Todestage des Dichters in Walther Victor den freundlich gesinnten und ihr dankenden Biographen gefunden, indem er den Wert und die Bedeutung dieser Frau für den Dichter gerade dort entdeckte, wo die Schulmeister und Historiker vor ihm den Unwert und die Unbedeutung dieser Frau gesehen hatten. Daß es nicht wie so oft bei dem von ihnen verehrten Dichter bei einer flüchtigen Liebschaft geblieben war und daß er mit ihr als seinem geliebten Weibe über zwanzig Jahre bis zu seinem Tode gelebt hat, das bedauern sie aufs tiefste, weil dadurch die Welt um noch größere Werke gebracht wurde, die unzweifelhaft die Prinzessin Belgioioso als Frau Henri Heine angeregt hätte. Ein grober Irrtum wie bei Goethe, als er nicht die Titanide Charlotte heiratete, sondern die brave dumme Christiane. Und die andern, die an dem Dichter Heine kein gutes Haar lassen, sehen in dem Umstand, daß er gerade diese dumme und sinnliche Mathilde zum Weibe genommen, eine Bestätigung ihres Urteils über den menschlichen Charakter des Dichters, den sie verwerflich finden, zynisch, frech, ehrfurchtslos, gefühllos, traditionslos, aufrührerisch, also mit einem Worte jüdisch. Alles das fanden die Prinzessin und ihre Schloßgäste wahrscheinlich äußerst interessant an diesem Gaste Heine, der die große Attraktion des Hauses als dessen Brillantfeuerwerker in Witz und Melancholie war. Und es entzückte auch ihn, der eitel, stolz und ein Snob war, und dankbar nennt er die Prinzessin das schönste, edelste und geistreichste Weib, – »in welches ich aber nicht verliebt bin«. Um gleich richtig, aber mit Pathos übertrieben – er schreibt seinem jungen Verehrer Laube – hinzuzufügen: »Ich bin verdammt nur das Niedrige und Törichste zu lieben ...« Nur mit dem Törichsten hat er recht, was Mathilde und seine junge Liebe zu ihr betrifft. Das Niedrigste bezieht sich wohl auf frühere Erfahrungen, und da dürfte er auch recht haben in jedem Sinne.

Ich bin der Meinung, daß hinsichtlich der zu liebenden und zu heiratenden Frauen ein fundamentaler Unterschied zwischen den Dichtern und den meisten Literarhistorikern besteht, woraus sich in der Beurteilung jener durch diese ein Mißverständnis ergibt, wenigstens was die Liebe und die Frau betrifft. Ein gutes Beispiel Heine betreffend liefert ein französischer Biograph des Dichters, welchem Jules Legras hinwieder ein deutscher Heine-Biograph feinfühligen Spürsinn, sowie Geist- und Seelenkunde nachrühmt. Dieser Legras behauptet von der Fürstin Belgioioso: »Sie war nicht nur zu Zeiten die Vertraute seiner geheimsten Qualen, sondern sie scheint auch werkend tätig gewesen zu sein zugunsten ihres armen Freundes. Jedenfalls war sie ihm eine Ratgeberin, die einzige, deren Ratschläge gehört wurden. Unglücklicherweise konnte sie ihren Einfluß nicht lange ausüben. Nie vielleicht war Heine einem geregelten Leben näher, das sein Werk zur Gesundheit gefiltert hätte. Die Prinzessin hätte zweifelsohne den Dichter in einer gewählteren Welt festgehalten als es jene war, in die er stürzen sollte. Exiliert wie er lebend hätte sie seine Stunden der Entmutigung verstanden, und als eine delikate Frau hätte sie ihn vor den Ausschreitungen seiner Feder geschützt. Heines Sinne und sein unglücklicher Stern führten ihn leider zu einer Frau, die seines Herzens wie seines Geistes gleich unwürdig war. Es ist für die Literaturgeschichte gänzlich unwichtig, die Erinnerung an Frau Mathilde Heine zu bewahren, wenn nicht der ordinäre Einfluß, den sie unschuldigerweise auf den von ihren Leibesformen entzückten Dichter ausübte, so traurig dazu beigetragen hätte, ihn von aller gewählten Gesellschaft fernzuhalten, in der sich sein Geschmack sauber und vornehm bewahrt hätte.«

Ich verrate kein Geheimnis, wenn ich mitteile, daß so ziemlich alle Literärhistoriker, die sich mit der Belliteratur ihrer Zeit wissenschaftlich beschäftigen, eine lyrische Vergangenheit haben, die etwas angegilbt in einer Lade ihres Schreibtisches ruht und zu einer Gegenwart aufersteht, wenn der junge Gelehrte seine eben gefreite Gattin zum Anlaß nimmt, ihr vorzulesen, daß auch er in Arkadien gewesen. Aus solchem so mannigfach als kurz begründeten Aufenthalt im Dichterischen leiten sie, weiß Gott weshalb, ein tieferes und begründetes Verhältnis zur Dichtkunst ab, als es sonst Sterbliche besitzen, und sie etablieren sich auf diesem tieferen Verständnis, um es auf dem gelehrten Wege den anderen Sterblichen zu vermitteln. Zunächst ihrer Geliebten oder ihrer Gattin, die sie, wenn sie sie nicht unter ihren Schülerinnen gefunden haben, zu ihrer Schülerin machen. Als verhinderte Dichter sind sie wie unverstandene Frauen, und Liebe und Ehe ist ihnen eine endlose geistvolle Diskussion höherer und höchster Werte. Sie haben das Bedürfnis, sich dichterisch zu inszenieren und »verstanden« zu werden. Daß sie eine Mathilde, eine Christiane zur Gattin hätten wählen können, das wäre ihnen nie passiert. Daß Heine und Goethe so gewählt haben, bleibt ihnen als ein Defekt der so Betroffenen unverständlich. Da es ihre Pseudonatur ist, immer in höheren Regionen zu weilen und das Dichterische nur reflektorisch wahrzunehmen, bleibt ihnen die Natur jener ein Rätsel, denen das Dichterische elementarisch ist als das Dämonische und die zur Quelle und zu den Müttern hinabsteigen müssen als zu dem Heilbade und den in ihm dienenden Frauen. Nur der Minderwertige will von den Frauen bewundert werden und kann nur eine Liebe schmackhaft finden, die auf solcher Bewunderung als auf einem Kunstdünger erblüht. Aber der andere sucht nichts als Liebe, das zu innerst Bewegte und Bewegende in anderen Gegenden als denen des gespannten Geistes, sucht Lösung als Erlösung dort, wo man nichts als liebt und wo man o Gott! nicht so geistvoll ist wie die Prinzessin, sondern o Götter! so töricht wie Mathilde.

Das Mädchen, das die Kühe des Dorfes auf die Weide trieb, schaute in den seltenen Schulstunden den jungen blondschopfigen Lehrer nur immerzu an und er das Mädchen, dem das braune dichte Haar so stark in die Stirne wuchs, daß da gleich die großen Augen standen wie Fenster in ein Inneres, in dem alles drängendes Leben und kein Platz war, darin die allerbescheidensten Möbel eines Wissens um Lesen, Schreiben, Rechnen aufzustellen. Und in dem Pariser Schuhladen, in den sie ihre Tante holte, daß sie da als Verkäuferin die Kunden bediene, kam es viel mehr auf ihren munteren Schwatz und auf ihr lustiges Lachen an als auf Lesen- und Schreibenkönnen, und was das Addieren betraf, genügte die kleine Rechenmaschine ihrer zehn Finger.

Auf einem Tanzboden sah sie Heine zum erstenmal. Trunken von Paris und fünfunddreißig Jahre alt war er, sie achtzehn. Im Trubel verlor er die Tänzerin und fand sie nicht mehr. Es war eine Sonntagnacht und früh öffnete der Schuhladen am Montag. Die Tante drängte zur Heimkehr.

Ein Zufall führten den Dichter am Laden vorbei. Da stand sie an der Tür und lachte. Das Lachen war ihr Schönstes. Es zeigte die zwei Perlenreihen ihrer Zähne und legte zwei Grübchen in das frische Inkarnat ihrer Wangen. Aber sie lachte nicht, um das zu zeigen, sondern aus dem unschuldigen Übermut ihres Herzens. Mit der überaus reizvollen Keuschheit eines schönen sinnlichen Mädchens, die auch dann nicht verlorengeht, wenn sie als Frau das Spiel der Sinne kennt. Es ist kaum ein Bild, wenn sie der Dichter eine Blume nennt und dabei sicher nicht an das maliziöse Dumm wie eine Rose denkt. Es ist keine dichterische Lizenz, wenn er sie hold und schön und rein nennt und Gott bittet, daß er sie so erhalte.

Mit diesen Versen und einem Blumensträußchen steht der Verliebte wartend am verabredeten Abend unter dem Fenster, – sie hat ihn gesehen, zaudert ein Weilchen, nimmt dann ihr klopfendes Herz in beide Hände, und da ist sie bei ihm.

Heine hielt es erst für eine Liebschaft, aber es war eine Liebe. Er hielt es erst für eine flüchtige Laune, aber es war ein Zustand, dessen Dauer alle Qualen und Freuden, alle Seligkeiten und Schmerzen hervorrief, deren Insgesamtes man die Liebe nennt. Gestützt auf eine vermeintliche Charakterkenntnis, die man aus den Lebens- wie Dichteräußerungen gewonnen hat, glaubt man Heine das reine Gefühl der Liebe absprechen zu müssen. Aber es ist die Liebe gar kein reines, sondern ein überaus komplexes Gefühl, das sich mehr als ein Gewolltes als ein Aufgezwungenes gegen die nichts als dem Geschlechte erliegende Sinnlichkeit stellt, die man mit besserem Rechte ein reines Gefühl nennen kann. Es gibt Männer, die ihr ganzes Leben lang durch ihre Konstitution in diesem Zustande des reinen Gefühles festgehalten werden, der für die Zeit während und unmittelbar nach erlangter Geschlechtsreife charakteristisch ist. Man kennt diesen Typus, für den nicht als das Geschlecht wichtig und die Frau nichts als ein notwendiges Komplement ist, zu dem dieser Mannestyp selten vorher, aber sicher immer nachher beziehungslos bleibt. Mit einem bestimmten Alter ändert sich die Beziehung des Mannes dahin, daß ihm zunächst die Frau das Wichtigste und das Geschlechtliche nichts als eine notwendige Ergänzung wird: das ist die Voraussetzung der Liebe. Daß nicht jeder Mann, der ein weibliches Wesen mit seiner Wahl auszeichnet als seine Geliebte oder gar sein Eheweib, darin von der Liebe bestimmt wird, trotzdem er es fast immer so vermeint, ist selbstverständlich. Die Liebe ist, als eine Art zerbrechlicher Kunstform zum Schutz gegen das immer nur Chaotische des nichts als Sinnlichen errichtet, weit seltener als die Operetten und Couplets glauben machen wollen, diese Formlieferanten für jene

Masse, die aus allen andern Gründen, nur nicht aus denen der Liebe ihre zufällige Wahl getroffen hat und darum den eigenen Formausdruck nicht hervorbringen kann. Weshalb auch alle jene Situationen und Texte der Operetten nur ganz allgemeine Schemata einer sentimentalisierten Geilheit geben, in denen der Massenmensch sich mit seinem Eros unterzubringen vermag.

Die Gewohnheit der wechselnden Liebschaften – auch nicht ihre meist zuzugebende Gewöhnlichkeit – schließt beim ihnen ergebenen Manne nicht die Möglichkeit einer Liebe aus und die gewohnte Gewöhnlichkeit nicht das des ungewohnten Ungewöhnlichen. Also auch nicht bei Heine, trotzdem er als ein Dichter und überaus hellsichtiger und sich selber durchschauender Geist kein ganz richtiger Mann war, sondern etwas weniger und um vieles mehr als ein Mann. Woraus sich die bekannten Schwierigkeiten für die einen Dichter liebende Frau ergeben, die den Mann suchend auf den Dichter stößt und vom Dichter schwärmend vom Mann überrascht wird. Die übereinstimmende Situation ist so selten wie die Diskrepanzen häufig sind.

Was aus der Distanz eines Jahrhunderts über Heines außerordentliches dichterisches Ingenium zu sagen ist – und manche sagen, er hätte das größte unter den Deutschen besessen –, das erschöpft sich darin, ihm dieses große Ingenium zuzuerkennen, um gleich und gezwungenermaßen nach den Gründen zu suchen, die gegen alles Gesetz eines solchen Genius anstatt eines reinen und menschlichen Werkes ein trübes und äffisches in die Welt setzten, wie Borchardt es ausdrückt. Um als einen dieser Gründe gleich zu nennen, daß ihm die Selbstachtung gefehlt habe, von der die Möglichkeit, andere zu achten, abhängt. Als einen andern Grund, daß Heine, der gedichtete Gedichte sehr wohl als solche empfand und ähnliche hervorzubringen wünschte, immer mit demjenigen begonnen hat, womit er den wahren Dichter enden sah: mit dem Eindruck, den die Erscheinung des Gedichtes auf ihn selber, als ob er dessen Hörer oder Leser wäre, machte. Und also nur mit der Fratze seiner selbst zu schließen vermochte und »als Komödiant zwischen den Fußlichtern Applaus erpressend den falschesten Ton neben dem wahren anruft, um sicher und gewiß der Held der Minute zu bleiben«. Das mag die halbe Wahrheit sein als ein Urteil, das sich reichlich mit Beispielen belegen kann. Gewiß fand der Dichter eine Situation vor, die ihn, da alles mit höchster Gültigkeit von Hölderlin und Goethe gesagt war, bescheiden hätte machen müssen, wie es die Schwaben, wie es Platen und Mörike waren. Aber er war ein Jude. Erst vor kurzem waren die Mauern des Ghetto gefallen. Aber nicht deren Schatten, die sie fast zwei Jahrtausende europäischer Geschichte dieses Volkes in die Seelen seiner Bewohner geworfen hatten. Die Juden hatten kein Teil an diesen Heiligtümern der Völker, unter denen sie geduldet lebten. An den Domen hatten sie nicht gebaut, nicht an den Bildwerken gemalt und gemeißelt, nicht einen Ton zu dieser Musik gegeben, nicht Sitte und Brauch, nicht Staat und Gesellschaft bestimmt. An nichts von allem diesem Überlieferten waren sie beteiligt als allenfalls mit dem Gelde, das man bei ihnen lieh oder erpreßte. Nicht mit dem Blute waren sie alldem verbunden, außer mit dem des Martyriums. Das im Wehrzustande gegen seine Umgebung lebende Volk der Juden bildete dagegen als Tugenden sozusagen seine starken Zusammenhänge aus in Familie und Stamm mit dem Mittel der kultischen Bindung. Sonst die Untugenden der Intelligenz: die Schläue, die Klugheit, den Witz, die Vorsicht, die Vieldeutigkeit der Rede, – bis in den Irrsinn der talmudischen Spekulation und bis in den andern Irrsinn der geldlichen Spekulation, denn das gepreßte und erpreßte Volk konnte seine Schlachten nicht mit der Gewalt der Armeen, sondern nur mit der Macht des Kriegsschatzes gewinnen.

Nun tritt in einem Volke solchen Schicksals ein Dichter auf, öffnet sich mit einem goldnen Schlüssel der deutschen Sprache das

Haus, das alles ist, nur nicht jüdisch. Als ein sprachlicher Souverän ist er zu stolz, als daß er vor dem Eintritt einen Kostümwechsel vornähme, der ihn als Juden unkenntlich machte. Zu stolz, zu eitel und nicht ohne Ressentiment. Er hört, Goethe habe sich mißfällig über ihn geäußert. Er sagt dazu, Wolfgang Goethe werde es nicht verhindern können, daß sein großer Name einst gar oft zusammen genannt wird mit dem Namen Heine. Seine aus dem Schicksal seines Volkes überspitzte Intelligenz erliegt, überaus impressionabel wie sie ist, nur zeitweilig den nichts als Gefühlen, aber sein Mißtrauen gegen ihren formierten Ausdruck bleibt immer wach. Er kann sich in das deutscheste der deutschen Gefühle verlieren, aber er kann sich darin nicht in Verlust geraten. Und seine Aufrichtigkeit im Konfessionellen ist bedeutend. Er hat immer den Mut, seine Schwächen einzubekennen. Man nennt das Zynismus. Aber mir scheint das Wort eher für das Gegenteil am Platz.

Die Enkelin der Schriftstellerin hat im Jahre 1926 ein Journal Intime veröffentlicht, das die George Sand im Jahre 1830 und in der überaus verwirrten Situation nach dem venetianischen Intermezzo ihrer Liebesgeschichte mit Musset – das Intermezzo hieß Pagello – aufgeschrieben hat. Das Tintenfaß stand ja immer neben ihrem Bett. Sie hatte den Arzt verabschiedet und der Geschichte mit Musset eine verzweifelte Pariser Fortsetzung gegeben; qualvoll für beide war dieses Aufquirlen eines schal gewordenen Restes im Glase. Die Sand frägt die Freunde um Rat, was tun. Auch Heine. Der versichert ihr, daß man mit nichts als dem Kopf und den Sinnen liebe und daß man sich da eben nicht herausbegeben dürfe, wenn man nicht Kopf und Sinne verlieren wolle. Das ist der Rat eines besonnenen Mannes an eine turbulent-romantische Frau, die er als eine Romaneverfasserin kannte.

Wahrscheinlich war es eine aus Erfahrungen gewonnene Meinung, daß an der Liebe nur Kopf und Sinne beteiligt seien und nicht jenes merkwürdige Organ, das man nicht selber, sondern nur an seinen Effekten kennt, die man Seele nennt. Daß es verwirrend beteiligt war, hat der Liebende bei Mathilde erfahren, zum Beispiel als Eifersucht.

Er fürchtete, weil er sie kannte, die taktlose Dummheit seiner Besucher, besonders jener aus der Heimat. Er wußte, daß die natürliche Intelligenz der Geliebten selbst für wortlose Gesten reizbar war, für einen Blick, einen herabsinkenden Mundwinkel, eine hochgezogene Braue als Ausdruck für: Gott, ist diese Person dumm! Er fürchtete, daß sich ihm durch solche Haltung seiner Bekannten diese Frau entfremde und daß sie, geselliges Wesen, das sie war, andere, die frühere Gesellschaft aufsuchen könnte, in der kein gebildeter deutscher Schriftsteller verkehrte, dem sie zu dumm, sondern Leute, denen es genug war, sie hübsch zu finden. Nur deshalb gab er Mathilde in ein Pensionat. Er wußte, daß sie nie Geschmack an blauen Strümpfen finden würde, denn sie liebte zu sehr ihre rosigen Beine. Und daß ihre gute Natur sich vom Baume des Wissens nur ein spaßig-rotes Äpfelchen pflücken würde. Das waren mythologische Geschichten und Märchen und alte Könige, Spielsachen eines Kindes. Im Deutschen hat sie es ihr lebenlang nicht über zwei, drei Worte gebracht. Eines davon war »Deine Frau.« Daß »mein Mann« – dies ist das zweite deutsche Wort, das sie kannte –, daß Henri ein Dichter war, dies gesagt zu bekommen genügte ihr. Daß er der deutsche Béranger wäre, das freute sie. Wahrscheinlich mit einem kleinen Zweifel, daß irgendein anderer Dichter den Abgott der Pariser Grisetten erreiche. Aber der Zweifel war nicht so stark, als daß es ihr Lust gemacht hätte, das Deutsche zu erlernen, um zu vergleichen. Und dann lag auch Henri gar nichts daran, daß sie seine Gedichte lese. Er sagte ihr in guten Stunden viel schönere ins Ohr. Er wollte von Mathilde ja nicht bewundert, sondern geliebt werden. Er wollte diese selige Insel seiner Zuflucht nicht durch einen künstlichen Steg mit dem ennuyanten Festland verbinden und dadurch verlieren. Auch seine Sinne konnten ihr Glück nicht über die Bewunderung erreichen, die vielleicht ein leuchtendes, sicher aber kein brennendes und wärmendes Feuer ist. Er wußte um seine vielen erkalteten Stellen. Sie von einer bewundernden Geliebten vermehren zu lassen, daran lag ihm gar nichts. Aber viel daran, sie von einer Geliebten, der er kein Bruder war, durchwärmt zu bekommen. Und das gelang Mathilde, so unwissend, so launisch, so verschwenderisch, so vergnügungssüchtig wie sie war. Aber auch so fröhlich, so anmutig, so kindlich, so hübsch, so treu wie sie war. Und so eifersüchtig und wie eine kleine Bürgersfrau sinnlos wie sie sein konnte, wenn sie ihren Henri auf Untreuen ertappte, diesen akuten Anfällen eines Wechselfiebers der Sinne, das eine chronische, aber meist ungefährliche Krankheit des männlichen Geschlechtes ist. Da gab sie ihm durch Wochen kein Wort und unterhielt sich nur mit ihrer treuergebenen Pauline, die nach der Art französischer Dienstboten mehr die Vertraute und Plaudergenossin der Herrin als deren Dienerin sind, so umsichtig und vortrefflich sie auch die dienenden Verrichtungen versehen. Oder sie plauschte mit ihren Papageien. Oder ihrem Hündchen. »Er soll es nur merken, daß ich bös' auf ihn bin«, dachte die »kleine Frau«, die über ihrer Rundlichkeit nicht ihre Appetitlichkeit verlor – das »dicke Kind«, wie Heine diese hundertachtzig Pfund bald nennen wird.

In den deutschen Journalen las man von der Grisettenwirtschaft des Dichters, auch aus jungdeutschen Federn. »Ich habe vernommen, wie man Mathilde in Deutschland verleumdet hat; die Art und Weise dieser Verleumdung macht dem deutschen Volk große Ehre«, schreibt der Dichter an Campe. Und an Lewald: »Mathilde ist eine gute Hausfrau geworden trotz ihrer tollen Laune, und unser Ehestand ist ebenso moralisch wie der beste in Krähwinkel.« Er hat dem Freund einen Teppich versprochen. Mathilde hat ihn während eines Aufenthaltes des Dichters in Deutschland gewoben. »Durch diese mühsame und langwierige Arbeit hat sie mir bewiesen, daß sie während meiner Abwesenheit sehr fleißig, also auch sehr treu war. An Freiern hat es ihr unterdessen gewiß so wenig gefehlt wie der seligen Penelope, die ihrem heimkehrenden Gatten ein weit zweideutigeres Zeugnis ihrer Treue überlieferte; oder glauben Sie wirklich, daß diese Madame Ulysses des Nachts die Gewebe wieder auftrennte, woran sie tags gesponnen? Dieses hat sie dem Alten weisgemacht, als dieser sich wunderte, warum er kein Werk ihrer Hände vorfand; die Saloppe hat Tag und Nacht mit ihren Freiern verbracht und nur Intrigen gesponnen ... Wir leben beide sehr glücklich, das heißt, ich habe weder tags noch nachts eine Viertelstunde Ruhe.« Der in solchen Sachen beamtenhaft korrekte Grillparzer besucht die »tolle Wirtschaft. Denn er wohnt da in ein paar der kleinstmöglichen Stuben mit einer oder zwei Grisetten, denn zwei waren eben da, die in den Betten herumstöberten, und von denen er mir eine als ›seine Kleine‹ bezeichnete. Er selbst sieht aber auch wie die Lebenslust und wie die Lebenskraft aus. Machte mir einen sehr angenehmen Eindruck, denn mir ist der Leichtsinn nur da zuwider, wo er die Ausübung dessen, was man soll, hindert.«

Aus dem Jahre 1840 berichtet der junge Friedrich Pecht von einem Zusammensein mit dem Ehepaar Wagner, dem Ehepaar Laube und dem noch wilden Ehepaar Heine in dem Restaurant Brocci: »Die bildschöne Französin trug nun zunächst einen glänzenden Sieg über die beiden deutschen Frauen davon. Toll, naiv-anmutig und unwissend wie ein Kind verdunkelte sie sowohl die unendlich geistvolle, aber ziemlich verblühte Frau Laube, als die seelengute, aber etwas hausbackene Frau Mina Wagner. Allerdings blieb sie mit ihrer üppigen Figur und dem wundervoll matten, samtartigen Teint ein bloßes Schaugericht, aber ein entzückendes, obwohl sie schwerlich in ihrem Leben über das gefährliche Kind hinausgekommen ist, dessen bloßes Lachen einen aber schon froh machen kann. Heine behandelte sie denn auch kaum viel anders als einen Kanarienvogel, liebte sie aber offenbar zärtlich.«

Andersen erzählt von einem Besuch: »Heine hatte eines Tages seiner Frau mein Märchen vom standhaften Zinnsoldaten erzählt, und indem er sagte, daß ich der Verfasser dieser Geschichte sei, stellte er mich ihr vor; sie war eine lebhafte, nette junge Frau. Eine Kinderschar, die, wie Heine sagte, dem Nachbar angehörte, spielte in ihrem Zimmer. Wir spielten beide mit, während Heine im Nebenzimmer eines seiner letzten Gedichte für mich abschrieb.«

Und Heine selbst über seine Ehe, die er am 31. August des Jahres 1841 kirchlich machte, »weil meine Gattin, von erzkatholischer Familie, ohne solche Zeremonie sich nicht gottgefällig genug verheiratet geglaubt hätte. Und ich wollte um keinen Preis bei diesem teuren Wesen in den Anschauungen der angeborenen Religion eine Beunruhigung oder Störnis verursachen ... Den 31. August heiratete ich Mathilde Crescentia Mirat, mit der ich mich schon länger als sechs Jahre täglich zanke. Sie ist jedoch von edelstem und reinstem Herzen, gut wie ein Engel, und ihre Aufführung war während der vielen Jahre unseres Zusammenlebens so untadelhaft, daß sie von allen Freunden und Bekannten als ein Muster der Sittsamkeit gerühmt wurde. Daß ich einige Tage vor meinem Duell, um Mathildens Position in der Welt zu sichern, in die Notwendigkeit versetzt war, meine wilde Ehe in eine zahme zu verwandeln, werden Sie ersehen haben. Dieses eheliche Duell, welches nicht aufhören wird, bis einer von uns beiden getötet, ist gewiß gefährlicher als der kurze Holmgang mit Salomon Strauß ... Meine Frau befindet sich wohl und ist in diesem Augenblick sehr glücklich, daß ich für die Haushaltung für eine bedeutende Summe Leinenzeug gekauft habe. Leinenzeug macht ihr noch mehr Freude als schöne Kleider, und das ist sehr löblich ... Wir leben sehr einig, das heißt, ich gebe in allen Dingen nach ... Meine Frau führt sich gut auf. Zankt nicht zu oft, bleibt aber immer eine Verbringerin.

Mit Not und Mühe komme ich aus, doch ich komme aus und die Sorgen vergehen ... Meine Frau klagt, sie sei nicht mehr so hübsch wie früher und müsse sich daher etwas mehr putzen. Ich beteure ihr das Gegenteil, hauptsächlich der Putzkosten wegen ... Wir leben in der größten Harmonie, im schönsten kostspieligsten Frieden ... Wir leben still und in der größten Eintracht, und nie war meine Frau räsonabler wie eben jetzt, und dennoch haben hiesige Deutsche das Gerücht verbreitet, ich sei aus Unfrieden von meiner Frau geschieden. Ihr habt keinen Begriff davon, welches Ungezie-fer, das den Namen Deutsche trägt hier herumkriecht ... Ich habe eine seltene Frau, die ich unaussprechlich geliebt, dreizehn Jahre hindurch mein eigen genannt, ohne einen Moment des Weniger-liebens, in unwandelbarem Verständnis und in vollster Freiheit. Kein Versprechen, kein Zwang äußerer Verhältnisse band uns aneinander. Ich erschrecke noch jetzt oft in meinen schlaflosen Nächten vor der Seligkeit meines Lebens; ich schaure entzückt zusammen vor dieser Glücksfülle.« Als einmal ein vergeblicher Versuch gemacht wurde, Mathilden das Deutsche beizubringen und Heine von dem Mißerfolg berichtet, tut er es mit den Worten: »Sie hat einen schwachen Kopf, aber ein ganz vortreffliches Herz.« Aber diesem Herzen verdankte er die Seligkeit seines Lebens, die durch einen guten Kopf wahrscheinlich nicht gesteigert hätte wer-den können. Wäre sie mit dem Kopfe etwas weniger töricht gewe-sen, so wäre sie mit dem Herzen nicht so gescheut geblieben. Das galt eine schwere Probe, und Mathilde hat sie bestanden.

Es begann mit dem Augenlid, das Heine beim Schreiben mit zwei Fingern in die Höh' halten mußte. Es folgten die Lippen, die fast gelähmt verstummten, »daß ich«, wie er in einem Briefe an Lassalle schreibt, »ganze Abende schweigend neben meiner Frau am Kamin sitze. Welch deutsche Unterhaltung, ruft sie dann manchmal aus«. Nun tragen ihn die lahmgewordenen Beine nicht mehr und die Arme haben nicht mehr Kraft, Mathilde an die

Brust zu drücken. Er stirbt Glied um Glied bei lebendigstem Geiste. Mathildens Witwenschaft beginnt acht Jahre vor dem erlösenden Tode des Manne. »Die junge lebenslustige Frau«, schreibt eine Bekannte, »hat ein recht schweres Dasein. Man kann ihr nur das Rühmlichste als Gattin und Pflegerin nachsagen. Der Klang ihrer Stimme und ihre nie verfliegende Munterkeit waren für Heine ein beständiger Zauber und der einzige Lichtblick in seiner entsetzlichen Lage. Er hat mir mehrmals die Versicherung gegeben, daß er oftmals durch diese helle feste Stimme ins Leben zurückgerufen worden sei in Augenblicken, als seine Seele zu den unbekannten Bezirken sich aufschwingen wollte. Wenn die hohe helle Stimme seiner Frau aus dem Nebenzimmer in die Krankenstube hinüberklang, lauschte er auf, ein gutes Lächelns ging über sein Gesicht, er horchte, bis wieder Stille eintrat«.

»Hätt' ich nicht Frau und Papagei, ich würde wie ein Römer diesen schlechten brustglucksenden Nächten und dieser ganzen Misere jählings ein Ende machen. Aber das schickt sich nicht für mich, ich bin ein Hausvater. ... Sie hilft mir diese schmerzliche Bürde zu ertragen, die ich gewiß abwürfe, wenn ich allein wäre ... dieses hundsföttische Leben, ich ertrage es um Mathildens willen.«

Er schickt sie spazieren, sie soll seinetwillen nichts entbehren. Und allein quält ihn die Eifersucht. Aber: »Wie kann ich kranker Mann jetzt noch mit einer halben Million Männer konkurrieren!« Er mag es, daß man ihm die Matratze auf den Boden legt. Mathilde hat eine Ausfahrt gemacht. Sie ist nach Haus gekommen. Er wartet, lauscht. Da hört er sie sprechen. Es fällt ihm ein, daß sie ihm von einem jungen Mann erzählt hat, der ihr gefallen hat. Er läßt sich vom Lager rutschen. Auf den Ellenbogen, den gelähmten Körper nachziehend, schleppt er sich verzweifelt mit der letzten Kraft an die Tür. Da schlägt er mit dem Kopf auf den Fußboden. Er hört noch, daß Mathilde mit dem Papagei spricht. Da verlassen ihn die Sinne.

Aber nicht der kranke Heine und wie sie dies bestand, war die große Probe auf ihr verständiges Herz. Das war ein junges Mädchen Elise Krienitz, die sich Camilla Selden nannte und als die Mouche unsterblich wurde. Zuerst wehrte sich Mathilde gegen die Fremde. Aber dann gab ihr das liebende Herz die Einsicht, daß sie dem Sterbenden diese letzte Freude nicht verwehren konnte. Wenn die Mouche kam, verließ sie das Zimmer. Blieb die Mouche zu Tisch, aß sie allein. In der Euphorie seiner letzten Tage machte Heine aus dem kleinen Fräulein mehr als sie war. Denn sicher schrieb sie sich schon damals die Notizen auf, die sie später veröffentlichte.

Am 17. Februar 1856, im Dämmer eines Sonntagmorgens, legt die Pflegerin ein Tuch über des verstorbenen Dichters Antlitz. Mathilde kniet vor dem Kruzifix in der Ecke ihres Zimmers. Sie will den Toten nicht sehen. Dreht sich an der Tür des Sterbezimmers um und läuft zu ihrem Kruzifix im Winkel zurück. Spricht kein Wort …

Siebenundzwanzig Jahre später, am selben Tage wie Heinrich Heine, stirbt in ihrem kleinen Hause in Passy inmitten vieler Hunde und noch viel mehr Papageien eine alte Dame, die sehr wenig mit den Nachbarn gesprochen hat und nie davon, daß sie einundzwanzig Jahre die Geliebte und die Frau Heinrich Heines gewesen war.

George Sand

Die einzige Literatur, die schöne Frauen zu treiben Recht und Pflicht haben, sind die Liebesbriefe, und die sollen sich klug auf Angabe von Ort und Stunde beschränken. Denn nur die Lügen, die wir hören, glauben wir gern, weil wir den Mund sehen, der sie spricht; aber Lügen, die wir lesen, bringen sich alle an den Tag, der dann ein trüber ist.

Die Literatur der Sand hat ihre Unsterblichkeit daraus, daß nie sonst eine Frau und Geliebte so viel Bände Schreibens darauf wandte, der Frauenlüge ein solches Monument zu setzen. Und ich meine hier nicht diese Lust zur Lüge, die ein Grund aller Kunst ist, sondern jene andere Lüge der Not, die auf ein Verstellen und Verbergen und Täuschen ausgeht, ein Täuschen seiner selbst und der Welt, aus dem schlechten Gewissen einer unzulänglichen Natur. Die Frauen vergessen schnell, und dies, weil sie diese wunderbare Kunst, sich selbst zu belügen, so außerordentlich verstehen. Die vielen oft verborgenen Möglichkeiten ihres Wesens drängen sie wie zur Rettung und Beruhigung zu einem bestimmten Bild, daß sie sich von sich selber machen und wie sie sich vor der Welt wollen. Die Sand hat so ihr Bild und leugnete und log viele Bände, um es vor sich und der Welt zu behaupten.

Man sagt von den Frauen, daß sie wie die Chamäleone die Farbe ändern, je welche dem momentanen Geliebten gerade entspricht. Das Eigentum der Sand sind jene bürgerlichen Tugenden und moralischen Liberalismen nach Rousseaus Aufstellung, dessen Kind sie war, dessen Findelkind, wie man in Achtung einer Rousseauschen Mitteilung sagen muß. Dieses blasse Schema des eingeborenen Guten und Bösen belebte sie nach der Artung der Schriftsteller, die jeweils ihr Verhältnis waren, denn Schreibzeug und Papier hatte sie immer dem Bette nah, oft allzunah, wie einer einmal klagte. Was die Sand selbst noch ihrer Literatur gab, das macht ihrer Bücher zeitliche Berühmtheit und deren heutiges Vergessensein: sie schrieb »flüssig«, was den Bürger immer entzückt. Embarquée sur la mer orageuse de la littérature, wie sie sich mit Geschmack in einem Privatbrief ausdrückt, fand sie immer leicht diese glücklichen Worte, deren koloristischer Effekt dem des gleichbeliebten Öldruckes nicht nachsteht, und zu deren Lob man nur sagen kann, daß sie der durchaus passende Ausdruck ihrer ihnen gleichwertigen Gedanken sind. In der schönen Begeisterung redet die Sand vom »Engel des Schicksals« und vom »Reich der Wahrheit, das sich am Horizont ankündigt«, und erklärt, »der wahre Christ glaubt nicht an die Hölle« – der »wahre« Christ! Aber man muß das lassen. Sie begrub ihre Geliebten in ihren Büchern, die so wie Friedhöfe sind, und man muß sich an die Sache halten und darauf nicht viel geben, daß die Sand aus den Blüten ihres Stiles keine geschmackvolleren Kränze zu binden verstand. Sie lag mit vielen berühmten Männern im Bett: das ist ihr Ruhm und ihre Unsterblichkeit, von der auch ihre Bücher etwas abbekommen, die sie, so lange es ging, auf dem Nachttisch schrieb.

Von dem ersten Schriftsteller, den die Baronin Aurore Dudevant liebte, und den man la femme littéraire de monsieur George Sand nannte, blieb uns nur dieser Witz, der Sand das Pseudonym, das sie sich aus dem Namen Sandeau schnitt, und die amoureuse Neigung für die Künstler. Sie baute in der Kirche ihrer Liebe erst eine ganz kleine Seitenkapelle aus, bevor sie an den Hauptaltar ging, um ihre große Messe zu zelebrieren: das berühmte Beispiel der amour romantique, da man die Liebe liebte um der Liebe willen, wie einmal schon der Heilige Augustinus. – Man muß sich erinnern, daß seine Zeit Stendhal nicht las, der der im achtzehnten Jahrhundert zur sensibilité deformierten Liebe wieder das Fundament der vertu, der Kraft gab, daß diese Zeit vielmehr im René des Chateaubriand den gemäßen Ausdruck ihrer erotischen Meinung zu finden meinte, etwa wie es in Renés Brief an Céluta heißt: Je vous ai tenu sur ma poitrine au milieu du désert … J'aurais voulu vous poignarder pour fixer le bonheur dans votre sein, et pour me punir e vous avoir donné ce bonheur! Man will die Leidenschaft zerstören, um sie festzuhalten, will mit seinem Atem die Welt in Flammen setzen, um sich daran die Fackel des Hymenaeus anzuzünden. Diese Generation, die ihre Kindheit in der Zeit der großen Schlachten lebte, fand sich nun in einer armseligen Zeit, die der Ruhe des Bürgers günstig war, und sie erfand die exaltiertesten Vokabeln zu eigener Betäubung und zur Verblüffung des Bürgers. L'exercice de nos facultés, voilà le plaisir; leur exaltation voilà le bonheur, sagt Musset ganz programmatisch. Die kleinste Liebschaft transformierte man zur großen Leidenschaft, die man wie ein Schauspiel genoß: J'aime et je veux palir; j'aime et je veux souffrir. Man liebte die Liebe mehr als die Geliebte. Und so kam es, daß diese Passionen immer ihren physiologischen Moment überdauerten und nur imaginativ weiterexistierten: unter vielen Qualen bemühte sich das Paar, die Imagination zur Wirklichkeit zu machen, sein Leben auf die Höhe seiner Worte zu bringen; aber die mit der Begeisterung malträtierte Liebe rächt sich und läßt die große Leidenschaft mit Zank, Literatur und verletzter Eitelkeit enden.

Als die Sand und Musset nach den ersten sechs Monaten ihrer Liebe das Bedürfnis empfanden, die Dekoration zu wechseln, war es mit dieser Liebe schon zu Ende, für die man heimlich eine Belebung aus einer veränderten Umgebung hoffte, wenn sie auch meinten, ihr mit Venedig erst den passenden Hintergrund zu geben. Aber Venice la morte hilft mehr der Agonie einer Liebe und die Lagunen gaben ihr nur das heftigere Leben des Dichters, das Worte ausglühte, die uns kostbare Dokumente sind.

Quelle découverte avons-nous faite mutuellement, qui puisse nous dégouter l'un de l'autre? fragt die Sand den fliehenden Alfred de Musset nach dem ersten Bruch, und er findet unter manchen Antworten auch diese: Tu t'étais trompé; tu t'es crue ma maîtresse, tu n'étais que ma mére; c'est un inceste que nous commettions. Ich kann eine krätzige, vollgesoffene Dirne küssen, aber meine Mutter kann ich nicht küssen. Und die Sand darauf: Tu as raison, notre embrassement était un inceste, mais nous ne les savions pas. Wie war diese Täuschung möglich?

Es ist vielleicht nötig, daran zu erinnern, daß die Sand auch deutsches Blut hatte, vom Marschall Moritz von Sachsen, ihrem Urgroßvater und daß ihre Urgroßmutter, des Marschalls kurzwährende Geliebte, jene Marie Verrières war, eine vielseitige galante Dame und wie ihre Schwester Geneviève sehr in Mode zwischen 1760 und 70, wovon die Polizeiberichte der Zeit vieles erzählen. Der Marschall von Sachsen und die Verrières waren sehr ungleiche Ahnen, schweres und sehr leichtes Blut, das sich bis in die Urenkelin nicht mischen wollte. Man kann aus der Zahl der Geliebten, mit denen die Sand schlief, keinen sicheren Schluß auf ihre Sinnlichkeit machen. Sie gab sich im sentimentalen Affekt hin, was nur unsinnliche Frauen tun, die nichts von ihrem Körper wissen; die Sinnlichen aber wissen, was sie geben. Die Sand hatte dunkle Augen und einen vollen Mund, die täuschten. Zu Merimée sagte sie am ersten Abend: Viens, Prosper, tu verras que mon âme n'est pas corrompue. Sie betrog die Erwartung, da sie eine reine und keusche Seele als letztes Geheimnis entschleierte. An Musset schrieb sie nach der Trennung: Tu m'as reproché, dans un jour de fièvre et de délire, de n'avoir jamais su te donner les plaisirs de l'amour. J'en ai pleuré alors, et maintenant je suis bien aise qu'il y ait quelque chose de vrai dans ce reproche. Je suis bien aise ces plaisirs aient été plus austères, plus voilés que ceux que tu retrouvera ailleurs. Ihre Sinnlichkeit war von jener indolenten Art, die sich nicht rühren und die Augen geschlossen haben will, und ihr fataler Geschmack ließ sie immer Männer suchen, deren rasche Ermüdung stärkere Reize brauchte als sie geben konnte. Sie aber schrieb in den Pausen ihre Romane und fand für die Geliebten, die litten und klagten, die passenden Worte nicht. Ihr erotisches Vokabularium war das einer pflegenden, sorgenden Mutter; sie nannte ihre Geliebten immer nur »Kindchen«, Chopin auch einmal: mon cher cadavre. Die Sinnlichkeit hatte ihr kein höheres Leben gegeben, das sie ganz durchdrungen hätte. Sie wollte vielleicht tun wie die Verrières, aber sie redete sicher wie der gute deutsche Marschall.

Es gibt Frauen, die in den Momenten ihrer falschesten, d.h. echtesten Gefühle so tun, als ob sie sexuell nur dem Manne zulieb, sonst aber »das Höhere« wären. Man hat auch ein solches Porträt der Sand in Farben einer falschen albernen Keuschheit versucht, die eine zerebrale Debauche ist. Des Emanzipationsideales zarte Männlichkeiten und wilde Frauen, deren Intelligenz nicht von den schönen Instinkten belebt ist, versuchten diese Rettung der Sand als eines hilflosen, getäuschten Opfers männlicher Schlechtigkeit. Vor dieser Rettung rettet die Sand zu ihrem Glücke der venetianische Arzt ihres Geliebten.

In einer Nacht, da Alfred das Fieber schüttelte, schrieb die Sand auf drei Blätter Papieres eine Liebeserklärung an Pagello nieder und drückte ihm das feuchte Manuskript in die Hand. Er wußte nichts damit und so nahm die Sand nochmals die Feder und schrieb auf das Bekenntnis: Au stupide Pagello. In diesem Schriftstück, das der Arzt bis in sein spätes Alter bewahrte, stehen wunderbare Sachen. Es heißt da: »Ich liebe dich und weiß nicht, ob ich dich achten kann, und ich liebe dich, weil du mir gefällst.« Sie sagt dem gesunden, blonden, breitschulterigen Mann weiter, daß sie seine Fremdheit als ein Glück schätze; er würde nicht sprechen und sie mit Worten betrügen und sie können sein Schweigen auslegen und es reden lassen, was sie wolle. »Ich verstehe zu lieben und dazu leiden, und du, wie liebst du?« L'ardeur, de tes regards, l'étreinte violente de tes bras, l'audace de tes désirs me tentent et me font peur. Je ne sais ni combattre ta passion, ni la partager (Sie insinuiert ihm seine Passion, um den Ungeschickten rascher näher zu bringen). Je te regarde avec étonnement, avec désir, avec inquiétude. Und sie stellt ihm, an Musset erinnert, eine kühne Frage: Les plaisirs de l'amour te laissent-ils haletant ou abruti, ou te jettent-ils dans une extase divine? … Dann folgen wieder ätherische Worte, die die helle Klarheit der andern etwas verdunkeln sollen: Literatur und die Konvention der Scham. Pagello begriff nicht gleich. Da sagte ihm die Sand noch ein paarmal stupide Pagello, bis dieser von vier italienischen Geliebten umstrittene Naive begriff, den die Sand dem Musset einen sentimentalen Don Juan nennt, um der Eitelkeit des Dichters nicht weh zu tun.

Diesen Pagello hat ein Zufall berühmt gemacht – die andern Pagello nennt die Geschichte nicht, weil sie nichts komplizierten. Die Sand und Musset ließen vor der Welt den Arzt als Grund und Ursache des Endes ihrer Liebe gelten, die ohne ihn auf dem Wege war, sich in eine Trivialität zu verlaufen, was weder der Bedeutung der Beteiligten noch der romantischen Disposition entsprochen hätte. In dem Briefwechsel Mussets und der Sand ist von Pagello pathetisch gar nie die Rede. Er ist der gemeinsame Freund und man spricht von den tieferen Dingen dieser Liebe. Musset kultiviert den Betrug um der Schmerzen willen, die er ihm bereitet und die er sucht wie ein sentimentaler Masochist: »Les larmes coulent abondemment sur mes mains tandis que je t'écris, mais ce sont les plus douces, les plus chères …« oder: »du schreibst, du seist allein, denkest an mich – was soll ich damit? Dis-moi plutôt, mon enfant, que tu t'es donnée à l'homme que tu aimes, parle-moi des vos joies …« Der Schmerz war Mussets stärkste dichterische Affektion, schon vor der Sand. Man erinnert sich der Verse von der Liebe, in »Rolla«:

S'il est vrai qu'ici-bas on le trompe sans cesse
Et que, lui qui le sait, de peur de se guérir,
Doive éternellement ne prende à sa maîtresse
Que les illusions qu'il lui faut pour soffrir …

Seine Leidenschaft brauchte wie seine Kunst Tränen und Verzweiflung, um sich nicht abzunützen. Und seine Kunst brauchte sie so stärker in ihrer Erschöpfung und ließ ihn immer wieder die Schmerzen von der Sand aufsuchen, der man diese tragische Schuld nicht geben darf, daß sie der Grund von Mussets frühem Ende ist. Der Dämon war in Musset und nicht in ihr, wenn sie auch alles tat, sich in das Clair-obscur eines dämonischen Weibes zu setzen, da sie Lügen und Wahrheiten mischte, Wahrheiten sprach, daß man sie für Lügen, Lügen, daß man sie für Wahrheiten nehmen sollte. Sie gab Mitleid, das wie Gift brannte und hütete sich vor den eindeutigen Worten.

Sie hat ihre Geliebten ins Fleisch gebissen und hat auch das Blut gesaugt, aber es wandelte sich ihr noch im Munde zu Tinte. So konnte sie nie sagen, wie das Blut schmeckt, und machte aus der Liebe Literatur.

»Si je ne crois plus aux larmes, c'est que je t'ai vue pleurer«, zischte sie der schwindsüchtige Chopin an, der bei allem Genie nur ein armer Klavierspieler war, der sich nicht wehren konnte gegen diese Liebe, die er erleiden mußte, zehn Jahre lang und bis er ausgeschrieben war.

Im Alter spricht die Sand von den Liebesangelegenheiten ihrer früheren Jahre wie von Verirrungen: nichts weiß sie sonst – da die Bücher geschrieben sind – damit anzufangen, und hat kein bißchen jener Süßigkeit daraus, die dem Alter eines Frauenlebens eigen ist, das die heitere Schönheit der Liebe aus der Jugend des Leibes erfahren hat. Sie bekennt sich vielmehr zu einem sozialen Hermaphroditismus, diesem kulturfeindlichen Dogma unserer Zeit, das in einer Ausgleichung der Geschlechtsunterschiede der

Menschen Heil erblickt, wo es doch in deren stärkerer Differenzierung liegt. Sie schreibt: Il n'y a qu'un sexe. Un homme et une femme, c'est si bien la même chose, que l'on ne comprend guère les tas de distinctions et de raisonnements subtils dont se sont nourries les sociétés sur ce chapitre-là. Man sieht, wie schlecht sie sich immer in der Liebe benommen haben muß, da diese ihrer Intelligenz nicht eine Nuance ihrer Farbe gab. Man muß denken: sie war eine Frau, die sich nur deshalb um die Liebe zu schaffen machte, weil sie das Wort gehört hatte, mit dem sie keinen Sinn verband. Ihre großen schwarzen Augen und die schweren Gebärden ihres Leibes waren ein Bluff. Erst mit dem Alter fand diese Frau das Wesen ihrer Liebe: mütterlich sorgende Freundschaft.

Isadora Duncan

Man überklebte gerade die Plakate der Saharet, erstes Auftreten in München, als man zu einem Tanzen einer Miß Isadora Duncan aus Boston ins Künstlerhaus eingeladen wurde. Das war im Frühjahr 1901 und eine private Veranstaltung für die etlichen vierhundert Damen und Herren, die München bildeten, damals, vor der Entdeckung der bayrischen Belange und vor der Verselbständigung der Eingeborenen unter preußisch-nationaler Patronanz. Jene Oberschicht oder Überschicht der »Zugereisten«, polizeilich ausgedrückt Ortsfremden, wurde, da sie fröhlicher, ja etwas leichtfertiger Konsistenz war, gutmütig von den Münchnern ertragen, die darüber ganz ihr bedeutendes politisches Ingenium vergaßen, das frei wurde, als sich diese Zugereisten um 1918 in alle Winde zerstreuten, um jenen Platz zu machen, die unter Herrn von Ludendorffs Führung im Münchner das Kerngebilde künftiger deutscher Größe zu erkennen glaubten, worin sie sich ja auch, wie man seither weiß, nicht täuschten. Damals war es eine Lust in München zu leben. Nach und um 1918 soll es nur mehr ein Vergnügen gewesen sein.

Isadoras Tanzen machte von erbitterten Auseinandersetzungen nicht freies Aufsehen. Die einen kamen, zustimmend oder ablehnend, begeistert oder entrüstet, nicht über die nackten Beine hinaus. Bis dahin gab es das in der Tanzerei nicht. Weder Strümpfe noch Trikot zu tragen war den einen ein Fortschritt, den andern Indezenz. Neuartig war es jedenfalls. Etwas Erfahrenere in der nackten Materie hielten sich mehr an die Beine selber und stellten fest, daß die der Miß Duncan in dem Verhältnis zu dem Leibe, den

sie trugen, etwas zu kräftig ausgefallen waren und sie zur betonten Schau zu stellen so eigentlich kein Anlaß bestünde. Dies hinwieder parierten die Begeisterten mit dem Eigentümlichen ihres Tanzes, den man je nachdem griechisch oder schlechthin naturhaft fand, zumal dann, wenn die Betreffenden sich mit Miß Duncan über ihre Kunst unterhalten hatten. Denn Miß Isadora war wie ihre sie begleitende Schwester nicht verlegen in allerlei Tanztheorien. Nur die Mama Duncan enthielt sich solcher schwieriger Unterhaltungen und begnügte sich, immer wieder in der guten traditionellen Art der Ballettmamas zu bemerken, daß Isadora überall in Amerika große Erfolge gehabt und so wundervolle Präsente bekommen habe. Die einfache Frau war ganz auf das Praktische bedacht und das Griechische war ihr Hekuba. Sie verschwand übrigens bald aus dem Verkehr; so intensiver Idealismus brach ihr das Herz; die bewundernden »Griechen« verstanden sich auf keine anderen Präsente als ihre Bewunderung. Zudem sprach Isadora im verachtendsten Bostoner Ton von der »amerikanischen Dollarjagd« und im begeistertsten vom deutschen Idealismus. Aber Heymel freute sich wie ein Junge, als er bei Isadora nach dem sechsten Whisky-Soda die Umschaltung ins Normale erreicht hatte, Isadora wie ein Mädchen, das eben tanzt, sprach, und nicht mehr wie die Prophetin einer Heilsbotschaft.

Die sehr Musikalischen protestierten gegen die Musiken, welche Isadora ihren Tänzen unterlegte, und erklärten, sie müsse eigentlich ganz unmusikalisch sein, jedenfalls die Musik nicht lieben. Denn sie sticke keineswegs auf die Seiden und Brokate der Beethovenschen, Bachschen und Chopinschen Musik ihre Rhythmen, sondern sie figuriere darüber Anekdoten, mache aus Gebeten lebende Bilder, aus Emotionen des Herzens gestikulierte Faits divers. Man könne, so sagten sie, die Beleidigung des inneren Lebens nichts weiter treiben, als bis zu dessen völliger Ignoranz. Sie meinten, die Duncan suche im Räumlichen einige Figuren, welche den Bewegungen einer Melodie antworten, und das hieße in die Kunst der Wilden zurückgehen, nicht in die Natur. Die Musik sei aus dem Tanz geboren, aber der Tanz könne nicht aus unserer Musik geboren werden. Wer so was behaupte, der habe weder die eine noch den andern.

Kein Zweifel, daß es sich so verhält. Zuerst war der Tanz der Neger, rhythmisch akzentuiert von nichts als einem Schlaginstrument, zu dem erst in der weiteren Folge andere Instrumente traten bis zu einem ganzen Orchester. Die Neger am Kongo tanzen nicht zu einer Jazzband, aber was die bei uns spielt ist musikische instrumentierte Verzierung eines Tanzrhythmus, der noch keinerlei Musik ist. Ein Präludium von Chopin kann man nicht tanzen, sowenig wie ein Bild von Rembrandt oder eine Architektur von Fischer von Erlach. Man kann dazu unterstützt von allerlei Kostümlichen Bewegungen ausführen, die einen Gefühlszustand zu übersetzen scheinen, aber das ist noch nicht Tanz und bleibt auch, was das Gefühl betrifft, von sehr vager Subjektivität einer gar nicht zwingenden Interpretation. Darüber, was das Präludium gefühlsmäßig auslöst, kann man sich nie einigen. Es kommt auf den Hörer, seine Disposition und allerlei Umstände an. Und ist nebensächlich, weil anekdotisch und zufällig. Wenn die Pawlowa den sterbenden Schwan mimt, kann sie unter hunderten von malenden Begleitmusiken wählen, und sie besaß immer so viel Geschmack, eine recht banale uneigentümliche Musik auszusuchen, die gar keine musikalische Eigenbedeutung hatte, sondern nur gerade so Stimmungsgedudel war, zum einen Ohr hinein, zum andern heraus, ohne Aufenthalt in der Mitte und ohne die Fähigkeit, die Aufmerksamkeit zu teilen. Den solche Musiken notieren sich nicht. Aber jene, welche die Duncan tanzte, waren schon zuvor notorisch und besaßen ein künstlerisches Eigenleben, über das sich nicht ein zweites legen ließ mit gleichem Anspruch. Hier wurde Bedeutung entliehen.

Als die Duncan zum erstenmal auftrat, konnten die Verteidiger des alten Balletts und seiner Technik nicht sonderlich Wichtiges für eben diese Tanzform beibringen, als daß sie traditionell sei. Also wenig genug. Denn die Erhebung auf die Fußspitze als Sinn und Zweck tänzerischen Daseins, das war nicht viel. Und seine Verwendung in recht staubig gewordnen Ballettstücken war auch recht wenig. Das wurde ja dann zehn Jahre später anders, als die Russen mit sehr eigentümlichen Balletten kamen, die in jeder Hinsicht mehr waren als Kunstfertigkeit, auf der Spitze der großen Zehe herumzuwirbeln. Darin schlug sie ja jede Akrobatik. Aber die Russen stellten die große Zehe dorthin, wo sie hingehörte, in den Dienst eines Ganzen, das Kunst war. Das, was die Duncan brachte, ging andere Wege, abseits vom Ballett und der Akrobatik, nämlich in jenes Tanzen, das Weltanschauung sein wollte, Kulthandlung weiß Gott welcher Religion.

Es mußte einem auffallen, daß hinter den Begeisterten für Isadora die Frauen weit in der Überzahl waren und unter den Ablehnenden mehr die Männer. Was so an Männern anbetend um Isadora herum war, das sah in seinen hellen Hosen und schwarzen Bratenröcken sehr nach griechischer Philologie, also nicht sehr männlich aus. Es machte den Eindruck, als ob sich hier Pädagogen freuten, weil endlich einmal nackte Beine und die unregelmäßigen Verben unter eine Haut gebracht wurden. Man konnte sich für das Nackte interessieren, ohne den Beruf zu beschämen und konnte in der griechischen Schulstunde an das Nackte denken, ohne zu erröten. Der alte Professor Furtwängler schwur jeden Eid, wie die Duncan hätten die alten Griechen getanzt, und sie beeilte sich auch, an Hand der ihr gezeigten antiken Vasenbilder allerlei Griechisches zuzulernen. Aber selbst wenn es keine Meineide Furtwänglers gewesen wären – wir sind keine alten Griechen, nicht einmal was das Tanzen betrifft.

Der Tanz der Duncan hatte paradoxerweise seinen Höhepunkt

dann, wenn sie nicht tanzte, nämlich in dem Augenblick ihres Auftretens, wenn sie auf leisen nackten Sohlen hereinkam und still stand. Das war eine anmutige Statue. Aber dieser kleine Zauber verflog, wenn sie anfing das Gewicht ihrer Schenkel zu heben. Doch war es nicht dieser etwas zu korpulente Umstand, der die Männer zur Ablehnung reizte, denn sie hätten immer Phantasie genug besessen, sich diesen Umstand auch ganz schlank vorzustellen. Sondern die Duncan mimte so etwas wie Emanzipation der Frau vom Manne. Sie mimte eine Rankiine, eine männerlose Welt. In ihren Tänzen existierte so etwas wie Liebe nicht. Aber wenn etwas, so ist es doch der Ritus der Liebe, der zum Tanz führt. Das Schicksal der Frau, sagte ein Beobachter, ruft nach der Presenz des Mannes. Aber Isadora tanzte in jedem Sinn allein, auch später, als sie mit einer Kinderschar auftrat. Da war eine sterile Hitze ohne Strahlung, eine Trunkenheit von sich selber. Sie tanzte über einem Parkett, das ein Spiegel war, mit dem erstarrten gefrorenen Lächeln des weiblichen Narziß. Frauen, die gelitten hatten, an sich selber und dadurch vielleicht auch am Manne, jubelten ihr zu. Männer verteidigten das Leben, indem sie Isadoras Tanz ablehnten.

Als die Duncan zum erstenmal in Europa und griechisch auftrat, war sie eine Frau von dreißig, die mehr als ein Jahrzehnt Existenz als eines Neuyorker Tanzmädchens hinter sich hatte. Es muß ein Leben mit viel Enttäuschung und Verbitterung gewesen sein, über das keine Kunst tröstete, denn was sie da tanzte, das tanzten neben ihr noch vier Dutzend Beine. Kühl wie eine Vestalin zog sie in Europa ein. Und tanzte, was auf die Schwester als Erfinderin geht, die, gar nicht ein bißchen hübsch, selber nicht auftreten konnte. Die eine hatte den Mann wohl gar nicht erlebt und war darüber eine alte Jungfer geworden. Die andere hatte ihn wohl nur recht unangenehm erlebt. Mann und Liebe mußten aus ihrem Tanz verschwinden. Die Liebe kam erst wieder über die alternde Frau, als sie sich das Tanzen versagen mußte, dieses Ventil, und kam also nicht mehr mit aller der Würde, welche sie der Frau gibt, sondern mit ihren Erbärmlichkeiten. Die mißachtete Liebe rächte sich grausam. Wie es der mißachtete Schleier tat in der bizarren Tragödie ihres Todes, den sie durch einen Schleier fand, der sich um den Hals der Sechsundfünfzigjährigen rollte und sie erdrosselte.

Mata Hari

Marguerite Getrude, die du dir den Namen Mata Hari, Mündelkind der Morgenröte, gabst, warum wird der helle Julihimmel dieses Jahres 1914 so trüb in deinen Augen? Warum starrst du schon seit einer Stunde schweigend vor dich hin wie in eine Pfütze? Bist du mit deinem augenblicklichen Freund, dem Polizeipräsidenten von Berlin, nicht zufrieden oder er nicht mit dir? Gib ihn auf, wie die hundert andern Männer vor ihm, denn hundert andere warten auf dich. Bezweifelst du es, weil du in drei Wochen neununddreißig Jahre zählen wirst? Was ist das! Man gibt dir nur dreißig. Und denkt oft, du seist zwanzig. Weil du für die Welt doch eine Hindufrau bist und man weiß, daß eine Hindu mit dreißig wie eine Greisin aussieht. Du Hindufrau aus Leuwarden in Holland, von friesländischem Vater und einer Mutter aus dem Haag, Getrude Marguerite, arme zerprügelte Witwe, arme höchstbezahlte Kurtisane Europas, Tempeltänzerin des Siva, würdige Schwester der mystischen Dewadasis, gelehrte Kennerin des Prem Sagar und der Sundara Kanda, du höchst gescheite Person im Etui eines strahlenden Leibes, welche Düsterkeit umfängt dich, was für eine Laus läuft über deine rosafarbne Leber, um dich auf gut Indisch zu fragen? Es scheint darauf anzukommen, von welcher Seite her die Frau den Weg zum Berufe der Kurtisane antritt, denn der Ausgangspunkt wird Fixation für die Schätzung eines Hinauf oder eines Hinunter, eines Aufstieges oder eines Absturzes. Für das Mädchen aus dem polnischen Ghetto, das mit dem Auftrieb nicht zu messender Atmosphären in ihr Hôtel in den Champs-Elysées fliegt, bedeutet dies eine Karriere, die sie heimlich bestaunt, auch wenn sie noch so sehr davon überzeugt tut, daß ihr das alles höchst natürlich zukomme. Jene nun zu beherrschen, die ihren Vater mit Fußtritten traktiert haben, während sie sich, ein schreiendes Kind, in die Röcke der Mutter flüchtete, jene zu ihren Füßen zu sehen statt des sonst unvermeidlichen Ghettojünglings, dem sie als Frau mit abgeschnittnen Haaren zu dienen hätte und der nun in ewiger Nachfolge die Tritte der Herren bekommt – ein solches in seinem normalen Ablauf herumgeworfenes Los des Lebens hat für die Eroberin einen bis ans Ende nicht nachlassenden Zauber, in dessen Licht der kleine kriechende Wurm des Zweifels nicht leben kann, ob dies nun das rechte Leben sei, oder welchen Sinn das Leben habe. Denn der Unsinn des andern Lebens, damals, zu Hause, ist in seiner Abscheulichkeit zu offenbar. Die Frauen von unten herauf fürchten nichts mehr als das Zurück zu diesem Unten, und die Angst davor steigert sie zu den höchsten Anstrengungen, nicht nur das zu halten, was sie haben, sondern es immer noch durch ein Mehr zu überbieten. Am Horizonte solcher Leben schwebt oft eine Krone. Zuweilen senkte sie sich wirklich auf das Haupt der sie Schauenden.

Anders wird es bei jenen Frauen sein, die, in reicher Bürgerlichkeit aufwachsend, deren Ideologien von Glück und Wohlsein teilten, plötzlich durch ein Malheur aus den sie haltenden Cadres geworfen werden. Wenn auch nicht in seiner erlebten Wirklichkeit, so doch in der Idee, die sie sich davon machen, wird ihnen das bürgerliche Leben als Gattin und Mutter als eine Gipfelhöhe des Lebens erscheinen. Keine Vernunft, kein Zynismus, durch den sich der Geist nur abfindet, nicht das Blut wird imstande sein, ihnen den Weg, den sie nun gehen, anders als einen steilen Abstieg darzustellen, als einen Sturz. Immer wieder hören sie von ferne das Bellen des kleinen Hündchens am Herd. Ganz in der falschen Anschauung befangen, daß die Männer nichts als nach dem Leibe der Frau lüsterne Faune sind, wird diese Frau, die aus der Bürgerlichkeit zur Kurtisanerie kam, glauben, das schwerste und schwierigste Opfer sei die Hingabe ihres Leibes an den ungeliebten und nur zahlenden Mann. Ohne den Ehrgeiz jenes Ghettomädchens, das mehr will als bloß bezahlt werden, wird sie immer nur mit der Hingabe ihres Leibes bezahlen, den Schmerz in einer wilden Phrenesie zu ersticken suchend.

Aber jede intelligente Kurtisane wird dir sagen: »Die leibliche Hingabe, kommt es schon zu ihr, was ja, wie die Dinge liegen, bei unsern Männern selten genug ist, sie ist gar nichts. Dabei kann man sich denken, was man will. Die wirkliche Leistung, die große Arbeit besteht darin, mit dem Mann in den andern Stunden zurechtzukommen, seine Unterhaltung zu ertragen, seinen Witz, seine Anschauungen, seinen Geschmack. Das ist das Schwierigste. Dafür können wir nicht hoch genug bezahlt werden, wenn wir es treffen. Die sexuelle Stunde ist eine komische Bagatelle. Entrée des Clowns. Wichtig ist die hohe Schule nachher und vorher.« Die Kurtisane aus der bürgerlichen Welt wird in der hohen Schule rasch versagen. Sie hat Hemmungen der Bildung, des Geschmackes. Sie wird ihren falschen Ton spüren. Das wird sie verstimmen. Reichtum kann sie nicht verblüffen und lebendig machen, denn sie kannte ihn. Nimmt ein Gespräch eine ernstere Wendung, wird sie es festhalten und dabei leicht ins Larmoyante geraten, aus Erinnerungen. Sie wird, um solches zu vermeiden, immer rasch und allzusehr in das sexuelle Intermezzo rekurrieren, um sich als Wert zu beweisen. Um sich als Wert mit dem vermeintlich Kostbarsten der bürgerlich denkenden Frau zu beweisen: der Hingabe des Leibes. Weil man in diesen Kreisen das nur »aus Liebe« tut, glaubt sie damit am besten das Simulacrum einer von ihr erwarteten Liebe aufzustellen. Sie erlebt eine Enttäuschung nach der andern. Sie wird verwirrt. Sie schämt sich ihres Berufes. Sie hört das Hündchen am häuslichen Herd bellen.

Oft hat sie aus einer schlimmen zerrissenen Ehe eine Tochter, irgendwo in einem Pensionat, für die sie sorgen muß. Wie die Mata Hari.

Oft stellt sie vor ihren wirklichen Kurtisanenberuf eine sozusagen künstlerische Kulisse auf, wie die Mata Hari, die tanzte.

Oft stürzt sie sich in die Abenteuer der Intelligenz, wie die Mata Hari, die Spionage trieb.

Man muß die Naivität der Elendsgasse besitzen, um den Reichtum als Zweck zu schätzen. Man muß nie ein Goldstück gesehen haben, um sich zu scheuen, es zu wechseln. Wie glücklich sind solche! Den alten Grandet plagt nicht die nie zu Ende beantwortbare Frage: Was kaufe ich mir dafür?

Aber wer den Geldbesitz nur als ein Mittel achtet, sich dafür zu kaufen, was ihm gerade gefällt, auf den prasselt immer das Trommelfeuer des zum Kaufe Gebotenen nieder – eine Welt, denn alles ist zu kaufen. Und nichts gibt es, das nicht für einen Augenblick seinen Reiz hätte, dem das kaufende Geld dient. Schwache Hirne macht das närrisch, stärkere macht es melancholisch. Es gibt welche, die bedauern, daß man nicht gleichzeitig in drei Schlössern wohnen kann, die man besitzt. Da hat ein Mann, schottischer Offizier in holländischen Kolonialdiensten, die große Mitgift der Frau vertrunken und verspielt. Er lungert stellenlos. Er prügelt die Frau. Sie geht durch. Nach Paris. Die Möglichkeit, den Barfußspuren der Duncan, die gerade berühmt ist, zu folgen, erleichtert ein bis auf die schlaffen kleinen Brüste vortrefflicher Wuchs. Man hat die Haut zu dunkel, und sie neigt zu leichtem Schweiß. Da war man aber auf Java gewesen, hatte da zwei, drei Jahre gelebt: Sie nennt sich Mata Hari und eine indische Tempeltänzerin. Tanzt im Musée Guimet, einmal, ein andermal im Salon der Prinzessin G., die Snobs rasen. Man tanzt auch einmal, zweimal in noch intimerem Kreise. Vor Kavalieren. Die rasen auch. Etwas anders. Man erschrickt, denn das kleine Hündchen zu Hause hört man bellen, wenn auch ein Mann dabei steht, der eine lockere Hand hat. Floh man vor einem Jahre, flieht man jetzt wieder. Zurück. Da ist Vater. Da ist Tante. Man betreibt die Scheidung. Das Kind, ein Mädchen

– ein Knabe ist dreijährig gestorben –, wird einem zugesprochen. Den Mann ist man los. Aber nicht die Enge bei Tante, nicht das holländische Philisterium. Nicht den schiefen Blick der Nachbarn auf die »Geschiedene«. Nur in der räumlichen Entfernung davon überschätzt eine Frau wie die geschiedene Getrude Marguerite Mac Leod, geborne Zelle, das, was in undeutlichem Zirkel das bürgerliche Glück der Frau umspannt: den Mann, die Liebe, die Kinder, das Heim. Für Mata Hari war von alldem nur ein Kind geblieben und die Erinnerung an das erste Jahr Ehe, das Mann, Liebe und Heim bedeutete, Geborgenheit und Unverantwortlichkeit, erkauft um eine »aus Liebe« leicht hingegebene Freiheit.

Vielleicht sehnte sie sich an jenem trüben Nachmittag ihres Daseins nach solchem Glück, an dessen Möglichkeit sie glaubte und es nur für Zufall der Umstände hielt, daß es ihr ohne ihre Schuld nicht zuteil wurde. Aber vielleicht war sie melancholisch, weil ihr Busen schlaff war. Frauen, die von der Liebe der Männer leben, kann eine Kleinigkeit ihres Leibes in schwarze Verzweiflung treiben. Zumal, wenn ihnen das Älterwerden bewußt wird.

Mata Hari hatte als Kurtisane kein gutes Gewissen. Ihre bürgerliche Artung sträubte sich dagegen, daß dies ein Beruf und ihr Beruf sei, und auf dem Umweg über ihren Tanz kam sie zu der Fiktion, zur Kurtisane berufen zu sein. Aus ihrer reichlichen Lektüre indischer Schriftwerke zur eindrucksvollen und überzeugenden Durchführung ihrer Rolle, daß sie eine Tempeltänzerin sei, Reinkarnation einer klassischen Bajadere, war ihr die Maske fast angewachsen – fast, denn es gab Stunden, wo sie sich lockerte. Vielleicht dann, wenn sie Geld in das Pensionat nach Holland schickte. Vielleicht dann, wenn gewisse Intimitäten mit dem jeweiligen Mann es unmöglich machten, festzuhalten, daß man die vierundsechzig Riten der indischen Wollust zelebriere. Wenn ein Berliner Polizeipräsident der Partner ist, dürfte auch eine echte Bajadere verzweifelt auf die Riten verzichten. Mata Hari hatte alle

Theurgien der Liebe studiert, kannte die Geheimkraft aller Amulette und Tränke, rezitierte die rituellen Inkantationen nach dem Urtext, aber das alles nur, weil ihr die instinktive Strategie ihres Berufes fremd war, das alles nur, weil sie ganz unsinnlich war, so sehr, daß sie das Sinnliche nicht einmal imitieren konnte zur Täuschung des Klienten. Ein Polizeiarzt hat sie zum erstenmal in einem Pariser Bordell gesehen, ob als Pensionärin oder als Besucherin steht nicht fest. Was sie da tat? Sie studierte. So unbegabt war sie! So gründlich mußte sie es nehmen, um sich mit ihrem Beruf abzufinden, daß sie ihn als eine der freien Künste studierte, aus Büchern und Bordellen.

Ihr Einkommen war groß. Ihr Palais in Neuilly war vortrefflich geführt. Ihre Pelze waren berühmt. Sie gab sich nicht mit Bagatellen ab. Sie visierte hoch. Sie besaß den Takt der großen Dame von Welt, hatte Geist, Kenntnisse, Geschmack. Ihre Schönheit war nicht von der billigen Sorte, die im Particulier geschätzt, aber in der Öffentlichkeit nicht gern gezeigt wird. Mit ihr konnte man sich sehen lassen. Gar nichts von lustvollem Püppchen war an ihr. Sie ließ keine Launen aus, um sich zu insinuieren. War weder kokett noch frivol. Sie hatte mit großem Talent ihren Stil aus den Gegebenheiten ihres Leibes entwickelt und ihrer geistigen Artung. Sie verstand zu schweigen und zu sprechen. Ob sie wirklich einmal ihr Herz an einen kleinen russischen, auf Frankreichs Seite in Belgien kämpfenden Leutnant verloren hat, den sie als Verwundeten pflegte, ist zweifelhaft, wenn auch aus der pathetischen Situation eines Krankenschwestertumes möglich. Möglich aber auch, daß es ein Versuch der wegen Spionage angeklagten Kurtisane war, weiblich im Sinne des Philisteriums zu erscheinen und dieses milder zu stimmen durch das Bekenntnis einer »uneigennützigen« Liebe, die sich nur mit Gefühlen bezahlte, nicht mit Banknoten. Als die schlechtbezahlten und darum auch ihre außerehelichen Liebesgeschichten wohl schlecht bezahlenden Richter das Gesicht in spöttische Zweifel zogen über die hohen Preise, blieb Mata Hari nichts übrig als das hier zynisch wirken müssende Wort: »Ja, so viel kostet es bei mir.« Das sollte vielleicht die etwas betonte Sentimentalität der Liebe zu jenem Russen etwas korrigieren, aber unter den drei Briefen, die sie vor ihrer Hinrichtung schrieb, war einer an den Offizier. Möglich, daß er auffindbar war. Kein Zweifel aber, daß Mata Hari als Kurtisane sehr viel verdiente und das Einkommen aus der Spionage nicht nötig hatte.

Mata Hari gab noch eine andere Antwort, welche 1917 ein Kriegsgericht gegen sie erregen mußte. Sie sagte: »Der Krieg ist für mich kein Grund, meinen Kosmopolitismus aufzugeben.« Hat sie damit nicht eigentlich die soziale Rolle der Kurtisane definiert als der Trägerin des kosmopolitischen Gedankens, als der nicht nur im Modischen, sondern auch in allen andern Tugenden als Muster von den andern Frauen betrachteten und nachgeahmten Frau? Ich glaubte sie einmal trösten zu müssen und tat das, indem ich diesen Einfall improvisierend ausführte: daß die Kurtisane eine nicht geringe soziale Bedeutung habe. Sie war überzeugt davon. »Das ist«, so sagte sie dazu, »ja auch der Grund, weshalb ich mir die Männer dort aussuche, wo sie in der Öffentlichkeit was bedeuten.« Der König von Spanien war ihr Geliebter, und mit dem deutschen Kronprinzen war sie bei den Manövern in Schlesien gewesen. Als Entlastungszeugen in ihrem Prozeß traten Staatsmänner und Generäle auf, die sich ihre Freunde nennen konnten.

»Mich nackt vor vielen zu zeigen, das … du verstehst.«

Daß die Franzosen sie als Tänzerin nicht so gefeiert hätten wie die Duncan und daß sie bei den Deutschen ein besseres Publikum gefunden hätte, wäre, so meint ihr Ankläger, der Anlaß gewesen, daß sie sich den Boches zur Verfügung gestellt hätte. Wenn schon nicht das Geld – behauptete sechzigtausend Mark in den zwei ersten Kriegsjahren –, so Rache. Gerichte arbeiten nach einer sehr schematischen Psychologie. Mata Hari hatte gar keinen künstlerischen Ehrgeiz. Einem Bühnenarchitekten sagt sie, er solle für ihre Tänze halt irgendeinen schirmärischen Tempel herstellen, denn »ich bin ja selber auch ganz schimärisch«. Nur vor Snobs redete sie von ihren »sakralen« Tänzen im Ton einer Priesterin sehr kindliches, zusammengelesenes Zeug. Nie vor seriösen Menschen. »Ich will nackt auftreten, mit Steinen beladen, und in jeder Weise meinen Nutzen davon haben.« Vielleicht hat sie mit Fünfundzwanzig anders gesprochen. So sprach sie mit Achtunddreißig. Da sagte sie auch ganz unindisch: »Man muß die schönen und gloriosen Augenblicke ausleben. Besser ein kurzes und intensives Leben, als sich mit einem Alter ohne Schönheit schleppen.« Sie lächelte, als sie an den Pfosten im Graben von Vincennes trat. Sie weigerte sich, sich die Augen verbinden zu lassen. Sie trug Rosen in ihren Armen, als das Kommando ertönte. Es konnte kein schöneres Sterben für Mata Hari geben, als von den Kugeln eines Exekutionskommandos. Daß man sie acht Monate lang bis zu diesem Augenblick quälte mit Gefangenschaft und Verhör, mit Hoffnungen und Zweifeln, diese Krankheit zum Tode war nicht grausam gedacht, aber so in der Wirkung. Man versprach sich Geständnisse, die nicht kamen. Sie beteuerte ihre Unschuld, oft mit Glück, oft mit Ungeschick. Es ist tröstlicher, sie für schuldig zu halten. Einiges spricht dafür, am stärksten, daß sie sich in einem kritischen Moment dem französischen Spionagedienst anbot und einen Auftrag bekam. Sie führte ihn nicht aus, überbrachte den Brief nicht einem französischen Agenten im besetzten Brüssel. Aber vier Wochen später wurde dieser Agent vom deutschen Militärgericht erschossen.

Um den Lohn wurde sie nicht Spionin. Die Spionage wurde an allen Fronten schlecht bezahlt. Man mußte zweien Herren dienen, um sein bescheidenes Auskommen davon zu haben. Herr König, der Chef der deutschen Spionage in Barcelona, zahlte dem französischen Hauptmann Estève nicht mehr als dreihundert Peseten im

Monat, und der Mann leistete was. Daß der Chef für die Nächte mit der Mata Hari eine Anweisung über achttausend Francs an einen Kollegen in Brüssel zur Auszahlung schickte, daß der Chef sein Privatvergnügen vom Staate bezahlen ließ, war praktisch für den Mann, schlimm für die Frau, denn die Anweisung wurde aufgefangen, und es nützte Mata Hari nichts, daß sie den einfachen Zusammenhang erklärte. Für einen Liebesdienst erschien den Richtern die Summe zu groß, und um seine Höhe für Spionagedienste zu erklären – sie wußten, wie schlecht die bezahlt wurden –, gaben sie der Spionage der Mata Hari die ungeheure Bedeutung, daß ein Richter sagte, ihre Tätigkeit hätte Frankreich mehr als eine Division gekostet.

Ob schönes Wetter sei, fragte sie an dem Oktobermorgen und verlangte, da es schönes Wetter war, den hellen Mantel. Warum man das Hinrichten immer am frühesten Morgen vornehme. Nachmittag so gegen drei, nach dem Frühstück, wer man viel disponierter. Sie hatten Rosen in den Armen und lächelte. Als man nach dem Feuer der zwölf Mann der Toten den Gnadenschuß in die Schläfe gab, fiel ein kleiner Infanterist in Ohnmacht.

Marie Laurencin und Renée Sintenis

Die zärtlich-schmachtende Kunst der Marie Laurencin blüht, eine in der Abenddämmerung sich erschließende, farbig gedämpfte, schwermütig duftende Blume, auf den Schuttfeldern der großen französischen Malerei der Impressionisten. Diese immer durch eine Glasdecke zu schützenden und auch dadurch als höchst gebrechlich angedeuteten Bildnisse der Französin sind, um ihr Wesentliches zu sagen, Produkte des feinen Geschmacks, sind der Tropfen Destillates aus allen Farben, allen Linien, die zwischen 1860 und 1900 ans Licht kamen durch die Hand der großen Meister. Originalität ist in der Kunst ein relativer Begriff, denn das Originelle ist neue Ordnung des Überlieferten, ist dessen Extrakt, ist dessen letztmögliche synthetische Form. Nichts fällt vom Himmel. Es handelt sich immer um das neue Alte.

Der Impressionismus hat keine Zier- und Schmuckstücke hervorgerufen, die sich halten konnten. Barbarisch war damals Lalique, war Tiffany. Nur eine Malerei, die keine war und bei ihrem Anfang schon im Kunstgewerbe stand, brachte den Jugendstil hervor, was nicht nur die Nudelornamente dieser Leute bedeutet, sondern auch deren Gemälde, Statuen, Bauten. Der Impressionismus konnte das schöne Schmuckgebilde nur als Malwerk hervorbringen. Die Bilder der Laurencin sind solche Schmuckstücke der Malerei. Sie möchten der Wand enteilen, in die Vitrine, auf den Fächer, in den Rauch einer Abdullazigarette.

Die Wirklichkeit dieser Bildnisse, die Modelle sozusagen, gehören zu jener Schwesternschaft junger Mädchen und Frauen, die über die Sterilität ihrer angedeuteten Brüste hypokrite Hände

kreuzen. Deren Augen nicht ansehen, sondern schauen, wie es der Blick von Katzentieren tut, der sich nicht fangen läßt. Und deren mehr pflanzliches als animalisches Dasein sich, wenn überhaupt, so nur hektisch bewegt, zu den Rhythmen eines Jazz etwa. Vielleicht einmal wie im Traum um den Leib einer Schwester. Alle diese Laurencinnen sterben jung, ein bißchen an der Lunge, ein bißchen am Rätsel ihres Daseins, ein bißchen an der Sehnsucht, die sich kein Ziel weiß. Das Modell entspricht genau der suchenden Palette, auf der die letzen Reste der schönen Farben der großen Maler liegen, die mit fraulicher Sparsamkeit zu brauchen, zu dämpfen, mit Weiß zu mischen sind, um damit auszukommen.

Die Renée Sintenis – welcher Gegensatz der Schwester zur Schwester! Die eine nimmt etwas wehmütigen, etwas lächelnden Abschied vom fast geliebten Leben. Die andere tritt immer ein, voll Spannung, voll Nerv, aufreizend, aufreißend. Alles Schöne muß ja sterben, sagt die eine, etwas verliebt in diese Tatsache. Alles Schöne kommt immer wieder zur Welt, sagt die andere, und hebt ein Zicklein hoch, beglückt über das Leben. Die an den italienischen kleinen Meistern der Bronze gebildete Sintenis gibt ihren endgültig definierten Gebilden die höchste Intensität des Lebens, Nerv, Sehne, Impetus. Nie wird sie eine schlafende Katze modellieren, weil das plastisch ein langweiliger Knödl ist. Sie ist keine »Tierbildhauerin«. Auch von einer watschelnden Ente wird sie keinen Abguß machen. Aber alles, was voller Leben springt, stürzt, läuft, wird sie entzücken, diese sportliche, hochgezogene, blutvolle Diana, deren Auge trifft wie ein gutgeworfener Speer.

Zwei Frauen, zwei Schwestern, jede an einem Pol der Welt. Den trionfo della vita inmitten des Sterbens bildet die eine, den trionfo della morte inmitten des Lebens die andere. Wie bestätigend, wie beglückend, daß Marie und Renée zwei schöne Frauen sind und nicht bloß so zwei Künstlerinnen.

Annette Kolb

Sie hat ein halbes Dutzend Bücher veröffentlicht, mit Dreißig ihr erstes, mit Fünfzig ihr sechstes: da diese Bücher weder gelehrten Inhalts noch großen Umfanges sind, könnte man Annette als eine etwas faule oder wenig produktive Schriftstellerin befinden, wenn sie in dem üblichen Sinne überhaupt eine Schriftstellerin wäre. Aber sie ist mehr und weniger. Sie ist eine Lady, die mit der Feder etwas mitteilt. Sie hat weder Kollegen noch Kolleginnen in der Literatur. Sie ist in dieser Gesellschaft ein völlig singulares Wesen. Ohne dadurch in der andern Gesellschaft durch Exzentrizität aufzufallen. Denn daß diese Lady auch ein Bachelor ist – die englische Bezeichnung ist passender als die deutsche »Junggeselle« – ergab sich nicht als drückender Effekt eines innern oder äußern Konfliktes, sondern ist natürlichste Haltung einer Frau, der es nie eingefallen war, auf dem Umstande ihres Frauentums ihre geistige und seelische Existenz zu gründen, als Geliebte, Gattin, Mutter vom Manne für den Mann zu leben. Eigene Natur zwang sie nicht dazu, und das vielgesehene Beispiel der andern nachzuahmen, dazu war sie immer zu aufrichtig zu sich selber, zu einfach, zu natürlich. Man muß wissen, daß siebenzig vom Hundert aller Liebesleute das ja nur sind, weil sie es bei andern sehen, und nicht, weil sie es in sich selber als nötig spüren. Früher oder später gehen diese Nachmacher in und an ihren Ehen kaputt. Leider bescheren sie der Welt aber zuvor noch lymphatische Kinder, die es später wie ihre Eltern machen.

In den großen Zeiten der Kirche gingen solche Menschen in die Klöster, die nicht nur religiöse Institute des Glaubens, sondern auch soziale Institute der Freiheit waren. Was beides sie heute nicht mehr sind.

Die Bücher der Annette kann man nicht in Gattungen aufteilen. Es ist kein innerer Unterschied zwischen ihren Romanen und ihren Aufsätzen. Aber die Verwandtschaft dieser Schriften untereinander ist noch eine andere als die ihrer gemeinsamen Herkunft von einer Person. Denn man erliege hier nicht dem Tropus von der bestimmten Persönlichkeit des Autors. Ich halte diese Bestimmtheit für eine Fiktion, die zu konstruieren dem Literaturhistoriker gefällt. Die literarische Person ist außerordentlich vielfach. Vielleicht deshalb, weil die weltliche Person des Schriftstellers von außerordentlich geringem Umfang ist. Man schreibt eine Welt, weil man mit der gegebenen nicht fertig wird als lebendiges Wesen. Die fehlende Natur führt zur Kunst. Sie kompensiert eine Minderwertigkeit jener Organe, welche zum unmittelbaren Leben und Erleben da sind. Die Schriftsteller kommen zu ihrem Leben durch ihre Bücher-Erfindungen. Bei der Annette ist das umgekehrt: sie kommt zu ihren Büchern durch ihr Leben. Darum sagte ich, daß sie keine Schriftstellerin sei. Was aber ist es, das sie vor dem so zu erwartenden Dilettantismus bewahrt? Die Haltung. Eben die Tatsache, daß sie eine Dame ist. Und daß sie ein Bachelor ist.

Sie besitzt die köstlichsten Tugenden der Frau, soweit sie sich mit den vorzüglichsten Gaben des Mannes einträchtig vertragen. Sie läßt ihre Grazie nicht in Gefallsüchtigkeit wuchern. Sie ist eitel auf das und nur auf das, was sie an sich schön findet, die Hände zum Beispiel. Sie hat den Geschmack, sich gut und zu sich richtig zu kleiden. Sie hat Mutterwitz. Sie hat die köstliche Gabe der Konversation ohne Spur weiblicher Klatschsucht. Sie ist neugierig, aber weit davon, durch Schlüssellöcher zu gucken. Sie ist so neugierig wie ein lebendiger Mensch, dem kein gedankliches System die Fülle und Mannigfaltigkeit des Lebens verstellt oder skelettiert. Sie hat die Anmut, sich zu verspielen, mit Kindern, mit Tieren, mit Nichtigkeiten. Und nun changiere ich zu den männlichen Gaben hinüber, die in diesem Lady-Bachelor integriert sind. Sie ist voll rigoroser, unbekümmerter Tapferkeit. Nicht etwa von jener eines jugendlichen Fliegers, der nichts einsetzt, sondern von jener fruchttragenden Tapferkeit, die nicht aus einer nichts als individuellen Eigensinnigkeit kommt und sich im Ungewöhnlichen der Leistung sonnen will. Ihre Courage ist menschheitlich eingeordnet. Sie ist der herzliche Kamerad. Sie ist zuweilen zerstreut aus Konzentration. Sie ist offen, unbekümmert, unbesorgt um sich selber, zu jedem Opfer immer bereit. Von so starkem Pathos der Leidenschaft, daß es jedes Quantum Selbstironie verträgt, woraus etwas entsteht, das ich aus Angst vor deutschem Mißbrauch dieses Wortes nur scheu Humor nenne, lieber Genialität des Gefühles. Sie ist soigniert, sauber, genau.

Annette hat den Typus einer Frau als Vorläuferin vorweggenommen und lebendig hingestellt, wie wir ihn als geläufigen Typus für einmal in dreißig Jahren erhoffen, wo die weibchenhaften Hysterien dank eines sie nicht mehr verlangenden Männchens ausgestorben sein werden, ebenso wie die männerhafte grobe Allüre des steifen Hemdes über weicher weiblicher Brust als falscher Protest gegen lächerlichen Mannswillen. Ja, die große Vorläuferin dieses erlösten und erlösenden Frauentypus ist die Annette.

Gott allein mag wissen, woher sie es hat. Der Vater aus königlichem Geblüt, das phantastische ebenso wie höchst nüchterne Menschen in die Welt setzte. Die französische Mutter, als Virtuosin im Paris des Zweiten Kaiserreiches gefeiert, voll behaglichem Humor im Alter von Offenbach erzählend, der ihr den ersten Unterricht im Klavierspielen gab, ungern in einem nie erlernten Deutsch, trotz dreißig Jahren München, dessen Gassen und Häuser sie nicht kannte, weil sie nie das Haus verließ. Und dieses Haus, wo sich traf, was an Elite in München lebte oder von auswärts dahin zu Besuch kam. Hier Annette, gern in Hut mit dem Sonnenschirm in der Hand, um so was wie einen wichtigen Besuch auswärts behaupten zu können für den Fall, daß etwas ihr in dieser ihrer häuslichen Gesellschaft nicht paßte. Dann war da Germaine, die außerordentliche Schwester, so schön, daß sie bessere Maler als den Lenbach verdient hätte, der es zehnmal versuchte, Germaine, voll sprühendem, phantastischem Witz, der ganz ihr eigentümlich war, und von einer keuschen ahnungslosen Sinnlichkeit. Nach zehn Minuten Abwesenheit war dann wieder Annette da, blieb in Hut und Schirm. Oder setzte sich ans Klavier, spielte Mozart, Rameau, Debussy. Man trank aus kleinen Gläsern Limonade, wie es sich für ein so aus Frauen konstituiertes Haus schickte, in dem man Herrn Kolb nur selten sah, und knabberte an kleinen Kuchen. Hier war wie durch ein Wunder ein Salon erhalten geblieben in eine Zeit hinein, die ihn nur mehr in der faden Periode kannte oder so, daß die Hausfrau ein Restaurant eröffnete, in dem man zwei Stunden lang umsonst aß und trank und die Unterhaltung darin bestand, daß man unausgesetzt animiert wurde, beides reichlich zu tun, zu essen und zu trinken.

Dies Haus in der Münchner Sophienstraße war die Keimzelle von Annettens weiter Welt. Auch die Geburtsstätte ihrer Täuschungen und Enttäuschungen. Sie sah und kannte nur das Geformte der Persönlichkeit, nicht das Ungeformte der Massen. Dazu fehlten ihr alle Zugänge. Nur als zuweilen erheiterte Zuschauerin sah sie, von der Tribüne aus, was man Volk nennt in seiner münchnerischen, etwas bäuerlichen, naiv-verschlagenen Spielart. Und sie kannte auch nicht die Organe, welche sich dieses Volk aus seiner schlechtesten und darum abgesonderten Substanz schafft in Parteiführern, Zeitungsleuten, Anwälten aller Art. Das verkehrte nicht in der Sophienstraße. Dafür aber die schwächsten Glieder in der politischen Kette: Diplomaten, Gesandte, Botschaftsräte. Annette nahm das klingende Beiwort Plénipotentiaire wörtlich: sie glaubte an die völlige Mächtigkeit dieser oft sehr intelligenten

Herren. Sie setzte Intelligenz, Anstand, gute Form, Würde, Weltkenntnis als einzige und entscheidende Faktoren ins politische Kalkül. Sie mußte, in Unkenntnis der wirklichen wirkenden dunklen Mächte, glauben, es gäbe höchstens Mißverständnisse, die bei einigem guten Willen, der bei gescheiten Leuten anzunehmen, durch eine Verständigung der Intelligenzen rasch aus der Welt zu schaffen wären. Vier Jahre Krieg zerschlugen Stück um Stück diese Illusion Annettens, rissen sie ihr Stück um Stück aus dem Leibe, denn sie gab nichts davon freiwillig her. Sie wehrte sich mit rührenden Mitteln, auch dem Mittel der Tränen. Denn sie ist eine Frau. Sie besitzt die Con-Passion.

Und während sie, die Annette, wie sie 1914 fertig war, für ihre Illusion von der Macht der einzelnen kämpfte und litt und unterlag, baute sich auf dem Grunde ihrer Seele à la recherche des forces inconnues Stück um Stück die Einsicht in die Welt auf, die ihr die Sophienstraße verstellt hatte mit ihrem schönen Zauber einer intellektuellen Kosmopolis, deren Bewohner gleichzeitig in fünf Sprachen redeten, um dasselbe zu sagen und nichts zu sagen in allen diesen Angelegenheiten der chthonischen Mächte. Annette wurde klarsichtig, aber nicht kühl. Sie wurde radikal, aber nicht revolutionär. Wie zuvor steht das Schloß in der Tourraine, wo sie zu Gast ist, ihrem Herzen näher, als eine kommunistische Kaserne. Sie ist nie reich gewesen, und sie ist arm, und darum weiß sie, daß das klassenweise vergötterte Ökonomische ohne irgendwelche Qualität ist, für das zu leben und tätig zu sein Sinn des Lebens wäre. Ob einer das Kapital hat, ob alle es haben, immer hat das Kapital den einen oder alle. Daß die kapitalistische Besessenheit des Financiers infektiös ist und eine Volkskrankheit dieser Zeit wurde und auch eine Mode: Annette ist nicht infiziert und ist kein Snob, der mit der Mode geht aus Angst, nicht modern zu sein. Sie kennt die höchst fragile Konstitution der deliciae paupertatis und mißtraut, gute Katholikin, die sie ist, der kirchlichen Predigt, die aus der Armut ein nobile officium der Armen macht, um den Reichen das Gewissen zu erleichtern. Aber sie nimmt ihre Armut hin mit dem Humor eines Hidalgo. Man kann, da Sterben Gebot ist, auch immer ein bißchen mit am Hunger sterben. An der Seele sterben ist schlimmer.

Annette Kolb – jede Frau ist einsam, Witwe und bloß – hat ihre Zwiesprachen in einem halben Dutzend Bücher mitgeteilt. Sie sind in keine der üblichen Kategorien zu bringen. Am allerwenigsten in jene weiblichen Romanmaschinen, zu deren höchstem Lobe man sagt, daß ein Mann sie geschrieben haben könnte. Schreiben ist ihr nicht Metier. Sie erfindet nicht, sondern sie findet. Sie schreibt nicht wie ein Mann, sondern zum Manne hin. Alle femininen oder so tuenden Niaiserien sind ihr ganz fremd. Und werden der künftigen Frau, deren Vorahnerin die Annette ist, fremd sein. Zum Manne hin: der künftige Mann wird sich in seinem Wesen steigern müssen, da er sich dieser künftigen Frau gegenüber nicht mehr in dem Dunkel jenes Mysteriösen befindet, wo es leicht ist, den kleinen Verführer zu spielen. Sondern in einer Halbklarheit, die, wenn überhaupt, so viel größere Kunst der Verführung verlangt. Wenn überhaupt: denn die Mode des Erotismus ist im Verfall, und nicht unmöglich ist es, daß sie ganz und spurlos verschwindet. Auf Annette fällt schon kein Strahl mehr ihres fahlen Lichtes.

Greta Garbo

Garbo (span.) = Anmut

Diese sprechenden Finger, dies beredte Schweigen, diese erzählenden Gesten, sie gelten für eine Erfindung der Polymnia.
Cassiodorus

1
Der erste und stärkste Eindruck von dieser schwedischen Frau ist, daß sie einem Volke und einer Rasse angehört, die bis heute weit mehr von ländlich-bäuerlichen als von städtischen oder gar großstädtischen Lebensformen bestimmt wird. Ohne weiter die ländliche Natur romantisch-idyllisch auszulegen, sondern sie nur so lassend, wie sie sich eindringlicher als in der Stadt im Umlauf ihrer Jahreszeiten äußert und im unveränderlichen Rhythmus der ländlichen Arbeit, kann man von Greta Garbo sagen, sie ist ein Kind ihres Landes und des Landes. Stärker wird immer ihre Natur zu uns sprechen als ihre Kunst, deutlicher und unmittelbarer ihr Gesicht als ihre Maske.

2
Auf einen Leib, wohlgestaltet und biegsam wie der Stiel einer Pflanze, ist als deren Blüte dieses überaus schön gerundete Köpfchen aufgesetzt – ich gebrauche dieses Diminutiv, denn dieses Haupt ist kleiner als der Leib vermuten läßt; wie bei der frühen griechischen Plastik. Das vollendete und zierliche Rund dieses Hauptes will, so scheint es, ausdrücken, daß es wie die Blüte alles aus dem formschönen Wachstum seines Leibes zieht und dessen Offenbarung, dessen Auge, dessen Bekrönung ist. Dieser Kopf

kann nichts wesentliches gegen das Diktat seines Leibes durchsetzen. Er kann aus der Welt und dem Leben weder Klugheit noch Schläue gewinnen. Er kann sozusagen nichts lernen, was dem Gefäß des Leibes fremd ist. Das nie auszuratende und zu deutende Mysterium des Leibes, davon ist dieses Haupt das Zeichen.

3

Weiß wie die Tuberole ist das Oval dieses von Wind und Welle blonden Haares umspielten Gesichtes. Aus dem sich wie aus einem Traume erwachend Augen aufschlagen, noch beglückt von den Gesichtern einer andern Welt, die sich anders als durch den zarten Schleier dieses Blickes nicht sichtbar macht. Da fällt dieser Blick auf ein Geliebtes und ist nun ganz hingegebenes Entzücken an dieser unserer Wirklichkeit. Träumen, Erwachen, Erkennen und Vergehen spielt dieses Augenpaar aus dem dunkelumrandeten wie Stahl schimmerndem Blau feine Sterne – spielt es als Abbild innerer Vorgänge. Aber immer hat beim Gesehenwerden dieser Augen auch schon der Mund teilgenommen und ihnen sekundiert. Dieser überaus deutlich im Schwung seiner Linien und im Schwelgerischen seiner Plastik gezeichnete und geformte Mund, dessen Lippen sich so keusch wie bei einem Kinde berühren und dessen Lippen sich so spröde zögernd öffnen zum Kusse wie bei der schamhaftesten Frau, die aber dann alles in diesem Kusse gibt und sich in die Liebe stürzt verbundenen Blickes wie in ein Schicksal. Also wie es sich gehört.

4

Die auf der Filmleinwand zur Schau gestellten Frauen (und Männer) haben es sich gefallen zu lassen, nach ihren besonderen Wirkungen auf das Publikum gewertet und bestimmt zu werden. Einfach sind die Wirkungen eines sehr dicken und eines sehr mageren Menschen: man lacht über die sowie sie erscheinen. Einfach weil komisch ist auch die Wirkung überjahrter Don Juans und ebensolcher Messalinen. Sie sind zu alt für ihre heftigen Triebe. Komisch, daß man über solche körperlichen und seelischen Defekte lacht. Aber der Mensch ist ja kein gutes Wesen. So gut er auch im Gegensatz zu anderen Tieren zu Tieren ist – bis er sie schlachtet. Auch für positive Werte derer vom Film hat man Typen und entsprechende Bezeichnungen gefunden. Ob und daß jemand sex appeal habe, ist eine solche. Sie besagt, daß von der Figur auf der Leinwand ein geschlechtlicher Reiz auf die Figuren vor der Leinwand ausgeht oder ausgehen soll. Denn diese Appetite sind zwar gleich, aber das was sie befriedigt ist verschieden. Dem einen gefällt in dieser Hinsicht dick, dem andern dünn. Und so weiter. Aber im Durchschnitt durch das Primitive, der beim Film und seinen Millionen Besuchern nur möglich ist, wie die Formel wahrscheinlich im Beiläufigen stimmen. Und gerade deswegen nichts über das Besondere einer so bezeichneten Frau ausmachen. Sondern nur über das Allergewöhnlichste, daß sie jene nicht ganz appetitlichen Appetite erregt.

5

Mit dieser sehr allgemeinen Charakteristik, unbewußt sinnliche Wirkung auszuüben, kann man ja jede junge und einigermaßen schöne Frau bedienen. Es ist nicht viel damit gesagt, denn die Wirkung ist allzu schematisch beschrieben. Und wird keineswegs differenzierter dadurch bestimmt, daß man, wie es bei Greta Garbo der Fall war, der Trägerin des sinnlichen Reizes ein recht bedeutendes Quantum solcher Reizfähigkeit gab. So bedeutend, daß große Überschüsse davon ihr bewußt würden und man ihr Frauen zu spielen gab, die man im Filmjargon »Vamps«, das heißt Blutsaugerinnen, Männermörderinnen nennt. Dabei wurde deutlich, daß dieses schwedische Frau-Kind viel, aber ganz bestimmt kein »Vamp« ist. Sie ist vielleicht ein Elf, aber ganz bestimmt kein

Dämon. Es kann ein Mann an ihr zugrunde gehen, aber es ist solches nicht ihr bewußter Wille. Es macht ihr sozusagen keinerlei Vergnügen, Leid und Schmerz zu verursachen. Sie ist zu zart, zu hilflos, zu wehrlos, als daß sie nicht selber immer Gefäß alles Schmerzes und Leides wäre. Sie ist keine Jägerin, sondern Beute. Sie ist nicht Opfernde, sondern das Opfer.

6

Greta Garbo hat in zwei Filmwerken ihrer besonderen Art höchsten und stärksten Ausdruck geben können. In der »Freudlosen Gasse« und in »Anna Karenina«. Beide Filmwerke zeichnen sich dadurch aus, daß sie sich in der größtmöglichen psychologischen Wahrscheinlichkeit des Geschehens begeben und das, was man im schlechten Sinne das Theater nennt, vermeiden. Die in den beiden Handlungen tätigen Personen bewahren durchaus die Linie menschlicher Geschöpfe, die dem Gesetze gehorchen, nach dem sie im Leben angetreten sind und nun ablaufen müssen. Nichts konnte der Natur der Garbo, die nichts als Natur und gar nicht Theaterei ist, mehr und besser entsprechen. Denn sie kann nichts bloß scheinen, sie kann immer nur sein. Sowie sich ein Filmstück ins leer Theaterhafte, Spielerische, Unwahrscheinliche begibt, wird die Garbo davon bloß mitgeschleppt, aber man hat den Eindruck, sie sei nicht mehr da, obwohl man sie sieht. Denn man sieht dann höchstens noch eine schöne Frau, aber nicht mehr ihre besondere Art.

7

Wenn man die Garbo in einer Filmszene nur als anwesend bemerkt, aber nicht entscheidend erlebt, so ist damit bewiesen, daß diese Szene nicht stimmt, unsinnig ist und der psychologischen Wahrscheinlichkeit entbehrt. Ihre überaus naturhafte Art deckt sozusagen alles Falsche und Künstliche der Szene auf, indem sie nichts tut als daß sie eben nichts tut. Sie folgt da höchstens den Angaben des Regisseurs. Aber sich selber zu folgen, fehlt ihr der Anlaß. Sie hat gewissermaßen die menschliche Spur, welche ihre Spur ist, verloren. Das passierte nie, weder in der Freudlosen Gasse noch in Anna Karenina. Hier war sie immer auf die intensivste Weise present, weil die Natur der Aufgabe im Menschlichen blieb, das sie mit sich erfüllen konnte. Damit aber ist die höchste Leistung eines Darstellers im Film beschrieben, der nicht zu spielen, sondern zu sein hat. Sich zu geben hat mit allem was er ist, nicht zu tun hat als ob er dies oder das wäre. Der Film verträgt keine Maske und keine angeklebten Bärte, so gut jene auch sitzen, so täuschend diese auch geklebt sein mögen.

8

Nur auf der Bühne und in den Dramen ist das Leben dramatisch. Im Leben ist das Leben weit einfacher. Richtige Filmstücke, also solche, die sich mehr an das Leben, weniger an das Drama und an das Theater halten, mehr also an Menschen wie sie sind und leiden, weniger an Schauspieler, wie sie was vorgeben, richtige gute Filmstücke werden darum immer einfach sein. Das bedeutet nicht primitiv und simpel. Im Gegenteil! Der Mensch im Leben besitzt keineswegs die Eindeutigkeit seiner Gefühle und seiner Handelsmotive wie sie uns die Theaterstücke gern zeigen. Er ist da höchst vielfach. Besonders in seinen Gefühlen. Diese Stärke und gleichzeitige Vielhaftigkeit der menschlichen Gefühle – oder sage ich besser: Ungenauigkeit? – das auszudrücken ist Greta Garbo in höchstem Maße gegeben. Ihre Natur dürfte so sein. Und ihre Lieblichkeit und besonders die spiegelhafte Klarheit ihres Gesichtes schenkten ihr das außerordentliche Mittel, ihre Natur auszudrücken. Die Filmerfinder müssen sich, wenn sie für Greta Garbo erfinden, davor hüten, einen überspitzten allzu differenzierten Ausdruck von Gefühlen zu verlangen, der beim Bewußtsein eine

Anleihe aufnehmen muß, um zustande zu kommen. Sie würden damit Greta Garbo nicht steigern, sondern mindern. Denn ihre Kraft liegt in dem seiner selbst nicht bewußt gewordenen Gefühl. Man darf weder einen Flapper noch eine Mondäne aus ihr machen. Man muß sie das Frau-Kind sein lassen, das sie ist. Ein Geschöpf, das nie so was wie ein Fräulein war.

9

Nie hat sie als ein Fräulein oder als ein junges Mädchen der Großstadt jene Kunst gelernt oder ausgeübt, die man den Flirt, die Koketterie nennt, dieses So-tun-als-ob des geschlechtsreifen aber nicht geschlechtstätigen weiblichen Wesens gewissen Alters. Man möchte fragen, dieses leiblich so überaus adelige Geschöpf Greta Garbo hat sich in diesen Künsten des Provozierens und sich Entziehens, des Reizens und nichts Gewährens, des sich unschuldig stellenden Wissens, der das Wissen spielenden Unschuld nicht vernützt. In ihr reines Gesicht hat diese Fräuleinskunst nichts gekritzelt und nichts geschrieben. Aber auch nichts ist darin von diesem Fräulein, das wohlgehütete häusliche beschäftigte Jahre mit sentimentalischen Träumen und leeren Schwärmereien hinbringt und in der Angst eine Enttäuschung zu erleben, das heißt den Absturz von der Traumleiter in die Wirklichkeit, jene etwas scharfen Züge bekommt, wie sie Schullehrerinnen zuweilen haben oder Gouvernanten. Greta Garbo, das Frau-Kind, war nie ein falsches Fräulein. Sie hat nie den zarten Reif der Scham verloren.

10

Man könnte diesem Geschöpf, in dem Leib und Seele so überaus konform sind, so fast austauschbar untereinander, eine Biographie erfinden, die sie wo in der wiesen- und hügelreichsten, auch sonnigsten Landschaft Schwedens geboren sein und aufwachsen läßt. Schweigsame Eltern, die wenig erziehen wollen, mochte sie gehabt haben, und Hund und Katze und viel Geflügel aller Art zu Spielgenossen. Und vieles Liegen auf der Wiese und den ziehenden Sommerwolken nachschauen und beglückte Hinnahme der Welt. Dann kam einige Unruhe über das Kind, das zur Frau heranwuchs, und der Sturm des Liebeserlebnisses kam über sie wie Gnade und Schicksal. Nicht von einem gesuchten, nicht von einem erobern wollenden Mann. Sondern von einem jungen Menschen, der wie sie seinem Schicksal erlag. In einer der hellen Nächte. Ein Geschehen mehr als ein Erleben. Von keinerlei Fräuleins-Anschauungen begleitet, die aus dem Faktum dieses Geschehens entweder eine Farce machen, um es zu vergessen, oder eine Tragödie, um einem Leben damit vagen Inhalt und falsche Tiefe zu geben.

11

Dann wurde sie entdeckt. Von jenem Manne namens Stiller, der diese innerhalb des damaligen Filmes ganz einzigartigen Dinge auf der Leinwand zeigte: Menschen, wie er sie im Zufall des Suchens zu finden das Glück hatte, nicht bekannte Schauspieler, die sich in ihren erlernten Künsten vorstellten. Daß dieser Regisseur die Garbo fein ließ wie sie war, weil sie ihm so am besten das erfüllte, was er wollte, – dieser glückliche Umstand, vor dem Apparat nichts machen zu müssen, sondern nur zu sein, war für die Garbo von größter Bedeutung. Es gab ihr das Vertrauen zu sich selber. Ihr natürliches Kapital ist zu groß als daß es sich rasch verbrauchen könnte. Und ihr natürlicher Takt ist zu stark, als daß sie unter bedeutenden Opfern ihrer Eigenart versucht wäre, sinnlose Situationen und psychologische Unmöglichkeiten durch den ganzen Einsatz ihrer Person zu retten, also ein Unmögliches zu versuchen. Sie spielt dann solches Falsches wie irgendwer, weil es ja eben nichts weiter ist als irgendwas. Diese instinktive Sicherheit hat jener Stiller in ihr gefestigt, der diese ersten schwedischen Filme zeigte, die statt der Kulisse die Natur, statt der Komödianten Menschen vor den Apparat brachten. Wie es dann die Amerikaner in ihren besten Leistungen taten und dann auch ihren Schauspielern beibrachten, nicht bloß zu tun, als ob sie Matrosen, Schlosser oder Polizisten wären, sondern ihr Metier wirklich zu kennen.

12
Eine Darstellerin, die ein menschliches Wesen bleibt, zu deuten, kann immer nur ein Versuch sein. Ein versuch, aus den Offenbarungen des Leibes ein seelisches Wesen zu ahnen, zu erraten, zu deuten. In diesen Dingen kann es keinerlei Wissen geben, das mit einem: So ist es! auftreten könnte. Man beschreibt und hofft damit, Umrisse zu umschreiben. Mehr ist nicht möglich.

Nachwort: Greta Garbo über sich selbst
(Man muß das Papier, auf dem man schreibt, wie einen Spiegel nehmen, wenn man über sich selbst schreiben will und muß versuchen, sich selbst ein wenig fremd zu werden. Man möchte in der dritten Person von sich reden.)

In Stockholm geboren. Nach der Jugend und Schulzeit Mitglied der Königlichen Schauspielschule Stockholm. Dann mit Mauritz Stiller den ersten Film.

Mauritz Stiller: Der erste, der Vertrauen zu mir hatte, mir eine Rolle anvertraute, mich die ersten Filmschritte lehrte, mir Selbstvertrauen gab, mich führte, mir der beste, gütigste, verständnisvollste Lehrer war, der nur lockerte, nichts aufzwang: in meinem ersten Film »Gösta Berling«, der ganz sein Film war.

Nach der »Freudlosen Gasse« neu entdeckt von Louis B. Mayer für die Metro-Goldwyn-Mayer und damit für die ganze Welt.

Mein erster Film »The Torrent«, dann »Totentanz der Liebe«, »Es war«, »Anna Karenina«, »Das göttliche Weib«, »Krieg im Dunkel«, »Herrin der Liebe«, und jetzt vier Filme, an denen zum Teil noch gearbeitet wird oder die gerade beendet sind: »Wilde Orchideen«, »The Single Standard«, »Der Kuß« und »Anna Christie«.

Regisseure in der Zeit meiner Amerika-Arbeit: Clarence Brown, Jacques Feyder, Sydney Franklin, Edmund Goulding, Fred Niblo, Victor Sjöström. (Regisseure? Freunde.)

Mitschauspieler in der Zeit meiner Amerika-Arbeit: Nils Ashter, Ricardo Cortez, John Gilbert, Lars Hansen, Antonio Moreno, Conrad Nagel, Lewis Stone. (Mitschauspieler? Freunde.)

Freunde – Helfer an der gemeinsamen Arbeit, die uns allen mehr ist als Beruf, die uns Freude ist und Erfüllung, Fieber und Befriedigung.

Jeder Film das Produkt intensivster Arbeit. Jeder Film gehegt mit Wünschen, erfüllt mit dem besten, was jeder von uns zu geben hat, mit dem Einsatz des ganzen Menschen. Jeder Film: Resultat der Zusammenarbeit mit Hirn und Nerven vom Regisseur bis hinunter zum unwichtigsten Hilfshandwerker: *Ensemble*.

Ensemble: Darum ist uns der Film mehr als Beruf. Und es wäre beglückend zu wissen, daß die, für die er gemacht wird, wissen und glauben: daß er uns Freude ist und Erfüllung, Fieber und Befriedigung und ihn so aufnehmen, wie er gemacht wurde.

Deutsch von Hans Lefèbre

greta garbo

Nachwort

Rolf-Peter Baacke

Mystifizierung des Normallesers mittels der Wahrheit

»Natürlich« ist das Verhältnis des Herrn Blei zu den Frauen im allgemeinen und zu denen in seiner Zeit im besonderen nicht – es ist ein »zivilisiertes« Verhältnis, geprägt durch die rasanten Veränderungen zum Ende des 19. Jahrhunderts und gefördert durch die Wandlungen der ersten Jahrzehnte des 20. Jahrhunderts.

Neben der Literatur(-Geschichte) und der Kulturgeschichte ist »die Frau« und ihre Sphäre die dritte Konstante im Lebenswerk von Franz Blei.

Bleis Reflexionen zum Thema Frau sind immer auf der Höhe seiner Zeit, ja sie geben oft gewissermaßen die »Höhen ihrer Zeit« vor.

So wie Franz Hessel mehr psychologisierend durch die Urbanität und die verdichteten menschlichen Zustände und Situationen flaniert und Walter Benjamin ingeniös das intellektuelle Komplementär dazu denkt, so sind Franz Bleis Frauenporträts in Nuancen und im großen und ganzen eine feine, differenzierte psycho-intellektuelle Synthese. Mit seiner »Kopf- und Bauchartistik« zum Thema Frau erkennt er, daß es keine Klasse von Frauen gibt, aber Klassefrauen! In jeder Zeit.

Franz Blei dachte nicht nur über Frauen und ihre Verhältnisse nach, er war auch zutiefst in diese Verhältnisse Frau–Mann, und umgekehrt, involviert. Aus Kreisen der Bohemiens der Belle Epoque in München ist überliefert:

»Franziska von Reventlow hätte sich selbst in ihrer Schriftstellerinnenzeit sicher eher zur leichten Literatur gezählt, eingerechnet Grazie und Charme. In diesem Bereich fand sie ihre Freunde, Hessel an der Spitze, der ihr Partner in ›Paul zu Pedro‹ war, aber auch jener Oskar A. H. Schmitz, den seine Freunde ›Oskar-Aha‹ nannten, und als späte Akquisition Franz Blei. Das Wort Rokoko lief um und gab diesem Geschmack seinen historischen Bezug. Schmitz schrieb *Don Juan und die Kurtisane,* Blei *Von amurösen Frauen* und das Damenbrevier *Die Puderquaste.*«[1]

An anderer Stelle, in den *Memoiren einer Außenseiterin. Stürmisch bis Heiter*, erinnert sich Elisabeth Castonier an diesen »literarisch-amourösen« Franz Blei, der im Münchener Simplizissimus der Kathi Kobus den einen oder anderen Auftritt inszenierte:

»Der Literatur-Papst Franz Blei ließ sich selten blicken. Wenn er erschien, war es ein wohlberechneter, feierlich-überlegener Auftritt mit scharfem Kennerblick auf die schönste, jüngste Frau. Er war priesterlicher als Estebant. Man flüsterte sich zu, daß er einem Orden angehöre und zu Hause, wie Balzac, Mönchskutte trüge. Als ich ihn einmal fragte, ob dies wahr sei, hob er bloß die wunderbar schöne, schmale Hand: ›Mein Kind, glaube, was dir Freude macht.‹«

Später schrieb Franz Blei die folgende Widmung für Elisabeth Castonier in ihr persönliches Exemplar der *Puderquaste:*

»An Kuky, niemals Elisabeth soll sie genannt werden.
Lies, mein braunes Fräulein, wie sie's trieben
Andere Frauen, wenn sie glaubten, daß sie lieben.
Lies und nimm daraus die gute Lehr:
Setz Dich gegen Liebe nie zur Wehr
Tu sie, treib sie, nimm sie hin
Denn sie ist von Sinnen köstlich, ohne Sinn.«

Selbstverständlich hat uns Alma Mahler Werfel, »die Muse« der ersten drei Jahrzehnte des 20. Jahrhunderts, ihre merkwürdigen Wahrnehmungen von Franz Blei hinterlassen:

»Almas Meinung über ›Bleifranz‹ waren zwiespältig. Einerseits schätzte sie ihn als vielbelesenen ›Intellekt-Fant‹, der sie mit Claudel und später mit dem jungen Gide bekannt machte, andererseits stießen sie seine Essays ab. Seine Schrift ›Von amurösen Frauen‹ entsetzte sie: ›Ein amoralisches Pamphlet, nicht weit vom Jargon der Gosse entfernt, dubios und demoralisierend!‹ Der im Krieg entstandene Blei-Band ›Geist des Rokoko‹ gefiel ihr besser: ›Er hat gelernt. Der Umgang mit genialischen Menschen war ihm sehr nützlich.‹«[2]

Franz Bleis Umgang mit weiblichen Menschen hat Legenden und Anekdoten zuhauf hervorgebracht, von Neidern ebenso wie von Bewunderern seiner Person.

In seinem Buch *›Alma. Gefährtin von Gustav Mahler, Oskar Kokoschka, Walter Gropius, Franz Werfel‹* schreibt Berndt W. Wessling von »Alma«: »Was sie für Blei einnahm, war der ›erfreuliche Umstand‹, daß man mit ihm stundenlang debattieren konnte, ›ohne daß er von Zeit zu Zeit probierte, wie es andere taten, sein weibliches Gegenüber ins Bett zu zwingen‹. Alma wußte, daß ihn manche als Frauenfeind verschrien, aber das konnte nicht stimmen, denn die Kavalierstouren, die Blei mit seinem Saufkumpan Liliencron durch den Süden unternommen hatte, nach Riva, Arco und Torbole, waren nicht ohne Folgen geblieben. Blei hatte für drei ›Entzückende Bastarde‹ zu sorgen, und verlassene Kebsweiber von ihm waren in jeder Wiener Gesellschaftsschicht zu finden.«

In der Samstags-Ausgabe der *Frankfurter Allgemeinen Zeitung* vom 5. Mai 1979 schrieb Hilde Spiel zu den gerade erschienenen Memoiren der Gina Kaus unter der Überschrift »Eine Löwin der Literatur«: »Sehr bewußt schloß sich Gina Kaus dem Zeitgeist an, schritt ihm zuweilen auch voran. Daß sie Kranz mit Franz Blei betrog, sich dann von dem ›Bolschewiken‹ Otto Kaus, mit dem sie sich wenig vertrug, zwei Kinder machen ließ – ein Thema unserer Tage –, weist sie eben doch als Pionierin der *Womens' Liberation* aus. Ebenjener Blei, katholisch-kommunistischer Esoteriker, verhalf ihrer ersten großen Erzählung ›Der Aufstieg‹ zu ebendiesem.«

Bekanntschaft mit Franz Blei machte Gina Kaus um 1915 in Berlin. Sie trafen sich in dem Literaten- und Künstlertreff jener Zeit, dem »Café des Westens« am Kurfürstendamm. In ihren Erinnerungen schreibt sie von ihrer ersten Begegnung:

»Es waren noch zwei oder drei andere Personen in der Runde, die ich nicht einmal bemerkte. Blei beherrschte die Konversation. Er machte großen Eindruck auf mich. Was für ein wunderschöner alter Mann, dachte ich. Er kann damals nicht älter gewesen sein als sechs- oder siebenundvierzig, aber mir schien er ein richtiger alter Mann. Er hatte – wenig – schlohweißes Haar und sehr edle Züge, eine lange schnurgerade Nase, lebhafte hellblaue Augen hinter dicken Brillengläsern und die schönsten Hände, mit denen er weitausladende Gebärden machte.« Etwas später erzählt sie vom Beginn ihres Verhältnisses zu dem »alten Herrn«:

»Blei wurde mein großer Freund. Wir sprachen meist über Literatur – ich habe von niemandem so viel gelernt wie von ihm –, und wir sprachen viel über mich. Was immer ich ihm erzählte – und es viel mir leicht, Blei alles mögliche zu erzählen –, er fand es enorm. Ich fühlte mich bei seinen Worten wachsen, sicher werden. Er versuchte niemals, auch nicht mit einem Wort, eine erotische Annäherung. Ich hätte ihm vielleicht widerstanden – ich sage vielleicht, sicher ist es nicht.«

Letztlich war dies der Beginn einer leidenschaftlichen Affäre. Das Ende kam dann kurz vor dem Ende des Ersten Weltkriegs in Wien, fast lakonisch berichtet Frau Kaus:

»Eines Tages fuhr ich in meinem Fiaker durch die Hofburg, ich sah Blei auf dem Trottoir gehen, und erst nach ein paar Sekunden fiel mir auf, daß ich den Wagen nicht hatte halten lassen, um ihn zu rufen, und da wußte ich, daß es aus war – wer weiß, wie lange schon.«

Bleis Gedanken zum Thema Frau changieren von historisch gesicherten, oft sich aus unbekannten und entlegenen Quellen speisend, über anekdotisch kolportierten bis hin zu den fundiert recherchierten Informationen. Aus diesem Material, und bei den ihm bekannten Zeitgenossinnen aus eigener Anschauung, formte er seine mit Geist, Witz und sublimer psychologischer Akzentuierung fein gezeichneten Porträts. Seine Frauenbildnisse sind mal komplexe Historienbilder, fast Bilder einer ganzen Epoche, mal leichte, doch treffsichere und deutlich entworfene, sensibel ausgeführte Skizzen auf historischem Grund. Immer sind die Bildnisse getragen von vielfältigem Wissen, der menschlichen und gedankenreichen Kraft des Autors.

Die »Frauenbücher« von Franz Blei waren mit Titeln wie: *Von Amoureusen Frauen, Gott und die Frauen, Die Puderquaste. Ein Damenbrevier, Frauen und Abenteurer, Himmliche und Irdische Liebe, Leben und Traum der Frauen, Gefährtinnen,* oder sein wohl heute noch bekanntestes »Frauenbuch« *Glanz und Elend berühmter Frauen*, in ihrer Zeit außerordentlich erfolgreich.

Die Publikationen zu diesem unerschöpflichen Thema sind über einen Zeitraum von vier Jahrzehnten etwa von 1900 bis 1940 ediert worden. Allein die Umwälzungen in Handwerk, Wissenschaft, Industrie und Gesellschaft durch die Folgen des Ersten Weltkrieges, die zu kurze Zeit der »Republik der Möglichkeiten«, der Faschismus, Flucht und Exil, lassen assoziieren, daß die Herangehensweise und Darstellung der Frauenbildnisse nicht vor einer homogenen historischen Folie gearbeitet wurden. Gerade ihre geschichtliche Bezüglichkeit, auch in ihren subjektiven Reflexen, machen sie zu einem Stück unserer Kulturgeschichte.

Immer waren Bleis Bücher in ihrer Zeit Gegenstand der allgemeinen Debatten; oftmals machten sie Skandal. Dies gilt im besonderen für seine »Frauenbücher«, allen voran das Buch *Von Amoureusen Frauen* (zuerst 1904 erschienen; es wurden mehrere Auflagen ediert).

Der Originalton läßt heute noch erstaunt aufhören, so vertraut klingt die kalkulierte Provokation und die Offenheit so modern:

»Da man in unseren Tagen höchst langweilig dabei ist, die Welt zu enträtseln, Ziffern den Vorzug vor Träumen haben und banale Tatsachen gemeinsten Denkens im Range weit vor den Erschütterungen der Seele stehen, da man das Eine leugnet, weil sich mit den Komplikationen der Vielheiten ein dialektisches Spiel treiben läßt, da – um auf diesen Gegenstand zu kommen – schon die Jünglinge die Erfahrungen ihrer Liebe exakt notieren, als ob sie darin ein Examen abzulegen hätten, so sei es, da dieses Vorwort manchen vielleicht nicht deutlich genug war, noch einmal gesagt: alle Meinungen hier sind im letzten nur gefragt und keine behauptet. Es ist der große Vorzug dieser Materie der Liebe, daß sie sich jedem Beweis entzieht und Gründe nur maskierte Wünsche sind.« Und etwas weiter unten:

»Was kann diese neuerwachte Freude an der Schönheit besser ausdrücken, als der stolze Einfall jener römischen Veronica Franco, die sich den nackten Fuß küssen ließ und sagte, die Schönheit ihrer Füße sei die Heiligkeit jener des Papstes wert? Nannte nicht ein würdiger Humanist sehr ernsthaft die Kurtisane Tullia d'Aragona eine Kirchenmutter? Und ein frommer Dichter sang Hymnen auf die Schönheit der Imperia, um die Rom einen Tag Trauer feierte, als sie sechsundzwanzigjährig starb: ›Unsere Väter weinten, als das Imperium fiel, wir, wir weinen um Imperia. Sie haben die Welt verloren, wir, wir verloren unsere Herzen und uns selbst‹.«

Neben dem einleitenden Essay »Chronisten der Liebe«, aus dem ich gerade zitierte, enthielt das Bändchen die geschriebenen Porträts von »Ninon de Lenclos«, »Lady Hamilton«, »George Sand« und den Text »Das Symbol von Orpheus«. Alle Texte tauchen in späteren »Blei-Büchern« wieder auf, zum Teil in überarbeiteter und erweiterter Fassung.

Zu einer Perle wird dieses Buch durch die von Franz Blei zusammengestellte »kleine Liste von Büchern, die Beziehungen zu dem Gegenstande der Schrift haben …, da doch manche Leserin in müßigen Stunden vielleicht Lust bekommen könnte, in einem Buche zu blättern. Da solche müßige Stunden nun wirklich in keiner besseren Weise verbracht werden sollen, will ich aus dem Übel das geringste machen, indem ich diese kleine Bibliothek zusammenstelle, die nicht nur Bücher enthält, von denen im Text die Rede war.«

Die Puderquaste wurde ebenfalls ein großartiger Erfolg: Die erste Auflage erschien 1909 und die letzte mir bekannte 1920, ausgewiesen als achtes bis zehntes Tausend. Dieses Buch ist in sieben Abschnitte gegliedert. Es beginnt mit dem »Leben« ganz allgemein, äußert sich in Abschnitt zwei zur »Moral für Frauen«, der dritte ist »An die Liebenden« gerichtet, unter vier finden wir »Paraphrasen«, der fünfte gibt uns die »Phänomenologie der Mode«, sechs »Die Kultur« und der siebente den »Abschied«. Im ersten Abschnitt finden wir folgende Zeilen, die deutlich den Atem einer anderen, einer neuen Zeit spüren lassen:

»Fortschritt – Relativität – Reform: Der Weg, auf dem diese drei Götzen vorangetragen werden, führt in die Wildnis wie alle Besonderheit, wie alle Arbeitsteilung im Geiste, alle Programme, aller Gegenwartstod, alle Zukunftserwartung. Auf diesem Weg türmt sich ein Schutthaufen hoch wie ein Gebirg: Kenntnisse, Maschinen, Bildungsfetzen, Zeitalter des Verkehrs, gefälschte Demokratisierung der Gesellschaft, Kultur des Kindes, freie Liebe – davor hält der Zug mit den drei Götzen: keines kann durch, keines herum, keines darüber. Was sollen wir also tun? Dieser Schutthaufen und die verzweifelte Frage allen Volkes davor sind das Resultat des ersten Jahrhunderts der neuen Geschichte.«

Wenn man diesen ernsteren »Blei-Ton« heute liest, meint man eher das Elend als den Glanz vergangener Zeiten in unserer Gegenwart als Widerhall zu erkennen.

Glanz und Elend berühmter Frauen war wohl die gelungenste Zusammenstellung der verschiedenen Bildnisse. Das Buch erschien 1927 bei Rowohlt in Berlin und enthielt sechsundzwanzig Bildnisse.

Die Feuilletons jener Tage, auch als die »Unsterblichkeit des Tages« von illustren Zeitgenossen apostrophiert, gaben ein enormes Echo auf die Bleischen Frauenbildnisse wieder. Ich zitiere im folgenden eine kleine Auswahl.

Anton Kuh schrieb in dem »Trendmagazin« der Zeit, dem *Querschnitt:* »Was dieses Buch wie alle, die Franz Blei schreibt, so angenehm von den historischen Plauderbüchern (Geschichte in der Westentasche) unterscheidet, ist der Umstand, daß die Bildung, die in ihm popularisiert, nicht auch verbilligt wird. Denn Blei hat nicht nur Wissen, sondern auch ein Weltbild. Also Geist im Stendhalschen Sinne. Dadurch fallen die Widerstände gegen eine Geschichtsbelehrung aus zweiter Hand weg. Man spürt auf jeder Seite und in jeder Zeile: Verläßlichkeit; der Geist ist nämlich verläßlicher als jede Quellenforschung und man glaubt lieber den Tatbeständen, die er sich erfindet, als den Tatsachen, die diese zu Protokoll nimmt. In der Umkehr auf Bleis Buch (*Himmlische und Irdische Liebe;* Anm. d. Hg.) übertragen: es mystifiziert den Normalleser mittels der Wahrheit.«[3]

Eine der angesehensten (Kultur-)Zeitungen der Metropole der zwanziger Jahre, das *Berliner Tageblatt,* schrieb 1928:

»Die Reihe der in dem Buche geschilderten Frauen, die himmlische und irdische Liebe gaben oder empfingen, reicht von Messalina bis zu Isadora Duncan. Soweit die Zeitspanne, so reich und vielgestaltig der Inhalt. Das Leben hat Frauenschicksale gedichtet, wie sie ungeheuerlicher, bunter, bewegter kein Phantast erfinden könnte. Blei hat diese Lebensdichtung in ihrem Schmelz und Zauber, in ihrer leuchtenden Heiterkeit und dunkler Trauer ergreifend die ganze Skala der Leidenschaften, nachgedichtet. Es ist ihm meisterhaft gelungen, so daß ein Brevier der Liebe und der Schönheit von seltenem Reiz in die Hände des Lesers gelangt.«

In der Basler *Nationalzeitung* von 1927 lesen wir, was man gewissermaßen über alle Frauenbücher von Franz Blei sagen könnte: »Glänzend geschrieben, von vielseitiger Kultur, niemals vom Tatsächlichen abschweifend, funkelnden Geistes, zeigt uns das Buch eine Reihe Frauengestalten, deren Füße auf dem Boden der Schönheit, der Macht, der Liebe, der Kunst, der Originalität und des Lasters stehen. Aber nicht nur Bilder von Frauen, die irgendwie eine Rolle im Welterleben gespielt, tauchen auf und heben ihre Hände aus der Vergessenheit, ganze Zeitalter ziehen an uns vorüber, tote Leidenschaften werden lebendig und Haß und Liebe kreuzen sich. Kein Satz, der nicht fesselt, kein Wort, das nicht an seinem Platze wäre, kein Bild, das nicht mit Freude, Trauer, Abscheu und Schmerz erfüllt. Meisterhaft ist die Darstellungskunst, die Sprache und die Seelenkunde Bleis.«

Zeitgenössische Bildnisse ist der Titel des 1940 im Amsterdamer Exil erschienenen Buches von Franz Blei und gewissermaßen sein Vermächtnis. Es war zu seinen Lebzeiten seine letzte Veröffentlichung. Hier hat er siebzig Bildnisse zusammengestellt, davon zeigen vier Frauen (Marie Laurencin und Renée Sintenis, Isadora Duncan, Annette Kolb). In seiner Vorbemerkung schrieb Blei:

»Von diesen hier vorgelegten mit der Feder gezeichneten Profilen von Zeitgenossen kann der sie angefertigt hat sagen, daß sie alle bis auf eines nach dem Leben gezeichnet sind: er hat sie gesehen und sie sprechen gehört, ganz wenige nur einmal, die mehreren öfter, mit vielen hat ihn ein längerer Umgang, mit einigen lange Freundschaft verbunden. Wenn auch in nichts sonst, so kann darin einiger Wert für künftige Historiker dieses Zeitalters des Umbruches liegen, daß es ihm einige Details aus unmittelbarer Anschauung über diese Zeitgenossen liefert zusamt dem auch für dieses Zeitalter charakteristischen Urteil über sie. Denn immer zeichnet ja der Porträtist ganz unfreiwillig seine Züge in jene des Modells hinein.«

Hellsichtig, vorausschauend und wie ein Motto für unsere Tage, so liest sich eine grundsätzliche Einschätzung zum Verhältnis Frau-Mann von Franz Blei, die er 1932 veröffentlichte: »Da an dem Chaos, das wir leben, die Frauen nur indirekt als abhängig von einer Männerwelt beteiligt waren und sind, und wir daher dieses erreichte Chaos bloß auf das Konto der männlichen Diktatur setzen können (so sehr sich auch Frauen bereitgefunden haben, diese Diktatur zu unterstützen, ja zu stärken), müssen wir der Hoffnung zuneigen, daß im weiblichen Eros und seiner neuen Entfaltung die einzige Möglichkeit beschlossen liegt, die Welt zu entchaotisieren. Daß die Männer und die männlichen Ideologien dazu nicht mehr im Stande sind, zeigt jeder Tag mehr.«

Zum Abschluß dieser kleinen Plauderei, jedoch nicht abschließend, eine einfache Zeichnung des für Normalleser nicht einfach, sondern vielfach zu verdauenden »Intellekt-Fanten« Franz Blei von der Zeitgenossin Hilde Spiel, aus ihrem Buch *Glanz und Untergang. Wien 1866 bis 1938:* »In seiner Jugend hatte Blei mit dem Sozialismus geliebäugelt und war aus der katholischen Kirche ausgetreten. Nach dem Krieg kehrte er in ihren Schoß zurück, bekannte sich aber gleichzeitig zu kommunistischen Idealen. In einer autobiographischen Erzählung aus dieser Zeit behauptete er, ›der kirchliche Baal ist eifersüchtig auf den kommunistischen Belzebub(!), weil dieser weltlich mächtiger ist in seiner Gottlosigkeit als diese gesamte europäische Christenheit, die ihre weltlichen Geschäfte geistlich kamufliert‹. Ein Sonderling, ein Narr ist man versucht zu sagen; aber Blei hatte seinen Verstand am rechten Fleck – besonders, als er 1920 in seinem ›Großen Bestiarium der Literatur‹ zeitgenössische Autoren durch zoologische Vergleiche karikierte.«

Natürlich ist auch heute Ironie und Camouflage ein probates Mittel, um im Dickicht der Städte, mit dem Herz am rechten Fleck, zu überleben.

Anmerkungen

1 Werner Ross: *Bohemiens und Belle Epoque. Als München leuchtete.* Berlin 1997, S. 168.
2 Berndt W. Wessling: *Alma. Gefährtin von Gustav Mahler, Oskar Kokoschka, Walter Gropius, Franz Werfel.* Düsseldorf 1984, 2. Aufl., S. 148.
3 *Der Querschnitt,* Heft 11, 1928, S. 818.

Biographien

Die hier zusammengestellten biographischen Daten erheben keinen Anspruch auf Vollständigkeit, sie sollen lediglich eine rasche zeitliche Einordnung ermöglichen.

Messalina
Valeria, dritte Gemahlin des römischen Kaisers Claudius, wurde 48 n. Chr. hingerichtet. Berühm-berüchtigt sind ihre Schamlosigkeit und moralische Verworfenheit, die unter den kaiserlichen Frauen Roms nicht ihresgleichen hatte. Ihre maßlosen Ausschweifungen und Grausamkeiten wurden besonders von Juvenal geschildert.

Die große Theodora
Byzantinische Kaiserin, um 497 Cypros – 28. Juni 548. Aus einer Zirkusfamilie stammend, erlangte sie in ihren frühen Jahren Berühmtheit dadurch, daß sie unbekleidet auftrat. Als Justinian im Jahre 527 den Thron bestieg, erhielt auch Theodora die Krönung vom Patriarchen und die Würde der Mitherrscherin. Sie hatte bedeutende Gewalt über den Kaiser. Vielfach gab sie Beweise von Klugheit und Mut, aber auch von Hochmut, Herrschsucht und Grausamkeit.

Heloise
um 1101 Paris – 15. Mai 1164 im Kloster Paraclet; berühmt durch ihre tragische Liebe zu dem scholastischen Denker Abälard, dessen überaus kluge Schülerin und Geliebte sie war. Ihre Briefe an

Abälard gehören zu den eindrücklichsten Dokumenten der Weltliteratur.

Mechthild von Magdeburg
um 1212 – um 1283 Helfta; bedeutendste deutsche Mystikerin. Ihr Hauptwerk ist die apokalyptisch mystische Schrift: *Das fließende Licht der Gottheit*, die von überwältigender dichterischer Kraft ist. Sie verband das höfisch-ritterliche Ideal von Heldentum und Minnedienst mit mystischem Streben nach Gott.

Elisabeth von England
Greenwich 7. September 1533 – 24. März (3. April) 1603 Richmond. Illegitime Tochter Heinrichs VIII., wollte unvermählt bleiben und bekam deshalb den Beinamen »jungfräuliche Königin«. Das Privatleben der Königin kennt trotzdem einige Liebeleien: Leicester, Hatton und Essex gelten als ihre Liebhaber. Sie hatte ein lebhaftes Interesse für geistige Bildung, die sie sich selbst im hohen Maße aneignete. Mit Schottland und dessen Herrscherin Maria Stuart kam Elisabeth in Konflikt, woran die religiösen Angelegenheiten der Zeit, aber auch die persönlichen Eigenschaften der beiden Königinnen gleichen Anteil hatten. Dieser Konflikt wurde durch die Hinrichtung Maria Stuarts am 8. Februar 1587 beendet.

Christine von Schweden
17. Dezember 1626 Stockholm – 19. April 1689 Rom. Tochter Gustav Adolfs und nach dessen Tode seine Nachfolgerin. Während sie mit großer Energie und Selbständigkeit die Staatsgeschäfte führte, versammelte sie Männer wie Grotius, Salmasius, Descartes u. a. um sich. Überdruß am Regierungsgeschäft und Sehnsucht nach Freiheit brachten sie zu dem Entschluß, am 11. Februar 1654 abzudanken.

Ninon de Lenclos
15. Mai 1616 Paris – 17. Oktober 1706, bildete sich, früh verwaist, durch das Studium der Werke Montaignes und Charons. Durch ihre Schönheit, ihren Witz und Scharfsinn wurde sie eine der Berühmtheiten ihrer Zeit. Sie machte ihr Haus zum Sammelplatz ausgezeichneter Persönlichkeiten, wie z. B. Scaron, Fontenelle und Larochefoucauld. Molière beriet sie bei seinen Theaterstücken. Als sie starb, hinterließ sie Voltaire ein großes Vermögen – zur Anschaffung von Büchern.

Madame Dubarry
Marie Jeanne, 19. August 1743 – 8. Dezember 1793. Als Modistin bei Hofe eingeführt, wurde sie eine Geliebte Ludwigs XV., als Nachfolgerin der »Pompadour«. Sie intrigierte fleißig in der Politik und trug hervorragend zur Verschwendung am Hofe bei. Nach dem Tode von Ludwig XV. zog sie sich zurück. Als »Königsliebchen« von Robespierre hingerichtet.

Marie Antoinette
Tochter der Maria Theresia, Königin von Frankreich, 2. November 1755 Wien – 16. Oktober 1793 enthauptet, seit 1770 mit Ludwig XVI. vermählt.

Madame du Deffand
1697–1780. Nach der Trennung von ihrem Mann führte sie einen bedeutenden literarischen Salon. Seit 1753 war sie erblindet.

Mrs. Cook
Ehefrau des Entdeckungsreisenden James Cook. 1728 – 14. Februar 1779.

Lady Emma Hamilton
um 1765 – 15. Januar 1815 Calais; Ehefrau des englischen Gesandten in Neapel, Sir William Hamilton. Als Vertraute der Königin Karoline spielte sie auch eine politische Rolle. 1798–1805 war sie die Geliebte Lord Nelsons, dem sie zwei Töchter gebar.

Angelika Kaufmann
Malerin 30. Oktober 1741 Chur – 5. November 1807 Rom, wo sie seit 1782 lebte. Ihr Haus war bedeutender gesellschaftlicher Mittelpunkt der nach Italien reisenden Künstler und Gelehrten ihrer Zeit. Goethe, Tischbein und Herder verkehrten bei ihr, sie stand im Briefwechsel mit Salomon Gessner und Klopstock.

Königin Luise von Preußen
10. März 1776 Hannover – 19. Juli 1810 Schloß Hohenzieritz bei Neustrelitz; heiratete 1793 den späteren Friedrich Wilhelm III. von Preußen; Mutter Friedrich Wilhelms IV. und Wilhelms I. Sie war die einzige preußische Königin, die Popularität im höchsten Maße besaß. Unvergessen wegen ihrer Standhaftigkeit Napoleon gegenüber, vorbildliche Mutter ihrer 7 (!) Kinder. Unvergessen ihre »hinreißende Schönheit und Anmut«.

Caroline Schelling
2. September 1763 Göttingen – 7. September 1809 Maulbronn; unter den Frauen der Romantik war sie die genialste; ihr Haus war der eigentliche Mittelpunkt des gesellschaftlichen Lebens des frühromantischen Jenaer Kreises. 1796 heiratet sie A. W. Schlegel, dem sie überaus hilfreich bei der Shakespeare-Übersetzung zur Seite steht. Nach ihrer Scheidung heiratet sie 1803 den zwölf Jahre jüngeren F. W. Schelling, der tief erschüttert nach ihrem Tode 1809 zurückbleibt.

Dorothea Schlegel
24. Oktober 1763 Berlin – 3. August 1839 Frankfurt am Main; älteste Tochter Moses Mendelssohns, heiratet 1783 den Bankier Simon Veit. Wird 1798 von Friedrich Schlegel entführt, den sie 1804 heiratet. Als echte Romantikerin setzt sie sich über bürgerliche Konventionen und moralische Vorurteile großzügig mit ungemein scharfer Geistigkeit, zugleich mit sinnlicher Liebesfähigkeit und unmittelbarer schlichter Herzensgüte hinweg; schöner und ursprünglicher als in ihres Gatten merkwürdigen Roman »Lucinde« (1799).

Pauline Wiesel
5. Mai 1778 Berlin – 9. September 1848 Saint-Germain-en-Laye. Freundin und Briefpartnerin von Rahel Varnhagen, Geliebte von Prinz Louis Ferdinand von Preußen.

Dorothea Herzogin von Kurland und Sachsen
Nichte Talleyrands und mit dessen Neffen Edmond de Périgord verheiratet.

George Sand
Eigentlich Amandine-Lucie-Aurore Baronnes de Dudevant (geb. Dupin), 1. Juli 1804 Paris – 8. Juni 1876 Nohant/Indre, französische Schriftstellerin. War unter anderen mit Mérimée, Musset, Liszt, Berlioz, Delacroix, Balzac, Flaubert und Chopin bekannt oder liiert. Schriftstellerischer Höhepunkt ihres Schaffens und zugleich ihr Spätwerk sind die poetisch idealisierenden Schilderungen des Landlebens, vor allem ihrer Heimatprovinz Berry.

Isadora Duncan
Amerikanische Tänzerin, 27. Mai 1878 San Francisco – 13. September 1927 Nizza durch einen Autounfall. Ihr Tanz in antiken Gewändern, barfuß und ohne Korsett erregte damals großes Aufsehen und führte zu einer Revolutionierung der Tanzkunst. Sie ist die Schöpferin des modernen Ausdruckstanzes.

Mata Hari
Eigentlich Marguerite Gertrude Zelle, 1876 Java – 15. Oktober 1917 um ½ 6 Uhr erschossen in Vincennes bei Paris wegen Spionage. War als sensationelle »Nackt-Tänzerin« mit den durch sie berühmt gewordenen javanischen Bajaderentänzen vor und während des 1. Weltkrieges viel in Europa und Amerika auf Reisen. 1917 in Paris verhaftet und von einem französischen Militärgericht wegen Spionage zugunsten Deutschlands zum Tode verurteilt.

Marie Laurencin
31. Oktober 1885 Paris – 8. Juni 1956 Paris; Malerin, von Matisse und dem Kubismus beeinflußt …

Renée Sintenis
20. März 1888 Glatz – 22. April 1965 Berlin, Bildhauerin, bekannt durch ihre Boxer-, Sportler- und Tierplastiken.

Annette Kolb
2. Februar 1875 München – 3. Dezember 1967 München; Schriftstellerin, geistreiche Erzählerin, Essayistin, Übersetzerin und Publizistin; sowohl der deutschen wie der französischen Kultur verbunden. Thomas Mann läßt sie als »Jeannette Scheurl« in *Doktor Faustus* auftreten.

Greta Garbo
eigentl. Gustafsson, 18. September 1903 Stockholm – 1968; Schauspielerin. Seit 1941 filmte sie nicht mehr und lebte zurückgezogen in New York.

Textnachweis

Für diese Ausgabe wurden aus folgenden Büchern von Franz Blei Texte ausgewählt:

1 Von Amoureusen (sic.) Frauen. Berlin 1908
2 Gott und die Frauen. München & Leipzig 1911
3 Die Puderquaste des Prinzen Hippolyt. München 1920
4 Der Knabe Ganymed. Berlin 1923
5 Frauen und Abenteurer. München 1927
6 Glanz und Elend berühmter Frauen. Berlin 1927
7 Himmlische und irdische Liebe in Frauenschicksalen. Berlin 1928
8 Die göttliche Garbo. Gießen 1930
9 Gefährtinnen. Berlin 1931
10 Zeitgenössische Bildnisse. Amsterdam 1940

Die nach den einzelnen Porträts angegebene Ziffer verweist auf die oben angegebenenen Publikationen:
Messalina – 7. Theodora – 6. Heloise – 7. Mechthild von Magdeburg – 6.
Elisabeth von England – 7. Christine von Schweden – 6.
Ninon de Lenclos – 2. Madame Dubarry – 6. Marie Antoinette – 6.
Madame du Deffand – 2. Mrs. Cook – 2. Lady Hamilton – 2.
Angelika Kaufmann – 7. Königin Luise von Preußen – 9.
Caroline Schelling – 9. Dorothea Schlegel – 9. Pauline Wiesel – 7.
Dorothea von Kurland – 6. Mathilde Heine – 9.
George Sand – 2. Isadora Duncan – 7. Mata Hari – 6.
Marie Laurencin und Renée Sintenis – 10. Annette Kolb – 6.
Greta Garbo – 8.

Bildnachweis

Frontispiz: Franz Blei um 1930. © Ullstein Bilderdienst
S. 8: Messalina. Zeitgenössische Büste

S. 26: Kaiserin Theodora. Mosaik, um 547, Ravenna.
© Ullstein Bilderdienst

S. 42: Heloise. Grabstätte Abaelard und Heloise auf dem Pariser Friedhof Père Lachaise. © Ullstein Bilderdienst

S. 62: Elisabeth I. von England. Zeitgenössisches Gemälde.
© Ullstein Bilderdienst

S. 74: Christine von Schweden. Stich nach Gavard.
© Ullstein Bilderdienst

S. 98: Ninon de Lenclos. Zeitgenössischer Stich.
© Ullstein Bilderdienst

S. 112: Madame Dubarry. Zeitgenössischer Stich.
© Ullstein Bilderdienst

S. 122: Marie Antoinette. Unbekannter Maler, um 1770.
© Ullstein Bilderdienst

S. 126: Madame du Deffand. Zeitgenössischer Stich

S. 134: Lady Emma Hamilton. Gemälde nach Richard Westall.
© Ullstein Bilderdienst

S. 142: Angelika Kaufmann. Radierung nach Josuah Reynolds, 1780.
© Bildarchiv Preußischer Kulturbesitz

S. 146: Königin Luise von Preußen. Gemälde von Karl Steffeck.
© Ullstein Bilderdienst

S. 164: Caroline Schelling. Pastell von Friedrich August Tischbein.
© Ullstein Bilderdienst

S. 182: Dorothea Schlegel. © Bildarchiv Preußischer Kulturbesitz

S. 202: Pauline Wiesel. Foto: © Ullstein Bilderdienst

S. 212: Dorothea von Kurland und Sachsen. Stich nach einem Gemälde von Schröter.

S. 216: Mathilde Heine. © Ullstein Bilderdienst

S. 232: George Sand. Photographie um 1860.
© Ullstein Bilderdienst

S. 242: Isadora Duncan. Foto: © Ullstein Bilderdienst

S. 248: Mata Hari. Foto: © Ullstein Bilderdienst

S. 258: Marie Laurencin. Foto André Kertesz.
© Ullstein Bilderdienst

S. 260: Renée Sintenis. 1928. Foto: © Ullstein Bilderdienst

S. 262: Annette Kolb. Um 1929. Foto: © Ullstein Bilderdienst

S. 270: Greta Garbo. 1929. Foto: © Ullstein Bilderdienst